高等职业教育汽车类新形态一体化教材

U0598029

汽车构造
与拆装

主　编　程　美　欧阳波仪
参　编　吴端华　贺赛坪
　　　　黄志勇　旷文兵

中国教育出版传媒集团
高等教育出版社·北京

内容简介

本书由学校教师与企业专家组成的复合型团队编写，团队成员落实立德树人根本任务，认真研究新车型、查阅新标准、分析新技术，对接典型岗位需求，优化教学目标，重构内容体系，设计了"汽车的基本构造与性能分析""汽车拆装安全与规范""发动机构造与拆装""底盘构造与拆装""汽车电气设备构造与拆装"5个学习项目，包含14个学习任务，按照"引入部分—学习部分—实施部分"的架构，让学生在完成典型任务的过程中，建构汽车构造和原理的知识体系，提升实践操作技能，恪守职业道德和弘扬工匠精神。本书配备必要的微课视频、技能视频等融媒体资源，以及"任务工单""实践考核评价""知识检验"等模块，支持教材的立体化呈现、工单式使用。

本书视频类资源可通过扫描书中的二维码在线学习，完整资源可通过智慧职教（www.icve.com.cn）平台上的"汽车构造与拆装"课程进行学习。

本书可作为职业院校汽车类相关专业"汽车构造"课程的教材，也可供相关技术人员学习参考。授课教师如需本书配套的教学课件等资源或是有其他需求，可发送邮件至邮箱 gzjx@ pub.hep.cn 获取。

图书在版编目（CIP）数据

汽车构造与拆装 ／ 程美，欧阳波仪主编. -- 北京 ：
高等教育出版社，2024.4

ISBN 978-7-04-060886-1

Ⅰ. ①汽… Ⅱ. ①程… ②欧… Ⅲ. ①汽车-构造-
高等职业教育-教材②汽车-装配（机械）-高等职业教育
-教材 Ⅳ. ①U463②U472

中国国家版本馆 CIP 数据核字（2023）第 138162 号

QICHE GOUZAO YU CHAIZHUANG

| 策划编辑 | 姚 远 | 责任编辑 | 姚 远 | 封面设计 | 姜 磊 | 版式设计 | 杨 树 |
| 责任绘图 | 于 博 | 责任校对 | 陈 杨 | 责任印制 | 赵义民 | | |

出版发行	高等教育出版社	网　址	http://www.hep.edu.cn
社　址	北京市西城区德外大街4号		http://www.hep.com.cn
邮政编码	100120	网上订购	http://www.hepmall.com.cn
印　刷	北京中科印刷有限公司		http://www.hepmall.com
开　本	787mm×1092mm　1/16		http://www.hepmall.cn
印　张	17.75		
字　数	360 千字	版　次	2024 年 4 月第 1 版
购书热线	010-58581118	印　次	2024 年 4 月第 1 次印刷
咨询电话	400-810-0598	定　价	48.80 元

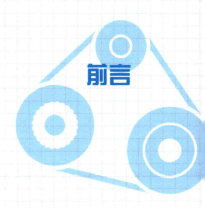

前言

随着汽车科技创新内涵的丰富与外延的扩展，汽车技术越来越先进、车型越来越丰富、结构越来越多样，这对从业者的技术技能提出了更高要求。同时，新时代职业教育的高质量发展对教材提出了"活页式""工作手册式""立体化"等特征要求，即以学习者为核心开展教学活动，呈现以典型任务为核心的学习和训练全过程，成为现代信息技术支撑下学习活动过程的物化载体。

鉴于此，由学校教师与企业专家组成的本书编写团队，深入学习贯彻党的二十大精神，落实立德树人根本任务，认真研究新车型、查阅新标准、分析新技术，针对汽车制造、汽车试验、汽车检测、汽车维修等典型岗位对汽车构造知识与汽车拆装技能的需求，以及恪守职业道德、弘扬工匠精神的要求，优化教学目标，重构内容体系，设计了5个学习项目和14个学习任务，实现了以典型任务承载教学内容和围绕任务开展教学活动，打破了传统知识体系。项目一通过完成"汽车总体构造认知"和"汽车性能分析"两个任务，让学生掌握汽车的基本构造以及汽车性能分析的基本方法；项目二设计了"汽车安全用电与防护""汽车拆装工具与设备使用"两个任务，让学生增强汽车拆装安全意识，熟知汽车拆装工作规范；项目三至项目五通过完成发动机、底盘和汽车电气设备主要系统的构造分析和拆装训练，让学生构建汽车构造和原理的知识体系、提升实践操作技能。

本书每一个学习任务由引入部分、学习部分、实施部分3大部分组成。"引入部分"是从整体上对本学习任务进行说明，包括任务引入和学习目标，使学习者了解要完成的学习任务，激发学习动力；"学习部分"是完成任务所应该具备的基本知识，包括相关知识、相关技能、自我测验等，并配备必要的微课视频、技能视频等融媒体资源；"实施部分"以操作步骤为主线，关联操作规程、实践操作、质量评价等，并配备"任务工单""实践考核评价""知识检验"，实现了教材的工单式使用。

本书由湖南汽车工程职业学院程美和欧阳波仪担任主编，北京汽车股份有限公司株洲分公司吴端华、湖南三一工业职业技术学院贺赛坪、湖南汽车工程职业学院黄志勇、旷文兵等专家和教师参与了教材编写体例研讨以及相关项目、任务设计和教学资源开发。本书参考了大量文献，在此对相关作者表示诚挚的谢意。

由于编者水平所限，不当之处在所难免，望读者批评指正。

编　者

2023 年 10 月

目录

项目一

汽车的基本构造与性能分析

　　本项目主要讲述汽车的总体构造与性能参数，通过学习需要完成以下两个任务：

　　任务1　汽车总体构造认知；

　　任务2　汽车的技术参数与性能分析。

　　通过本项目的学习，主要掌握以下知识，具备以下能力：

　　1. 了解汽车的类型，掌握汽车的分类方法，能根据汽车结构、用途等，正确判别汽车类型；

　　2. 理解汽车VIN码组成及其意义，能在实车上查找到VIN码并正确识读；

　　3. 掌握燃油汽车和纯电动汽车的基本构造，能在实车上查找汽车的各组成系统，并说出燃油汽车和纯电动汽车的区别；

　　4. 理解汽车的技术参数及性能指标，能根据汽车参数及性能指标，分析、对比汽车的性能。

任务 1　汽车总体构造认知

🚗 任务引入

小张是某 4S 店的服务顾问，客户李先生想了解纯电动汽车与传统燃油汽车在结构上的区别，假如你是小张，你该如何向李先生介绍纯电动汽车和传统燃油汽车的区别？

⛽ 学习目标

知识目标

1. 了解汽车的类型，掌握汽车的分类方法；
2. 掌握燃油汽车和纯电动汽车的基本构造；
3. 了解汽车的 VIN 码组成，了解其意义。

能力目标

1. 能正确识别燃油汽车和纯电动汽车的构造；
2. 能根据汽车的构造、用途等，判别汽车的类型；
3. 能在实车上查找到汽车的 VIN 码，并能正确识读。

素养目标

1. 小组分工合作完成汽车总体构造认知实践操作，培养团队意识，提升沟通能力；
2. 完成查找与识读汽车的 VIN 码、汽车总体构造认知等实践训练，增强劳动意识；
3. 完成燃油汽车与纯电动汽车的构造对比，培养工程思维能力。

📖 相关知识

汽车是由动力驱动，具有 4 个或 4 个以上车轮的非轨道承载的车辆，主要用于载运人员、货物及做某些特殊用途。此外，汽车还包括与电力线相连的车辆（如无轨电车等）以及整车整备质量超过 400 kg 的三轮车辆等。

一、汽车分类

（一）按用途分类

根据 GB/T 3730.1—2001 规定，汽车按用途不同可分为乘用车和商用车。

1. 乘用车

乘用车主要是指用于载运乘员及其随身行李或临时物品的汽车，包括驾驶人座位在内最多不超过 9 个座位。乘用车可分为普通乘用车、活顶乘用车、高级乘用车、小型乘用车、敞篷车、舱背乘用车、旅行车、多用途乘用车、短头乘用车、越野乘用车、专用乘用车，见表 1-1-1。

表 1-1-1 乘 用 车

图片			
名称	普通乘用车	活顶乘用车	高级乘用车
图片			
名称	小型乘用车	敞篷车	舱背乘用车
图片			
名称	旅行车	多用途乘用车	短头乘用车
图片			—
名称	越野乘用车	专用乘用车	—

2. 商用车

商用车是指除乘用车以外，主要用于载运人员、货物及牵引挂车的汽车。商用车又分为客车、货车和半挂牵引车三大类，见表 1-1-2。

客车是用于载运乘员及其随身行李的商用车，包括驾驶人座位在内，座位数超过 9 个。客车又分为小型客车、城市客车、长途客车、旅游客车、铰接客车、无轨客车、越野客车、专用客车。

货车是用于载运货物的商用车。货车分为普通货车、多用途货车、全挂牵引车、越野货车、专用作业车、专用货车。

半挂牵引车是用于牵引半挂车的商用车，如牵引杆挂车。

表 1-1-2　商　用　车

类别	图片及名称		
客车	小型客车	城市客车	长途客车
	旅游客车	铰接客车	无轨客车
	越野客车	专用客车	—
货车	普通货车	多用途货车	全挂牵引车
	越野货车	专用作业车	专用货车
半挂牵引车	牵引杆挂车	—	—

（二）按使用能源类型分类

汽车按使用能源类型分类，可分为燃油汽车和新能源汽车，具体见表1-1-3。

表1-1-3   汽车按使用能源类型分类

按使用能源分类	具体分类		特征
燃油汽车	汽油车		依靠汽油发动机提供动力来行驶
	柴油车		依靠柴油发动机提供动力来行驶
新能源汽车	电动汽车	纯电动汽车	依靠提前给动力电池充电来行驶
		燃料电池汽车	以氢为燃料发电，利用其放出的电来行驶
	混合动力汽车	混合动力汽车（并联式）	以发动机和电动机作为行驶动力源
		混合动力汽车（串联式）	发动机仅用于带动发电机，汽车依靠发电机放出的电行驶

二、燃油汽车总体构造

燃油汽车通常由发动机、底盘、电气设备和车身四大部分组成。燃油汽车总体构造见图1-1-1。

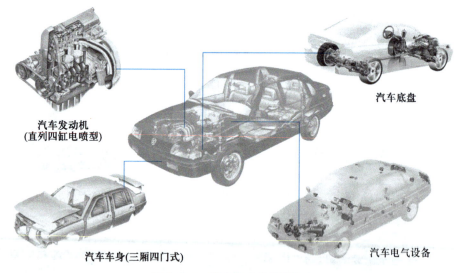

汽车发动机
(直列四缸电喷型)

汽车底盘

汽车车身(三厢四门式)

汽车电气设备

图1-1-1   燃油汽车的总体构造

1. 发动机

发动机是燃油汽车的动力装置，其功用是使燃料燃烧然后提供动力。现代汽车发动机主要采用往复活塞式内燃机。它一般是由曲柄连杆机构、配气机构、燃料供给系统、冷却系统、润滑系统、点火系统（汽油发动机采用）和起动系统组成的。

2. 底盘

底盘接受发动机的动力，使汽车按驾驶人的操纵正常行驶，是汽车的基体。发动机、车身等其他总成或部件都直接或间接地安装在底盘上。底盘主要由传动系统、行驶系统、转向系统和制动系统组成。

3. 电气设备

汽车电气设备由电源、用电设备和配电装置三部分组成。电源包括蓄电池和发电机。用电设备由起动系统、点火系统、照明设备、信号装置、仪表及报警装置、汽车电子控制系统和辅助电器等组成。配电装置包括电源管理器、中央接线盒、电路开关、保险装置、插接件和导线。

4. 车身

车身是驾驶人驾驶的场所，也是装载乘员和货物的场所。按承载方式的不同，车身可分为非承载式、承载式和半承载式 3 种。

（1）非承载式车身：又称为车架式车身，悬置于车架之上，车身与车架通过弹簧或橡胶垫做柔性连接，汽车行驶时路面作用于车轮上的各种力和力矩不由车身承受。大客车、货车多采用非承载式车身。

（2）承载式车身：又称为无车架式车身，以车身代替车架，发动机和底盘各总成固定在车身上。它既起到承受载荷的作用，又能传递与承受路面和车轮之间的各种力和力矩。

（3）半承载式车身：又称为底架式承载车身，车身与车架采用铆接、焊接或螺栓连接等方式刚性连接，使车身与车架成为一体共同承载质量。

三、纯电动汽车总体构造

纯电动汽车是在传统汽车产业链基础之上发展而来的，在车辆构造上与传统汽车最大的区别在于动力系统。纯电动汽车的核心组成主要包括电源系统、电机驱动系统和整车控制器三部分，此外还有一些辅助系统。纯电动汽车基本构造和主要组成部件见图 1-1-2、图 1-1-3。

1. 电源系统

电源系统包括动力电池、电池管理系统、车载充电机以及辅助动力源等。

动力电池是纯电动汽车的动力源和能量存储设备，也是目前制约纯电动汽车发展的关键因素之一，其使用目标是：比能量高、比功率大、使用寿命长、成本低。

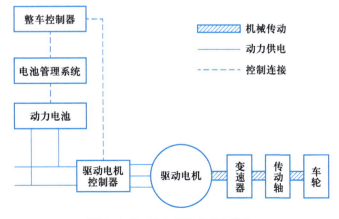

图 1-1-2 纯电动汽车基本构造

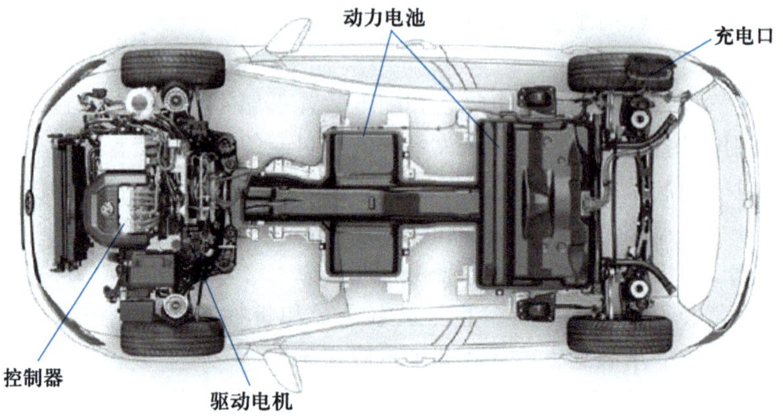

图 1-1-3 纯电动汽车的主要组成部件

电池管理系统实时监控动力电池的使用情况，对动力电池的端电压、内阻、温度、电解液浓度、电池当前剩余电量、放电时间、放电电流或者放电深度等状态参数进行监控，同时也兼具各种保护和反馈功能。

车载充电机把电网电能转换成动力电池能接受的电能，即将电网交流电转换成相应的直流电，并根据实际需求控制其充电电流。

辅助动力源一般为 12 V 或者 24 V 的直流电源，主要给动力转向、制动力调节控制、照明、空调、电动门窗等各种辅助用电装置供电。

2. 电机驱动系统

电机驱动系统包括驱动电机控制器和驱动电机。

驱动电机控制器可按照整车控制器的指令、驱动电机的转速信号和电流反馈信号等，对驱动电机的转速、转矩和旋转方向进行控制。

驱动电机在纯电动汽车中具有电驱和发电的双重功能，在正常行驶时发挥电驱功能，在减速和下坡滑行时进行发电，将惯性动能转换为电能。

3. 整车控制器

整车控制器可根据驾驶人给出的加速和制动的信号，向驱动电机控制器发出相应的控制指令，对驱动电机进行起动、加减速、制动等控制。在驱动电机进行发电时，整车控制器需要配合电池管理系统进行发电回馈，使动力电池反向充电，同时对动力电池的放电过程进行控制，还要与车载信息显示系统进行互动。

4. 辅助系统

辅助系统包括车载信息显示系统、动力转向系统、导航系统、空调系统、照明系统、除霜装置、刮水器和收音机等，它们可用于提高汽车的操作性和舒适性。

四、汽车的 VIN 码

车辆识别代码（Vehicle Identification Number，VIN），也称 17 位编码，是国际上通行的标识机动车辆的代码，是制造厂给每一辆车指定的一组字码，一车一码，具有法律效力，30 年内不会重号。

1. VIN 码所在位置

VIN 码应位于易于看到并且能防止磨损或他人替换的部位，通常打印在一处或几处位置，见图 1-1-4，VIN 码常见的位置如下：

（1）仪表板左下角或右下角。

（2）发动机舱盖内板。

（3）产品标牌上。

（4）行李舱中。

（5）副驾驶人座椅右下方车身地板上。

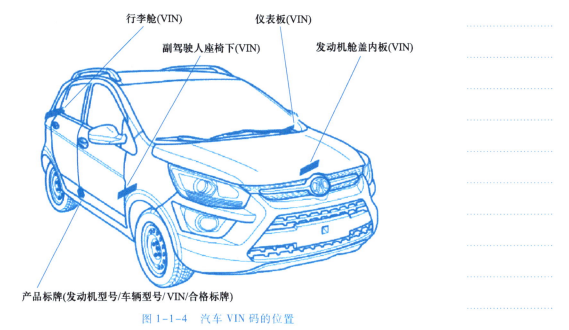

图 1-1-4　汽车 VIN 码的位置

2. VIN 码的组成

VIN 码由世界制造厂识别代号（WMI）、车辆说明部分（VDS）和车辆指示部分（VIS）三部分组成，见图 1-1-5。

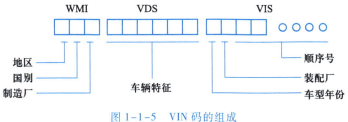

图 1-1-5　VIN 码的组成

VIN 码中第 10 位代表汽车的车型年份，用字母或数字表示，具体见表 1-1-4。

表 1-1-4　汽车车型年份代码

年份	代码	年份	代码	年份	代码	年份	代码	年份	代码
2001	1	2007	7	2013	D	2019	K	2025	S
2002	2	2008	8	2014	E	2020	L	2026	T
2003	3	2009	9	2015	F	2021	M	2027	V
2004	4	2010	A	2016	G	2022	N	2028	W
2005	5	2011	B	2017	H	2023	P	2029	X
2006	6	2012	C	2018	J	2024	R	2030	Y

注：车型年份由 1～9 九个数字、21 个拼音字母（I、O、Q、U、Z 排除在外）表示，30年一个轮回。

视频

查找纯电动汽车与传统燃油汽车的区别

任务实施

查找纯电动汽车与传统燃油汽车的区别

1. 准备工作

准备燃油汽车 1 辆、纯电动汽车 1 辆、举升设备，做好个人防护、车辆防护等准备工作。

2. 实践操作

（1）找出纯电动汽车与燃油汽车在使用能源方面的不同之处。

燃油汽车的能源是燃油，找到燃油汽车的加油口；纯电动汽车的动力来自动力电池，找到安装在纯电动汽车底部的动力电池，找到慢充口（连接交流充电设备，充电速度较慢）和快充口（连接直流充电桩，充电速度较快），见图 1-1-6。

(a) 燃油汽车加油口　　(b) 纯电动汽车动力电池安装位置

(c) 动力电池　　(d) 纯电动汽车慢充口　　(e) 纯电动汽车快充口

图 1-1-6　纯电动汽车与燃油汽车在使用能源方面的不同之处

（2）找出纯电动汽车与燃油汽车在动力来源方面的不同之处。

燃油汽车的动力来自发动机，找到发动机；纯电动汽车的动力来自驱动电机，找到安装在前机舱下部的驱动电机，见图1-1-7。

(a) 燃油汽车发动机　　　　　　　　(b) 纯电动汽车驱动电机

图1-1-7　纯电动汽车与燃油汽车在动力来源方面的不同之处

（3）找出纯电动汽车与燃油汽车在电压等级方面的不同之处。

燃油汽车蓄电池的电压为12 V，蓄电池安装在发动机舱内；纯电动汽车动力电池的额定电压为320 V，所有橘黄色线束和插头均属于高压系统，维修时要进行下电操作，避免触电，见图1-1-8。

(a) 燃油汽车蓄电池　　　　　　　　(b) 纯电动汽车320V动力电池

(c) 纯电动汽车高压系统　　　　　　(d) 纯电动汽车维修前下电

图1-1-8　纯电动汽车与燃油汽车在电压等级方面的不同之处

（4）找出纯电动汽车与燃油汽车在排放方面的不同之处。

燃油汽车有排气管，尾气会污染环境；纯电动汽车没有排气管，零排放，见图1-1-9。

(a) 燃油汽车的排气管   (b) 纯电动汽车无排气管

图 1-1-9   纯电动汽车与燃油汽车在排放方面的不同之处

（5）找出纯电动汽车与燃油汽车在仪表显示方面的不同之处。

燃油汽车仪表上会显示剩余油量，找到燃油表；纯电动汽车仪表上会显示剩余电量，找到剩余电量指示，见图 1-1-10。

(a) 燃油汽车燃油表   (b) 纯电动汽车仪表的电量指示

图 1-1-10   纯电动汽车与燃油汽车在仪表显示方面的不同之处

（6）找出纯电动汽车与燃油汽车在变速器方面的不同之处。

燃油汽车采用变速器，可以通过换挡改变车速，找到自动变速器换挡杆；纯电动汽车采用固定速比减速器，不能通过换挡改变车速，而是通过电机调速改变车速，在前机舱底部找到固定速比减速器，见图 1-1-11。

(a) 燃油汽车自动变速器换挡杆   (b) 纯电动汽车固定速比减速器

图 1-1-11   纯电动汽车与燃油汽车在变速器方面的不同之处

（7）找出纯电动汽车与燃油汽车在空调系统方面的不同之处。

燃油汽车的空调压缩机由发动机驱动，找到空调压缩机的安装位置；纯电动汽车的空调压缩机由电动机驱动，找到空调压缩机的安装位置，见图1-1-12（a）、（b）。燃油汽车的暖风来自发动机的余热，找到暖风水管；纯电动汽车的暖风来自电加热器，找到电加热器高压线束，见图1-1-12（c）、（d）。

(a) 燃油汽车空调压缩机　　　(b) 纯电动汽车空调压缩机

(c) 燃油汽车暖风水管　　　(d) 纯电动汽车电加热器高压线束

图1-1-12　纯电动汽车与燃油汽车在空调系统方面的不同之处

（8）找出纯电动汽车与燃油汽车在制动系统方面的不同之处。

燃油汽车的制动助力来自发动机节气门后方的真空，找到节气门后方连接真空助力器的真空管；纯电动汽车的制动助力来自电动真空泵，在前机舱下部找到电动真空泵和真空罐，见图1-1-13。

(a) 燃油汽车节气门后方的真空管　　　(b) 纯电动汽车的电动真空泵和真空罐

图1-1-13　纯电动汽车与燃油汽车在制动系统方面的不同之处

（9）找出纯电动汽车与燃油汽车在冷却系统方面的不同之处。

燃油汽车的冷却液泵由发动机驱动，找到冷却液泵及冷却液管路；纯电动汽车的冷却液泵由电动机驱动，找到在前机舱底部的冷却液泵，见图1-1-14。

(a) 燃油汽车冷却液管路　　　　　　　　　　(b) 纯电动汽车冷却液泵

图1-1-14　纯电动汽车与燃油汽车在冷却系统方面的不同之处

（10）找出纯电动汽车与燃油汽车在蓄电池充电方面的不同之处。

燃油汽车的蓄电池由发动机驱动发电机充电，在发动机舱内找到发电机；纯电动汽车的蓄电池由动力电池通过DC/DC转换器充电，在前机舱找到DC/DC转换器，见图1-1-15。

(a) 燃油汽车的发电机　　　　　　　　　　(b) 纯电动汽车的DC/DC转换器

图1-1-15　纯电动汽车与燃油汽车在蓄电池充电方面的不同之处

任务工单

任务名称	任务1　汽车总体构造认知		成绩	
姓名		班级	学号	
实训设备	纯电动汽车、燃油汽车、举升设备、车辆防护用具、个人防护用具			
任务引入	小张是某4S店的服务顾问，客户李先生想了解纯电动汽车与传统燃油汽车在结构上的区别，假如你是小张，你该如何向李先生介绍纯电动汽车和传统燃油汽车的区别			
任务目的	以行动为导向，识别汽车的类型，识读汽车的VIN码，找出纯电动汽车与传统燃油汽车结构上的区别，在此过程中学习相关理论知识和实践操作技能			

续表

活动一：查找与识读汽车的 VIN 码	
请仔细观察教师提供的汽车，填写下方表格的内容	
汽车按用途分类的类型及品牌	□ 乘用车：_____（具体类型）　品牌_____ □ 客车：_____（具体类型）　品牌_____ □ 货车：_____（具体类型）　品牌_____
汽车按能源分类的类型	□ 柴油机汽车　　□ 汽油机汽车　　□ 新能源汽车（　　　　　）
汽车的 VIN 码	VIN 码的位置： 　　代表板左下角或右上角　　　□ 是　　□ 否 　　发动机舱盖内板　　　　　　　□ 是　　□ 否 　　车辆标牌上　　　　　　　　　□ 是　　□ 否 　　行李舱中　　　　　　　　　　□ 是　　□ 否 　　副驾驶人座椅右下方车身地板上　□ 是　　□ 否 VIN 码：_____ 生产国别：_____ 制造厂：_____ 车型年份：_____ 装配厂：_____ 顺序号：_____

活动二：在实车上查找纯电动汽车与燃油汽车的区别

请根据任务要求，确定所需要的资料和工具、设备等，并对小组成员进行分工，制订工作计划。

1. 需要的资料和工具、设备等

2. 小组成员分工

3. 工作计划

续表

4. 任务实践

（1）找出纯电动汽车与燃油汽车在使用能源方面的区别。

燃油汽车的能源是_____，请在车上找到能源补给位置。

纯电动汽车的能源是_____，请在车上找到能源补给位置。

（2）找出纯电动汽车与传统汽车在动力来源方面的区别。

燃油汽车的动力来自于_____，请在车上找到它的补充位置；

纯电动汽车的动力来自_____，请在车上找到它。

（3）找出纯电动汽车与燃油汽车在电压等级方面的区别。

燃油汽车蓄电池的电压为_____V，蓄电池安装在发动机舱内，请在发动机舱内找到蓄电池；

纯电动机汽车动力电池的额定电压为_____V，所有橘黄色线束和插头均属于高压系统。维修时要注意避免触电。

（4）找出纯电动汽车与燃油汽车在排放方面的区别。

燃油汽车有_____，尾气会污染环境，请在车上找到它；

纯电动汽车没有_____，零排放。

（5）找出纯电动汽车与燃油汽车在仪表显示方面的区别。

燃油汽车仪表盘上会显示剩余油量，请在仪表盘上找到燃油表。

纯电动汽车仪表盘上会显示剩余_____，请在仪表盘上找到对应位置。

（6）找出纯电动汽车与燃油汽车在变速器方面的区别。

燃油汽车采用_____，可以通过换挡改变车速，请在车上找到换挡装置；

纯电动汽车采用_____，不能通过换挡改变车速，而是通过_____调整改变车速，请在前机舱底部找到固定速比减速器。

（7）找出纯电动汽车与燃油汽车在空调系统方面的区别。

燃油汽车的空调压缩机由_____驱动，请找到空调压缩机的安装位置；

纯电动汽车的空调压缩机由_____驱动，请找到空调压缩机的安装位置；

燃油汽车的暖风来自发动机的_____；

纯电动汽车的暖风来自_____。

（8）找出纯电动汽车与燃油汽车在冷却系统方面的区别。

燃油汽车冷却液泵由_____驱动，请在车上找到冷却液泵；

纯电动汽车的冷却液泵由_____驱动，请在前机舱底部找到冷却液泵。

（9）找出纯电动汽车与传统燃油汽车在制动系统方面的区别。

燃油汽车的制动助力来自发动机_____，请在车上找到连接真空助力器的真空管；

纯电动汽车的制动助力来自_____，请在前机舱下部找到它。

（10）找出纯电动汽车与传统燃油汽车在蓄电池充电方面的区别。

燃油汽车的蓄电池由发动机驱动_____充电，请在发动机舱内找到它；

纯电动汽车的蓄电池由动力电池通过_____转换器充电，请在前机舱内找到它。

5. 6S 管理

□车辆复位   □设备复位   □工具复位   □场地清洁   □填写工单

实践考核评价

实践名称	燃油汽车与纯电动汽车的构造对比		时长	30 min	
姓名			班级		
工作任务	客户想了解纯电动汽车与燃油汽车在构造上的区别。你需要根据客户选定的车辆，在实车上指出并告诉客户燃油汽车和纯电动汽车构造的异同，同时记录好车辆相关信息				
评分标准					
序号	评分内容	步骤与要求		配分	得分
1	安全或工作态度否决项	造成人身、设备重大事故，或恶意顶撞教师、严重扰乱课堂秩序，立即终止操作			
2	车辆信息确认	1）车辆品牌确认		1	
		2）车辆类型确认		1	
		3）VIN 码确认		3	
3	车辆结构对比	1）使用能源方面的区别		5	
		2）动力来源方面的区别		10	
		3）电压等级方面的区别		5	
		4）排放方面的区别		10	
		5）仪表显示方面的区别		5	
		6）变速器方面的区别		10	
		7）空调系统方面的区别		5	
		8）制动系统方面的区别		5	
		9）冷却系统方面的区别		5	
		10）蓄电池充电方面的区别		5	
4	6S 管理	1）车辆防护		3	
		2）设备、工具、量具等正确使用，确保其安全与完好		3	
		3）工具、量具、零件摆放整齐合理		3	
		4）工具、零件落地		2	
		5）工装（衣、鞋、帽）合理		2	
		6）场地清理		2	
5	工单填写	按要求填写操作工单，内容完整、正确		15	
6		得分			
技能评价		签名：　　　　　　日期：			

知识检验

一、填空题

1. 现代汽车的类型虽然很多，各类汽车的总体构造有所不同，但传统燃油汽车大体都可分为_____、_____、_____和_____四大部分。

2. 纯电动汽车的主要组成部分有_____、_____、_____、_____。

3. 汽车按用途可以分为_____、_____。其中_____主要是指用于载运乘员及其随身行李或临时物品的汽车，包括驾驶人座位在内最多不超过 9 个座位。

4. 商用车可以分为_____、_____和_____。

5. 燃油汽车的空调压缩机由_____驱动，纯电动汽车的空调压缩机由_____驱动，燃油汽车的暖风来自_____；纯电动汽车的暖风来自_____。

二、选择题

1. 汽车的 VIN 码一般由（　　）位数字和字母组成。
   A. 15　　　　　　B. 16　　　　　　C. 17　　　　　　D. 18

2. 纯电动汽车的动力源是（　　）。
   A. 蓄电池　　　B. 动力电池　　C. 发动机　　　D. 驱动电机

3. 汽车的 VIN 码中表示生产年份的位数是第（　　）位。
   A. 8　　　　　　B. 9　　　　　　C. 10　　　　　　D. 12

4. 以下不属于乘用车的是（　　）。
   A. 越野车　　　B. 商务车　　　C. 搅拌车　　　D. 敞篷车

5. 汽车是由动力驱动，具有（　　）个及以上车轮的非轨道承载的车辆。
   A. 3　　　　　　B. 4　　　　　　C. 5　　　　　　D. 6

三、判断题

1. 纯电动汽车没有发动机，因此不需要冷却系统。　　　　　　（　　）

2. 乘用车就是轿车。　　　　　　　　　　　　　　　　　　　（　　）

3. 燃油汽车的噪声比纯电动汽车的大。　　　　　　　　　　　（　　）

4. 纯电动汽车仪表盘可以显示剩余电量。　　　　　　　　　　（　　）

5. 纯电动汽车的充电方式有快充和慢充两种。　　　　　　　　（　　）

■ 任务 2　汽车的技术参数与性能分析

任务引入

小张是某 4S 店的服务顾问，客户李先生对纯电动汽车比较感兴趣，想了解纯电动汽车与传统燃油汽车的技术参数与性能区别，假如你是小张，你该如何向李先生对比介绍纯电动汽车和传统燃油汽车的性能差异？

学习目标

知识目标

1. 能正确理解与识读整车参数；
2. 能正确理解汽车的性能指标。

能力目标

1. 能根据汽车整车参数，分析汽车的性能特点；
2. 能通过整车参数分析，对比汽车的性能。

素养目标

1. 以角色扮演的形式完成汽车的性能分析实践活动，培养沟通能力；
2. 完成纯电动汽车与燃油汽车技术参数查找及性能对比分析，培养分析思维能力。

相关知识

汽车的技术参数主要包括整车参数、发动机参数、底盘参数和发动机布置与驱动形式。在这里主要介绍整车参数，整车参数主要有质量参数、尺寸参数以及反映汽车通过性能、动力性能、经济性能等的参数。

一、汽车的整车参数

1. 质量参数

（1）整车整备质量（kg）：汽车完全装备好的质量，包括润滑油、燃料、随车工具、备胎等所有装备的质量。

（2）最大总质量（kg）：汽车满载时的总质量。

（3）最大装载质量（kg）：汽车在道路上行驶时的最大装载质量。

（4）最大轴载质量（kg）：汽车单轴所承载的最大总质量，与道路通过性有关。

2. 尺寸参数

（1）车长（mm）：汽车长度方向两极端点间的距离。

（2）车宽（mm）：汽车宽度方向两极端点间的距离。

（3）车高（mm）：汽车最高点至地面间的距离。

（4）轴距（mm）：汽车前轴中心至后轴中心的距离。

（5）轮距（mm）：同一车桥左右轮胎胎面中心线间的距离。

（6）前悬（mm）：汽车最前端至前轴中心的距离。

（7）后悬（mm）：汽车最后端至后轴中心的距离。

汽车车身外部尺寸参数见图1-2-1。

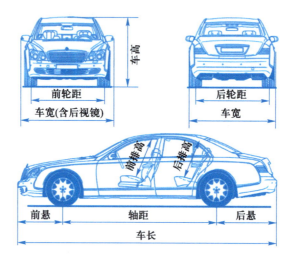

图1-2-1　车身外部尺寸参数

3. 通过性能参数

（1）接近角（°）：汽车前端突出点向前轮引的切线与地面的夹角，见图1-2-2。

（2）离去角（°）：汽车后端突出点向后轮引的切线与地面的夹角，见图1-2-2。

（3）纵向通过角（°）：汽车满载、静止时，在汽车侧视图上分别通过前、后车轮外缘做切线交于车体下部较低部位所形成的最小锐角，见图1-2-2。

图1-2-2　接近角、离去角、纵向通过角

（4）最小离地间隙（mm）：汽车满载时，最低点至地面的距离，见图 1-2-3。

（5）最大涉水深度（mm）：汽车所能通过的最深水域，也是安全深度，见图 1-2-3。

（6）最大爬坡度（%）：汽车满载时的最大爬坡能力，以坡度起止点的高度差与其水平距离的比值（正切值）的百分数来表示，见图 1-2-4。

图 1-2-3 最小离地间隙、最大涉水深度

（7）最大侧倾角（°）：车身发生倾斜时，车本身可以承受的车身平面与地面所达到的最大夹角（大于这个角度即发生翻车），见图 1-2-4。

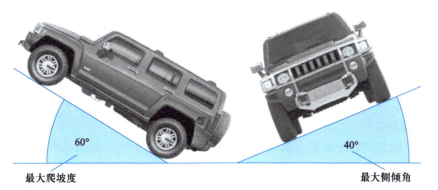

图 1-2-4 最大爬坡度、最大侧倾角

（8）转弯半径（mm）：汽车转向时，汽车外侧转向轮的中心平面在车辆支承平面上的轨迹圆半径。转向盘转到极限位置时的转弯半径为最小转弯半径，见图 1-2-5。

图 1-2-5 最小转弯半径

4. 动力性能、经济性能参数

（1）最高车速（km/h）：汽车在平直良好的路面上行驶时能达到的最大速度。

（2）平均燃料消耗量（L/100 km）：汽车在道路上行驶时每百公里的平均燃料消耗量。

二、汽车的主要性能指标

1. 动力性能

汽车的动力性能可用最高车速、加速能力、爬坡能力三个指标来评定。

（1）最高车速：汽车满载时，在平直良好的路面（水泥路面或沥青路面）上所能达到的最高行驶速度。

（2）加速能力：汽车在行驶中迅速提高行驶速度的能力。汽车的加速能力常用汽车的原地起步加速性能和超车加速性能来评价。

（3）爬坡能力：汽车满载时，在良好的路面上以最低前进挡所能爬行的最大坡度（货车为30%，越野车为60%）。

2. 燃油经济性

燃油经济性是汽车在一定的使用条件下，以最小的燃油消耗量完成单位运输工作的能力。燃油经济性评价指标如下。

L/100 km：我国与欧洲采用。同排量汽车，其数值越大，燃油经济性越差。

mile/us-gal：美国采用。同排量汽车，其数值越大，表明燃油经济性越好。

L/100 t·km：货车采用。不同的载质量的货车，其数值越小，表明燃油经济性越好。

3. 制动性能

汽车的制动性能主要由制动效能、制动效能的恒定性和制动时汽车的方向稳定性三个方面来评价。

（1）制动效能：汽车迅速减速至停车的能力，即在良好路面上，汽车以一定的初速度制动到停车的制动距离或制动时的减速度，它是制动性能最基本的评价指标。

（2）制动效能的恒定性：抵抗制动效能的热衰退和水衰退的能力，即汽车在高速行驶、下长坡或涉水连续制动时，制动效能的稳定程度。汽车的制动过程实际上就是把汽车行驶的动能通过制动器吸收转换为热能的过程。

（3）制动时汽车的方向稳定性：制动时汽车按照驾驶人给定方向行驶的能力，即是否会发生制动跑偏（制动时汽车偏驶，但后轮沿前轮的轨迹运动）、侧滑（制动时汽车一轴或双轴发生横向滑动，前后轮轨迹不重合）或失去转向能力（如前轮抱死拖滑，汽车会失去转向能力）等。

4. 操纵稳定性

汽车的操纵稳定性包含着互相联系的两部分内容，一个是操纵性，一个是稳定性。稳定性是指汽车受到外界扰动（路面扰动或突然阵风扰动）后，能自行尽快地恢复正常行驶状态和方向，而不发生失控，以及抵抗倾覆、侧滑的能力。

对于轿车而言，轴距越长，则车厢内长度越大，座椅之间的间距越大，行驶越平稳，转向操纵也越容易，可提高乘坐舒适性。但是，轴距加大会使整车机构布置困难，车身造型受到影响。轴距还与载荷的分布有关，以目前大多数轿车前置发动机前轮驱动的布置形式来说，空车与满载时前轴负荷都应大于后轴，这样有利于提高汽车的操纵稳定性。

就整车尺寸而言，车长、车宽和轮距等参数对汽车的性能和造型会带来重大影响。一是车身造型比例和谐，视觉上会感到平衡；二是长度与宽度比例适当，对汽车行驶的平稳性有好处，乘坐也舒适。轮距也要根据车宽确定，轮距越大，对操纵稳定性越有利，也对车身造型和车厢的宽敞程度越有利。

轿车高度与车厢内高度和离地间隙有关。高度增大后汽车的质心位置也会随之升高，会降低汽车行驶的平稳性，同时也会增大汽车的风阻系数。

5. 行驶平顺性

汽车行驶时，对路面不平度的隔振特性，称为汽车的行驶平顺性。路面不平度达到一定程度时，将使乘员感到不舒适和疲劳，或是造成运载的货物损坏。路面不平度激起的振动引起的附加动载荷将加速有关零件的磨损，缩短汽车的使用寿命。车轮载荷的波动会影响车轮与地面之间的附着性能，关系到汽车的操纵稳定性。

汽车的振动随行驶速度的提高而加剧。在汽车的使用过程中，行驶速度常会因车身的强烈振动而受到限制。

6. 排放污染物

汽车排放污染主要有三个来源：一是由发动机排气管排出的燃料燃烧后的废气；二是曲轴箱排放物；三是燃料蒸发排放物。

7. 噪声

按照噪声产生的过程，汽车噪声源大致可分为与发动机转速有关的噪声源和与车速有关的噪声源。

 任务实施

纯电动汽车与传统燃油汽车的性能对比分析

1. 纯电动汽车与燃油汽车的结构和行驶对比分析

对比发现：纯电动汽车与燃油汽车的外观看不出区别（除排气管），但内部结构相比较更简单，维护方便。纯电动汽车的起步响应快，而且行驶更安静。

2. 纯电动汽车与燃油汽车经济性对比分析

对比发现：纯电动汽车因为没有复杂的动力系统、燃油系统，相应的维护保养成本低于燃油汽车，同时，面对节节高升的油价，纯电动汽车的使用费用更低。

3. 纯电动汽车与燃油汽车使用方便性对比

对比发现：目前纯电动汽车充一次电行驶的距离较短，而充电站较少，充电时间较长，纯电动汽车还无法像燃油汽车那样随心所欲地行驶，使用方便性较燃油汽车差。

4. 纯电动汽车与燃油汽车综合性能对比

对比发现：纯电动汽车与燃油汽车综合性能各有优势，但纯电动汽车节能、零排放、使用费用低的突出优点，是燃油汽车不可比拟的。

 任务工单

任务名称	任务2 汽车的技术参数与性能分析		成绩	
姓名		班级	学号	

任务引入	小张是某4S店的服务顾问，客户李先生对某款纯电动汽车比较感兴趣，想了解纯电动汽车与传统燃油汽车性能上的区别，假如你是小张，你该如何向李先生对比介绍纯电动汽车和传统燃油汽车的性能差异
任务目的	以行动为导向，识别汽车的参数，理解汽车的参数与性能指标，对比分析纯电动汽车与燃油汽车的性能差别，在此过程中学习相关理论知识和实践操作技能

活动一：查找汽车参数与性能指标

分别选定一款同级别纯电动汽车和燃油汽车，查阅相关资料，填写下方表格的内容。

参数与性能指标	纯电动汽车	燃油汽车
品牌车型		
整车整备质量		
长×宽×高（mm×mm×mm）		
轴距（mm）		
车身结构		
最大功率（kW）		
最大扭矩（N·m）		
最高车速（km/h）		
动力源参数	电机类型： 电机总功率（kW）： 电机总扭矩（N·m）： 前电机最大功率（kW）： 前电机最大扭矩（N·m）：	发动机型号： 排量（L）： 最大功率（kW）： 最大扭矩（N·m）：
变速箱类型		
底盘驱动方式		
变速器类型		
转向助力类型		
前制动器类型		
后制动器类型		
驻车制动类型		
前轮胎规格		
后轮胎规格		

续表

活动二：纯电动汽车与燃油汽车性能指标对比分析

请根据查找的资料，对比分析纯电动汽车与燃油汽车的性能指标。

1. 动力性

2. 经济性

3. 制动性能

4. 操纵稳定性

5. 行驶平顺性

6. 排放污染物

7. 噪声

8. 综合性能

9. 分析结论

实践考核评价

实践名称	燃油汽车与纯电动汽车的性能对比分析		时长	30 min
姓名			班级	
工作任务	客户想对纯电动汽车与传统燃油汽车的性能进行对比。你需要根据客户选定的车辆，并通过参数分析对比告诉客户燃油汽车与纯电动汽车性能区别，同时记录好相关信息			
评分标准				
序号	评分内容	步骤与要求	配分	得分
1	安全或工作态度否决项	造成人身、设备重大事故，或恶意顶撞教师、严重扰乱课堂秩序，立即终止操作		
2	信息确认	1）品牌确认	5	
		2）类型确认	5	
3	性能对比	1）动力性能对比分析	10	
		2）经济性对比分析	10	
		3）制动性能对比分析	15	
		4）行驶平顺性对比分析	15	
		5）排放污染物对比分析	15	
		6）噪声对比分析	15	
4	工单填写	按要求填写操作工单，内容完整、正确	10	
5	得分			
技能评价	签名： 日期：			

知识检验

一、填空题

1. 汽车动力性能指标主要包括_____、_____、_____。

2. 汽车的主要性能指标有_____、_____、_____、_____、_____、_____、噪声等。

3. 我国和欧洲所采用的燃油经济性指标是_____。

4. 汽车的轴距是指_____。

5. 汽车排放污染源主要有：_____、_____、_____。

二、选择题

1. 下列哪一个不是汽车的主要性能指标？（　　　）

    A. 动力性能　　　　　　　　　B. 经济性

    C. 空气性　　　　　　　　　　D. 操纵稳定性

2. 制动性能的评价指标包括（　　　）。

    A. 制动效能、制动距离、制动时汽车的方向稳定性

    B. 制动效能、制动效能的恒定性、制动减速度

    C. 制动效能、制动效能的恒定性、制动时汽车的方向稳定性

    D. 制动距离、制动力、制动减速度

3. 下列（　　　）属于汽车的安全性能指标。

    A. 汽车车速　　　　　　　　　B. 汽车的制动性能

    C. 汽车的耗油量

4. 下列（　　　）属于汽车的动力性能指标。

    A. 汽车的操纵稳定性　　　　　B. 最高车速

    C. 汽车的行驶平顺性

5. 制动距离越（　　　），则汽车的制动性能越好。

    A. 短　　　　　　　　　　　　B. 长

三、判断题

1. 汽车的轴距越长，行驶越平稳。　　　　　　　　　　　　（　　　）

2. 汽车的转弯半径越小，转弯所需的场地就越小。　　　　　（　　　）

3. 燃油汽车的噪声比纯电动汽车的大。　　　　　　　　　　（　　　）

4. 同排量汽车，百公里油耗值越大，燃油经济性越差。　　　（　　　）

5. 汽车的高度越高，汽车的行驶越平稳。　　　　　　　　　（　　　）

项目二

汽车拆装安全与规范

本项目主要讲述汽车拆装安全与规范，通过学习需要完成以下两个任务：

任务1　汽车安全用电与防护；

任务2　汽车拆装工具与设备使用。

通过本项目的学习，主要掌握以下知识，具备以下能力：

1. 掌握汽车拆装与维修安全作业要求以及车间安全警示标志的意义，正确进行汽车拆装时个人、设备、车辆的安全防护，完成电动汽车上电操作；

2. 了解汽车安全用电基本常识，正确进行触电安全事故的紧急处理；

3. 了解汽车拆装常用工具和专用工具的使用方法与应用场合，能根据工作任务的需求，正确选择并规范使用拆装工具；

4. 掌握举升机与翻转架的使用与操作方法，能根据工作任务的需求，正确使用举升机和翻转架。

■ 任务 1 汽车安全用电与防护

任务引入

小张是某 4S 店的维修工，早晨接到一辆纯电动故障车辆，师傅让小张对该纯电动汽车进行下电，以保证安全检修，假如你是小张，你该如何安全规范地对此车进行下电操作？

学习目标

知识目标

1. 掌握汽车拆装与维修安全作业要求；

2. 掌握车间安全警示标志的意义；

3. 了解安全用电基本常识，掌握触电的急救方法。

能力目标

1. 能根据工作任务，正确进行个人、车辆、设备的安全防护操作，布置安全警示标志；

2. 能根据触电急救方法，正确进行触电安全事故的紧急处理；

3. 能根据安全操作规程，正确规范地对纯电动汽车进行下电操作。

素养目标

1. 完成汽车维修安全防护训练任务，提高安全意识，形成热爱生命、生命至上的人生观；

2. 完成纯电动汽车上电操作实践任务，增强劳动意识；

3. 组内分工两人合作共同完成纯电动汽车的下电操作，提升协调沟通能力。

相关知识

安全是做好一切工作的重要前提。在汽车拆装与维修过程中，工作人员的人身安全要得到全方位的保护，尤其要能预见到可能的伤害。要通过严格的安全制度、规范的操作流程、完善的劳动纪律来保证维修人员的安全，做到安全第一，预防为主，培养维修人员安全操作的习惯。

一、安全用电基本知识

1. 绝缘工具及安全使用

由于新能源汽车的电压等级与传统燃油汽车不同，在进行新能源汽车维护与维修作业时，需要使用满足绝缘等级要求的专用工具，见图2-1-1。

图 2-1-1 新能源汽车专用工具

（1）绝缘工具的定义。

绝缘工具是指可在额定电压 1 000 V（交流电压）和 1 500 V（直流电压）的带电和近电工件或器件上进行维修作业的手工工具。

（2）绝缘工具标准与注意事项。

我国制定了国家标准 GB/T 18269—2008《交流 1 kV、直流 1.5 kV 及以下电压等级带电作业用绝缘手工工具》。

新能源汽车常用绝缘工具包括1/2 公制六角套筒、12.5 mm 绝缘快速脱落棘轮扳手、12.5 mm 系列绝缘接杆、12.5 mm 系列绝缘 T 形柄、12.5 mm 系列绝缘内六角旋具套筒、10 mm 系列绝缘六角套筒、绝缘快速脱落棘轮扳手、10 mm 系列绝缘接杆、3/8″绝缘延长接杆、双色绝缘一字螺钉旋具、双色绝缘十字螺钉旋具、绝缘耐压斜嘴钳、绝缘耐压钢丝钳、绝缘耐压尖嘴钳、绝缘耐压活动扳手、防护式 VDE 电缆剥线刀、开口绝缘扳手、梅花绝缘扳手，可将这些设备放在一个工具车中，作为新能源汽车专用工具车。

使用绝缘工具时要注意以下事项：

① 绝缘工具应避免高温烘烤，以防手柄或绝缘层变形。

② 在使用或存放时应避免利器割裂绝缘层。

③ 在佩戴绝缘手套时，先戴一副面纱手套用以吸附手汗，操作时在绝缘手套外加戴一副帆布手套或羊皮手套，以防导线或电缆的断口划破绝缘手套，从而导致电击。

④ 避免绝缘工具接触油类或溶剂类液体。

⑤ 绝缘工具应定期进行耐压试验。

2. 新能源汽车维修作业安全

对新能源汽车高压系统进行检修时，仅允许具备足够资质和知识的人员进行操作。根据 DIN VDE 0105——电力设备的运行。一般规程（VDE 规范）的高压装置安全操作规程，新能源汽车维修作业一般遵循以下 3 点安全规程。

（1）断电：断开来自高压系统的电压。

（2）严防设备重新合闸：防止再次接通。

（3）验电：确保高压系统断电。

因此，对新能源汽车进行维修作业前，应先对车辆进行下电操作。不同车型的下电步骤可能有所不同，下电前一定要详细阅读维修手册。后文任务实施部分将以 EV160 纯电动汽车为例，介绍纯电动汽车的下电步骤。

3. 触电与急救

（1）电流对人体的伤害。

触电是指电流通过人体时对人体产生的生理和病理伤害，伤害的方式分为电击和电伤两种类型。

① 电击：电击是由于电流通过人体而造成的内部器官在生理上的反应和病变。

② 电伤：电伤是由于电流的热效应、化学效应和机械效应对人体造成的伤害，常常与电击同时发生，如电烧伤（分为接触灼伤和电弧灼伤）、电烙印、皮肤金属化。

（2）影响触电后果的因素。

影响触电后果的因素主要包括以下几个方面。

① 电流强度。

通过人体的电流大小与相应的人体感觉和反应如下：1 mA，开始有麻痹感；10 mA，有麻感，但可以摆脱；30 mA，有剧痛感，神经麻痹，呼吸困难，生命危险；100 mA，短时间内窒息，心跳停止。

② 电流通过人体的持续时间。

电流通过人体的持续时间越长，对人体的伤害越大。

③ 电流频率。

一般来说，工频 40 ~ 60 Hz 对人体是最危险的，高频会生成电磁波。

④ 人体电阻的大小。

人体电阻的大小是影响触电后果的重要物理因素。不同的人，电阻值不一样。

⑤ 电流通过人体的途径。

电流通过人体时，可使表皮灼伤，并能刺激神经，破坏心脏及呼吸器官的机能。电流通过人体的路径，如果是从手到脚，中间经过重要器官（心脏），则最为危险；如果是从脚到脚，则危险性较小。

⑥ 身体状况。

一般来说，儿童、妇女、老人受电流刺激能力较弱，青壮年男子受电流刺激能力较强。

（3）人体触电方式。

① 直接接触触电。

直接接触触电是指人体直接触及或小于安全距离靠近电气设备及线路带电导体而发生的触电现象。直接接触触电分为以下几种方式。

单相触电：人体接触带电设备或线路中的某一相导体时，一相电流通过人体经大地回到中性点。单相触电的后果与人体与大地间的接触状况有关，若人站在干燥绝缘的地板上，则不会有触电危险。

两相触电：人体同时触及带电设备或线路中的两相导体而发生的触电现象。

电弧伤害：人体小于安全距离靠近高压带电体会引起电弧放电，带负荷拉、合刀闸会造成弧光短路。电弧不仅使人受电击，而且会使人受电伤，对人体的伤害往往是致命的。

② 间接接触触电。

间接接触触电是电气设备绝缘损坏而发生接地短路故障，使原来不带电的金属外壳带有电压，人体触及而发生的触电现象。

③ 跨步电压触电。

高压电线及电气设备发生接地事故时，人体两脚之间产生电压差触电，即为跨步电压触电。离接地点越近，跨步电压越大。跨步电压与跨步的大小成正比，跨步越大越危险，同时，越靠近带电体越危险，离带电体 20 m 以外的地方，跨步电压已接近零。当发觉跨步电压威胁时，应赶快把双脚并在一起，然后马上用一条腿或两条腿跳离危险区。

（4）触电急救。

① 使低压触电者脱离电源的方法：拉、切、挑、拽、垫。

拉：就近拉开电源开关。

切：用带有绝缘柄的利器切断电源线。

挑：用干燥木棒等挑开触电者身上或压在身下的导线。

拽：救援人员可带上绝缘物品拖拽触电者，使之脱离电源。

垫：将干燥的木板塞在触电者身下，使其与大地绝缘，然后再采取其他办法把电源切断。

注意：在进行施救时必须保证自身的安全，做好个人安全防护。

② 使高压触电者脱离电源的方法。

立即电话通知有关供电部门拉闸停电。

可戴上绝缘手套，穿上绝缘鞋，拉下高压断路器以切断电压。

往架空线路抛挂裸金属硬导线，人为造成线路短路，从而使电源开关跳闸。

③ 解救触电者注意事项。

选用绝缘工具救护，不要触及触电者的皮肤。

拉拽触电者时，救护人宜单手操作，比较安全。

当触电者位于高位时，采取措施预防触电者在脱离电源后从高处坠落导致人身伤亡。

④ 现场急救。

当对触电者进行现场急救时，需要根据症状采用相应的急救措施。

触电者若神志尚清醒，只是心悸、头晕、出冷汗、恶心、呕吐、四肢发麻、全身乏力，甚至一度昏迷但未失去知觉，应让触电者在通风暖和的地方静卧休息，并派人严密观察，同时请医生前来或送往医院救治。

若触电者已失去知觉，但呼吸和心跳尚正常，应使其平躺，解开衣服以利呼吸，四周不要围人，保持空气流通，冬天注意保暖，同时立即请医生前来或送往医院救治。

若触电者呼吸困难或心跳失常，应立即进行人工呼吸或胸外心脏按压。若心跳和呼吸全部停止，应立即采用心肺复苏法进行抢救。心肺复苏法有三项支持生命的基本措施，即通畅气道、口对口人工呼吸、胸外按压，见图2-1-2。

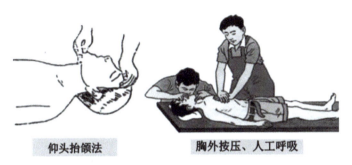

图2-1-2　心肺复苏法

二、个人防护用品

在对汽车进行拆装作业时，必须按照厂家的维修手册要求进行操作，做好个人的安全防护，特别是在对新能源汽车进行相关作业时，为防止身体触碰到高压部分，还需要佩戴好个人防护用品。个人防护用品包括绝缘手套、绝缘鞋、绝缘帽、防护眼镜、绝缘裤、绝缘服等，见图2-1-3。

三、车间防护设备

新能源汽车常用的车间防护设备主要有防静电工作台、绝缘胶垫、灭火器、隔离带、车间警示标志等，见图2-1-4。

1. 防静电工作台

在对新能源汽车电力电子部件或总成进行检测时，防静电工作台可以防止静电击穿电力电子元器件。

2. 绝缘胶垫

绝缘胶垫又称为绝缘毯、绝缘垫等，它具有较大的体积电阻率，耐电击穿，用作配电等工作场合的台面或铺地绝缘材料，能起到较好的绝缘效果。

3. 灭火器

灭火器有干粉灭火器、泡沫式灭火器和二氧化碳灭火器等。干粉灭火器使用方便，有效期长，一般家庭使用的灭火器都是这一类型，它适用于扑救各种易燃、可燃液体火灾和易燃、可燃气体火灾，以及电气设备火灾；泡沫灭火器适用

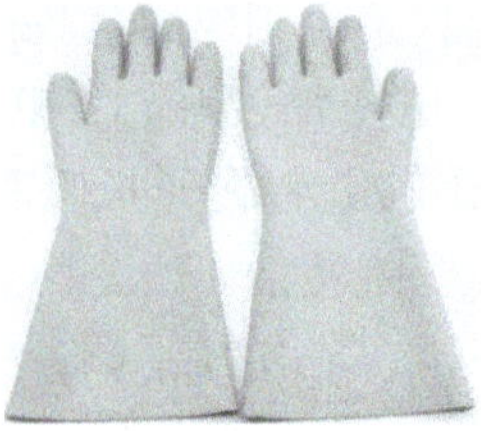

(a) 绝缘手套

(b) 绝缘鞋

(c) 绝缘帽

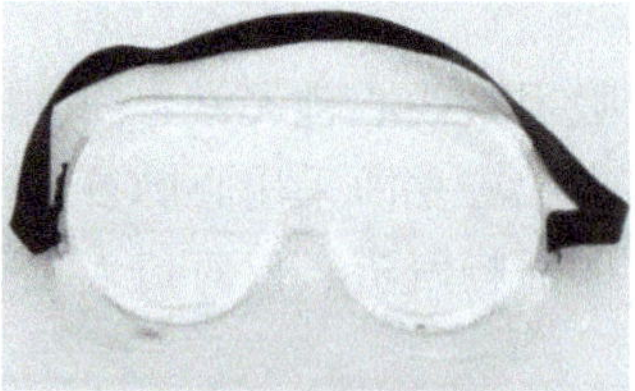

(d) 防护眼镜

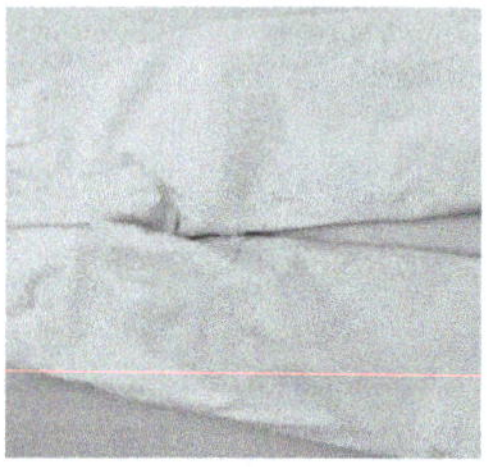

(e) 绝缘裤

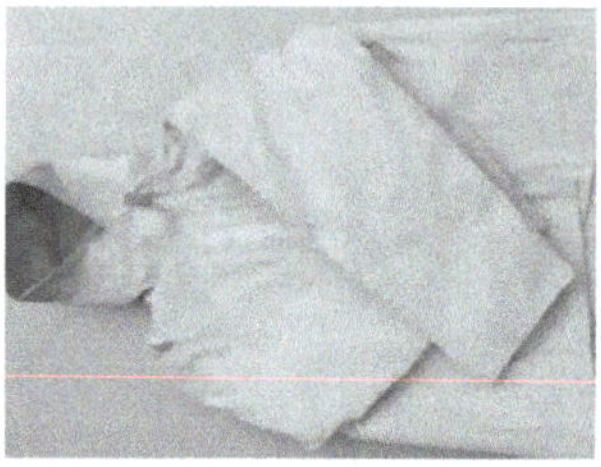

(f) 绝缘服

图 2-1-3　个人防护用品

(a) 防静电工作台

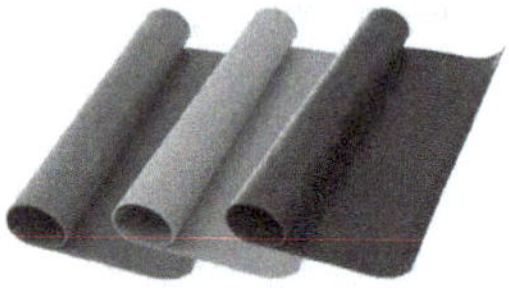

(b) 绝缘胶垫

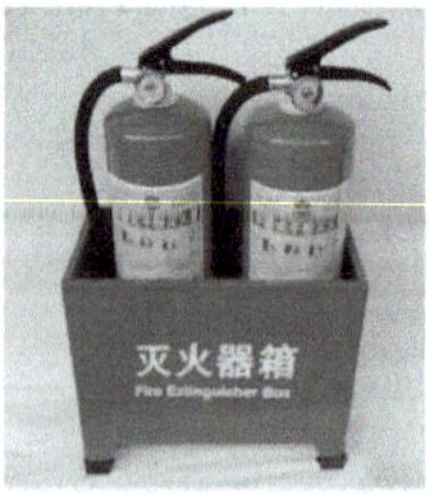

(c) 灭火器

(d) 隔离带

(e) 车间警示标志

图 2-1-4　车间防护设备

于扑救各种油类火灾和木材、纤维、橡胶等固体可燃物火灾；二氧化碳灭火器灭火性能高，毒性低，腐蚀性小，灭火后不留痕迹，使用比较方便，它适用于各种易燃、可燃液体火灾和可燃气体火灾，还可扑救仪器仪表、图书档案和低压电气设备以及 600 V 以下的电器初起火灾。

汽车火灾是指由于发生交通事故、自身设备故障或引燃等原因，导致车辆起火，造成人员伤亡和财产损失的灾害。当汽车发生火灾时，应及时报警并根据现场情况帮忙救助被困人员。如果火势处于初起阶段，且有被困人员时，可使用干粉灭火器对火势进行控制；当无被困人员时，可使用干粉灭火器或二氧化碳灭火器对火势进行控制。

4. 隔离带

隔离带可用于隔离车辆高压电气系统的作业场地，防止其他人员随意进入，起到隔离和警示的作用。

5. 车间警示标志

车间警示标志用于提醒人员相应的安全注意事项。

四、汽车拆装安全作业要求

车间安全是指在车间劳动生产过程中的人身安全、环境安全、设备厂房安全、车辆安全等。也就是指为了使劳动过程在符合安全要求的物质条件和工作秩序下进行，防止伤亡事故、车辆设备事故及各种危害的发生，保障劳动者的安全健康和生产劳动过程的正常进行而采取的各种措施和从事的一切活动。

1. 车间安全作业须知

在日常工作中，不管是人为因素还是自然因素造成的事故，均应杜绝其发生，为此需要从自身做起、从小事做起。车间安全作业须知关联以下几部分内容。

（1）车间工作场所。许多工伤事故都是由杂乱无章引起的。在凌乱的工作场所中，常常会发生因绊倒、跌倒或滑倒而导致受伤的事故，见图 2-1-5、图 2-1-6。

图 2-1-5　杂乱的地面　　　　　　　图 2-1-6　违规的操作

每个人都有责任安全妥善保管所有设备、部件和车辆，以保护自己和其他人不受伤害。

（2）手动工具。在维修作业过程中，许多割伤和擦伤都是由于使用损坏的手动工具或误用手动工具造成的。因此应保持工具清洁完好，切勿使用已知损坏的工具。常用工具依据使用的频度合理安排在工具箱中的相应位置，见图 2-1-7。

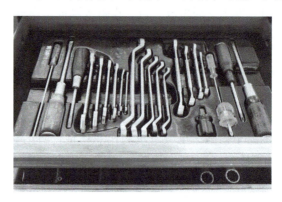

图 2-1-7　工具有序摆放

手动工具使用注意事项如下：

① 一定要使用正确规格的工具进行作业。

② 锋利的工具不用时，应保护好刃口。

③ 不要使用手柄松动的工具。

④ 不要用工具干不对应的工作。

⑤ 不要使用带"蘑菇头"的冲子或錾子。

⑥ 在使用切具时，一定要用台虎钳固定工件。

⑦ 切勿使用开裂的套筒。

⑧ 切勿加长工具手柄以增大杠杆。

⑨ 切勿使用电动工具来驱动"手动"套筒。

⑩ 不得将工具遗留在发动机舱盖下。

（3）压缩空气。许多车间都使用压缩空气作为便利的动力源来驱动工具。压缩空气，如果正确使用很安全，但如果使用不当，则非常危险，可致人严重受伤或死亡。不得使用压缩空气进行下列操作：

① 吹掉工作台上的锉屑或铁屑。

② 吹去衣物上的粉尘。

③ 清理部分密封的物体，如灯光设备等。

④ 清除制动装置上的粉尘。

⑤ 玩耍。

一般车间压缩空气的压力有可能超过 700 kPa（约 7 kg/cm^2），这足以使压缩空气吹透衣服进入人的血液，从而导致人身伤亡。摆弄空气管线看起来好玩，但很可能带来不幸的后果。

（4）人工搬运。从地面或工作台上搬物体是再平常不过的事了。搬运物体时使用正确的方法有助于减少背部受伤的危险，应让物体尽可能贴近身体、背部挺直、膝盖弯曲，见图 2-1-8。

注意：不要试图搬运过重的物体，20 kg 通常是一个人的安全极限；从地面抬起物体时，两脚应微微分开，屈膝，背部挺直，用腿部肌肉提供力量；不要猛抬物体；搬运重物时，让重物贴近身体。

（5）使用举升和起重设备搬运。对于超过 20 kg 的物体，建议使用活动吊车或千斤顶等起重装置。使用每种设备前都应进行专门培训。一些常识性的规定如下：

图 2-1-8　搬运重物

① 切勿超过所用设备的安全工作载荷。

② 在车下工作前，一定要用车桥支架支撑好汽车。

③ 举升或悬吊重物时难免有危险，所以，切勿在无支撑、悬吊或举起的重物（如悬吊的发动机等）下工作。

④ 一定要保证千斤顶、举升器、车桥支架、吊索等起重设备胜任和适用相应作业，设备状况良好并得到定期维护。

⑤ 切勿临时拼凑起重装置。

（6）车用油液。车用油液主要包括燃油、发动机冷却液、空调制冷剂、制动液及蓄电池酸液等。在维修作业过程中，应遵循合理的处理方法，见图 2-1-9，避免对人体或财物造成伤害。

另外，蓄电池充电时会释放易爆气体，见图 2-1-10，所以应确保充分通风，切勿在充电或刚充完电的蓄电池附近使用明火或产生火花。

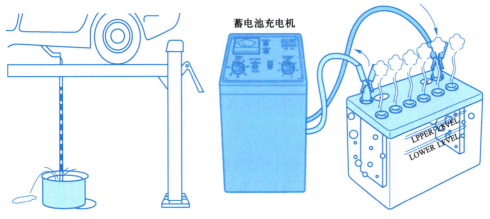

图 2-1-9　油液收集　　　　　图 2-1-10　充电产生易爆气体

（7）安全用电的注意事项。发生电路短路或者意外火灾的时候，要首先关闭电源，见图 2-1-11。

熔断器熔断时，不准换成容量不符的熔断器，要向领班或者车间主管汇报，请专业的电工进行检查更换，因为可能存在短路现象。拔掉插头时不要拔电线而

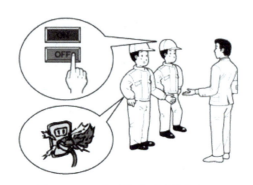

图 2-1-11   电路起火时先关闭电源

是要拔插头部分，见图 2-1-12；手湿或者地面有水时不要触碰电线；电线附近不能有水、油或者易燃物品；电气线路不能放在尖锐物品附近；电气线路要合理布置，不得将零件车等重物压在导线上，防止轧断导线发生触电。

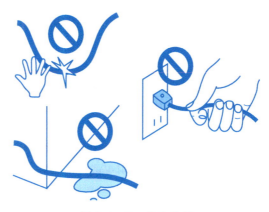

图 2-1-12   禁止事项

打扫卫生、擦拭设备时，严禁用水冲洗或用湿布去擦拭，也不要用湿手或金属物去扳动带电的电气开关，以免发生短路和触电事故。

发生电气火灾时严禁使用水和泡沫灭火器灭火；正确做法是先切断电源，然后用干粉灭火器或沙子灭火。

不准私拉乱接电气线路，也不准将电气设备电源线直接插入插座内。

（8）安全防火。汽车维修车间内部有很多易燃的物品，进行车辆维修作业时，有些工序实施时、设备运转时会产生火花，极易发生火灾，所以严格遵守车间安全防火制度和油料库安全防护制度非常重要。

2. 6S 生产现场管理

6S 是指整理（Seiri）、整顿（Seiton）、清扫（Seiso）、清洁（Seiketsu）、素养（Shitsuke）、安全（Safety）6 个项目。在具体的实施过程中，还应注意很多细节的处理。

整理：区分要与不要的物品，现场只保留必需的物品。

整顿：必需品依规定位置、规定方法，摆放整齐有序，明确标示。

清扫：清除现场内的脏污，清除作业区域内的物料垃圾。

清洁：将整理、整顿、清扫实施的做法制度化、规范化，维持其成果。

素养：人人按章操作、依规行事，养成良好的习惯，使每个人都成为有教养的人。

安全：重视成员安全教育，每时每刻都有安全第一观念，防患于未然。

任务实施

视频

纯电动汽车
下电操作

纯电动汽车下电操作

1. 安全提示

（1）所有橙色的线均为高压线束，可能危及生命。

（2）不准用水冲洗擦拭电气设备。

（3）雷雨天气时禁止在室外给车辆充电和进行维修维护。

（4）发现有人触电，应立即切断电源进行抢救，在未脱离电源前不准直接接触触电者。

2. 纯电动汽车下电操作

纯电动汽车作业包括带电作业和非带电作业。进行带电作业时，需要佩戴个人高压防护用品。进行非带电作业（如绝缘检测、拆卸高压线束或更换高压部件等）之前，应先按照操作规范进行下电操作。

（1）个人安全防护。

① 穿好工作服、绝缘鞋。

② 检查自身，确认身上没有金属饰品、钥匙、硬币等。

③ 找一名监护人。

（2）检查场地及放置警示标志。

① 检查场地，确认符合作业环境。

② 拉好警戒线，见图 2-1-13（a）。

③ 放置警示标志，见图 2-1-13（b）。

(a) 拉警戒线　　　　　　　(b) 放置警示标志

图 2-1-13　拉好警戒线、放置警示标志

（3）切断低压电源。

①做好车辆防护，安装好车内三件套。

②拔下钥匙。

③打开前机舱盖，安装好翼子板布和前格栅布，见图2-1-14（a）。

④断开低压蓄电池负极端子，见图2-1-14（b），等待2~5 min。

　　（a）安装翼子板布和前格栅布　　　　　（b）断开低压蓄电池负极端子

图2-1-14　安装翼子板布和前格栅布、断开低压蓄电池负极端子

（4）拆除附件。

拆除后排座椅，掀起地垫，见图2-1-15。

　　　　（a）拆除后排座椅　　　　　　　　　（b）掀起地垫

图2-1-15　拆除附件

（5）穿戴绝缘防护用品

①戴上防护眼镜、绝缘头盔，见图2-1-16。

　　　　（a）戴上防护眼镜　　　　　　　　　（b）戴上绝缘头盔

图2-1-16　戴上防护眼镜、绝缘头盔

②检查绝缘手套的绝缘等级，应在1 000 V/300 A以上。

③ 检查绝缘手套的密封性，见图 2-1-17。

图 2-1-17　检查绝缘手套

④ 检查无误后，佩戴好绝缘手套。

（6）拆卸维修开关。

① 拆除维修开关盖板，见图 2-1-18（a），解除维修开关锁。

② 拔下维修开关，见图 2-1-18（b），盖上维修开关盖板。拆下来的维修开关可放到储物箱里。

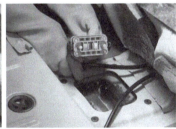

(a) 拆除维修开关盖板　　　　　　(b) 拔下维修开关

图 2-1-18　拆卸维修开关

（7）拔下动力电池端高低压线束插接器

① 举升车辆。

② 拔下低压线束插接器，见图 2-1-19（a）。

③ 解除高压线束插接器锁止状态，见图 2-1-19（b）。

④ 按住 Press 位置，见图 2-1-19（b）。

（8）放电及检查剩余电荷

① 将电压表调到直流 1 000 V 挡，测量动力电池端的高压正、负极插接器电压，见图 2-1-20（a），确认没有电压。

② 将电压表调到直流 1 000 V 挡；测量高压线束端的高压正、负极插接器电压，见图 2-1-20（b）；检测电压为零则确认放电完成，如果电压不为零，将放电工装连接在高压线束端的高压正、负极插接器之间进行放电，见图 2-1-20（c），重复此放电过程，直到电压为零。

③ 用绝缘胶布封住插接器两端插口。

④ 降下车辆。

⑤ 更换警示标志，见图 2-1-20（d）。

(a) 拔下低压线束插接器

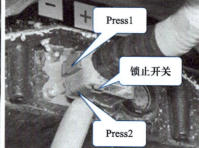
(b) 高压线束插接器3道锁止机构

图 2-1-19 拔下动力电池端高低压线束插接器

(a) 测量动力电池端高压正、负极插接器电压

(b) 测量高压线束端高压正、负极插接器电压

(c) 放电工装放电

(d) 更换警示标志

图 2-1-20 放电及检查剩余电荷

任务工单

任务名称	任务 1　汽车安全用电与防护		成绩	
姓名		班级	学号	
实训设备	纯电动汽车、个人防护用品、车间防护设备			
任务引入	小张是某4S店的维修工，早晨接到一辆纯电动故障车辆，师傅让小张对该纯电动汽车进行下电，以保证安全检修，假如你是小张，你该如何安全规范地完成纯电动汽车的下电操作			

续表

任务目的	按照纯电动汽车维修作业安全规定及车辆维修手册要求，制订纯电动汽车下电的工作计划，按照正确、规范的下电操作流程完成纯电动汽车的下电操作

纯电动汽车的下电操作

请根据任务要求，确定所需要的资料和工具、设备等，并对小组成员进行分工，制订工作计划。

1. 需要的资料和工具、设备等

2. 小组成员分工

3. 工作计划

4. 任务实践

（1）个人安全防护

① 检查自身，确认身上没有_____、_____、硬币等，将佩戴的金属饰品、钥匙、硬币等放入_____并锁好。

② 找一名_____。

（2）检查场地及放置警示标志。

① 检查场地，确认符合作业环境。

② 拉警戒线，放置_____警示标志。

（3）切断低压电源。

① 安装车内三件套。

② 拔下_____，将其放到_____里并锁好。

③ 打开_____，安装翼子板布和前格栅布。

④ 断开低压蓄电池_____端子，等待_____min。

（4）拆除附件。

① 拆除_____。

② 掀起地垫。

（5）穿戴绝缘防护用品。

① 穿上绝缘鞋，戴上_____，戴上_____。

② 检查绝缘手套绝缘等级，绝缘等级为_____。

③ 捏住绝缘手套手腕处，旋转密封，挤压手套，检查有无漏气，检查结果为_____。

④ 佩戴绝缘手套。

（6）拆卸维修开关。

① 拆除_____。

续表

② 解除＿＿＿＿＿＿＿＿＿＿＿，拔下维修开关。

③ 盖上维修开关盖板。

④ 将维修开关放到储物箱里并锁好。

（7）拔下高低压线束插接器。

① 举升车辆。

② 拔下＿＿＿＿＿＿＿＿＿＿线束插接器。

③ 解除＿＿＿＿＿＿＿＿＿＿线束插接器锁止状态。

④ 按住＿＿＿＿＿＿＿＿＿＿位置向后拨，解除第一道锁。

⑤ 按住＿＿＿＿＿＿＿＿＿＿位置向后拨，解除第二道锁。

⑥ 拔下高压线束插接器。

（8）放电及检查剩余电荷。

① 将电压表调到直流＿＿＿＿V挡，测量动力电池端的高压正、负极插接器电压，电压为＿＿＿＿V。

② 将电压表调到直流＿＿＿＿V挡，测量高压线束端的高压正、负极插接器电压，电压为＿＿＿＿V。电压为零则确认放电完成，如果电压不为零，将＿＿＿＿＿＿＿放电，重复此放电过程，直到电压为零。

③ 用绝缘胶布封住连接器两端插口。

④ 降下车辆。

⑤ 更换＿＿＿＿＿＿＿，下电完成。

5. 6S管理

□车辆复位　　□设备复位　　□工具复位　　□场地清洁　　□填写工单

实践考核评价

实践名称	纯电动汽车的下电操作		时长	30 min
姓名			班级	
工作任务	客户的车辆进店维修，根据师傅的安排，你需要根据车辆的维修手册及纯电动汽车下电操规范要求，完成纯电动汽车的下电操作，同时记录好相关信息			
评分标准				
序号	评分内容	步骤与要求	配分	得分
1	安全或工作态度否决项	造成人身、设备重大事故，或恶意顶撞教师、严重扰乱课堂秩序，立即终止操作		
2	纯电动汽车的下电操作	1）工具、设备准备	5	
		2）检查场地及安装警示标志	5	
		3）切断低压电源	10	
		4）拆除附件	10	

续表

序号	评分内容	步骤与要求	配分	得分
2	纯电动汽车的下电操作	5）穿戴绝缘防护用品	10	
		6）拆卸维修开关	10	
		7）拔下高低压线束插接器	10	
		8）放电及检查剩余电荷	10	
3	6S 管理	1）做好车辆防护	3	
		2）设备、工具、量具等正确使用，确保其安全与完好	3	
		3）工具、量具、零件摆放整齐合理	2	
		4）无工具、零件落地	2	
		5）工装（衣、鞋、帽）穿戴合理	2	
		6）做好场地清理	3	
4	工单填写	按要求填写操作工单，内容完整、正确	15	
5	得分			
技能评价				
	签名：　　　　　日期：			

知识检验

一、填空题

1. 个人安全防护用品包括_____、_____、_____、_____、_____、绝缘服等。

2. 人体触电伤害方式有_____和_____两类。

3. 人体触电的方式主要分为_____、_____和_____。

4. 决定触电伤害程度的因素有_____、_____、_____、_____、电流通过人体的途径、_____。

5. 汽车维修车间的 6S 管理是指：_____、_____、_____、_____、_____、_____。

二、选择题

1. 触电事故中，绝大部分是（　　）导致人身伤亡的。

　　A. 人体接受电流遭到电击　　　B. 烧伤　　　　　C. 电休克

2. 如果触电者伤势严重，呼吸停止或心脏停止跳动，应竭力施行（　　）

和胸外心脏按压。

  A. 按摩   B. 点穴   C. 人工呼吸

  3. 绝缘工具是指可在额定电压（ ）V（交流电压）和（ ）V（直流电压）的带电和近电工件或器件上进行维修作业的手工工具。

  A. 1 000，1 500   B. 1 200，1 500

  C. 500，1 000   D. 1 500，2 000

  4. 当纯电动汽车发生火灾时，最有效的灭火方式是采用（ ）来灭火。

  A. 大量水   B. 大量沙

  B. 干冰灭火器   D. 干粉灭火器

  5. 电击电气事故发生后，如果事故受害者没有反应，不应采取的急救措施是（ ）。

  A. 搬动事故受害者   B. 确定受害者是否有生命迹象

  C. 呼叫急救医生   D. 进行人工呼吸

三、判断题

  1. 发生人员触电时，若一时找不到断开电源的开关，应迅速用绝缘完好的钢丝钳或断线钳剪断电线，以断开电源。（ ）

  2. 电烧伤、电烙印和皮肤金属化属于电伤。（ ）

  3. 新能源汽车进行维修作业前，必须先对车辆进行下电操作。（ ）

  4. 在车间内，当衣服上有粉尘时，可以使用压缩空气吹走衣服上的粉尘。（ ）

  5. 为了防止触电可采用绝缘、防护、隔离等技术措施以保障安全。（ ）

■ 任务 2　汽车拆装工具与设备使用

🔧 任务引入

  小张是某 4S 店的维修工，早晨接到一辆底盘故障车辆，师傅让小张来配合进行车辆的举升操作，假如你是小张，你该如何安全规范地进行车辆举升操作？

⛽ 学习目标

知识目标

1. 掌握常用拆装工具的使用方法与应用场合；

2. 掌握汽车拆装专用工具的使用方法与应用场合；

3. 掌握举升机与翻转架的使用与操作方法。

能力目标

1. 能根据工作任务，正确选择拆装工具，安全规范地使用拆装工具完成拆装任务；

2. 能根据工作环境要求，选择合适的举升设备，安全规范并熟练地使用举升设备。

素养目标

1. 完成拆装工具的规范使用训练，增强规矩意识，提高安全意识；

2. 完成汽车拆装工具与设备使用实践训练，增强劳动意识；

3. 小组分工两人相互配合完成车辆举升操作，提升沟通能力。

相关知识

汽车拆装工具一般分为通用工具和专用工具两大类。通用工具指的是可普遍用于各行各业同类作业的工具；专用工具是指为某一专项作业特别设计的工具，如活塞环拆装钳只能用于活塞环的拆装。

一、汽车拆装常用工具

汽车拆装作业中常用的工具有扳手、钳子、螺钉旋具、手锤等。

1. 扳手

扳手用来紧固或拆卸带有棱边的螺母和螺栓，常用的扳手有开口扳手、梅花扳手、套筒扳手、扭力扳手、可调节扳手（活动扳手）等。

（1）开口扳手，见图 2-2-1。开口扳手用于紧固或拆卸一般规格的螺母和螺栓，使用时可以直接插入或套入，使用方便。但是其不宜在较小的空间使用，并且不可用于拧紧力矩较大的螺栓或螺母，使用时易滑脱。

（2）梅花扳手，见图 2-2-2。梅花扳手由于完全包住了螺栓或螺母的顶部，比普通扳手易于使用。同时它的手柄比普通扳手的手柄长，可以获得更大的扭矩。这种扳手扳转力大，工作可靠，不易滑脱，携带方便，适用于旋转空间狭小的场合。

图 2-2-1　开口扳手

图 2-2-2　梅花扳手

（3）套筒扳手，见图 2-2-3。套筒扳手是拆卸螺栓最方便、灵活且安全的工具。使用套筒扳手不易损坏螺母的棱角。套筒扳手特别适用于旋转部位很狭小或隐蔽在较深处的六角螺母或螺栓。

（4）扭力扳手，见图2-2-4。扭力扳手主要用于有规定扭矩值的螺栓和螺母的装配，如用于气缸盖、连杆、曲轴主轴承等处的螺栓。

（5）可调节扳手，又称活动扳手，见图2-2-5。可调节扳手根据螺栓或螺母的尺寸，通过转动调整螺钉来移动可调爪，使扳手的开口宽度变宽或收窄。

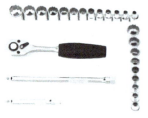

图2-2-3 套筒扳手   图2-2-4 扭力扳手   图2-2-5 可调节扳手

2. 钳子

钳子可分为通用钳子和专用钳子两种类型。通用钳子用于夹持、弯曲、扭转和切断物体等，而专用钳子用于安装、拆卸活塞环或卡环。

（1）组合钳，又称鱼口钳，见图2-2-6。组合钳开口有大小两种调节方式，钳爪底部可以切断电线一类的物体。不要使用组合钳松开或拧紧螺栓、螺母，否则可能将螺栓或螺母的边"咬掉"。

（2）尖嘴钳，见图2-2-7。尖嘴钳的端部细长，它用于组合钳无法使用的狭窄地方或在孔中夹持销子之类的物体。尖嘴钳的头部夹口用来夹持细小零件，但夹紧的力不能过大，否则会使夹口变成喇叭形。尖嘴钳后部的刀口用来切断电线或拨开电线的表皮。

图2-2-6 组合钳   图2-2-7 尖嘴钳

（3）偏口钳，见图2-2-8。偏口钳用于切断电线，剥除电线的绝缘层和剥除开口销之类的物体。不要用偏口钳切断硬物体，以免损伤钳口。

（4）克丝钳，又称老虎钳，见图2-2-9。克丝钳用途广泛，可切断电线、夹持物体或弯曲工件。

（5）大力钳，见图2-2-10。大力钳又称管钳子，用于夹紧力矩较大的地方。大力钳能够轻松拆卸损坏的螺栓或卡住的螺母。

图2-2-8 偏口钳   图2-2-9 克丝钳   图2-2-10 大力钳

（6）卡簧钳，见图 2-2-11。卡簧钳用于拆卸或安装卡簧，主要有轴用、穴用两类。

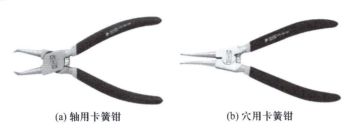

(a) 轴用卡簧钳　　　　　(b) 穴用卡簧钳

图 2-2-11　卡簧钳

3. 螺钉旋具

螺钉旋具又称起子、旋凿或螺丝刀。使用时是利用旋转压力紧固或拆卸带有槽口的螺钉。常用的螺钉旋具有一字形和十字形两种，见图 2-2-12。一字形螺钉旋具是用于紧固或拆卸一字槽螺钉的，而十字形螺钉旋具是用于紧固或拆卸十字槽螺钉的。

4. 手锤

手锤又称榔头，由锤头和木柄组成，见图 2-2-13。其通过敲击，拆卸和安装零件。

(a) 一字形螺钉旋具　　(b) 十字形螺钉旋具

图 2-2-12　螺钉旋具类型　　　　　　图 2-2-13　手锤

二、汽车拆装专用工具

1. 活塞环拆装钳

活塞环拆装钳是一种专门用于拆装活塞环的工具，见图 2-2-14。使用时，用拆装钳上的环卡卡住活塞环开口，握住钳柄稍稍均匀地用力，使拆装钳钳柄慢慢地收缩，环卡将活塞环徐徐地张开，使活塞环能从活塞环槽中取出或装入，见图 2-2-15。

图 2-2-14　活塞环拆装钳　　　图 2-2-15　活塞环拆装钳的使用

注意：使用活塞环拆装钳拆装活塞环时，用力必须均匀，避免用力过猛而导致活塞环折断甚至发生伤手事故。

2. 气门弹簧拆装钳

气门弹簧拆装钳是一种专门用于拆装顶置气门弹簧的工具，见图 2-2-16。使用时，用拆装架托架抵住气门，压环对正气门弹簧座，然后压下手柄，使得气门弹簧被压缩。这时取下气门弹簧锁销或锁片，慢慢地松抬手柄，即可取出气门弹簧座、气门弹簧和气门等，见图 2-2-17。

图 2-2-16　气门弹簧拆装钳　　图 2-2-17　气门弹簧拆装钳的使用

3. 机油滤清器扳手

常见的机油滤清器扳手见图 2-2-18，其类型很多、结构各异，但作用相同，使用的操作方法也基本相似。

杯式滤清器扳手类似一个大型套筒，拆卸不同车型的滤清器需要不同尺寸的扳手，在购买时多为组套形式配装。使用时将杯式滤清器扳手套在机油滤清器顶部的多棱面上，见图 2-2-19，使用方法同套筒扳手。

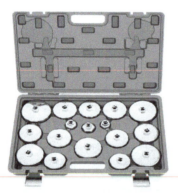

图 2-2-18　机油滤清器扳手　　图 2-2-19　杯式滤清器扳手的使用

4. 火花塞套筒扳手

火花塞套筒扳手专门用于火花塞的拆卸及更换，见图 2-2-20。现在的车型主要使用 16 mm 火花塞套筒扳手，旧车型也有使用 21 mm 类型的。

5. 减振弹簧压缩器

减振器在装配时，向减振弹簧施加了很大的压缩力。要想更换减振器，必须拆卸减振弹簧，但拆卸减振弹簧时必须使用减振弹簧压缩器（图 2-2-21）对弹簧进行压缩。

6. 球头分离器

有些球头在车上使用时间过长，已经锈死，很难拆卸。球头分离器（图2-2-22）是使球头分离的很好的专用工具。根据球头的位置不同，设计的球头分离器的结构也不相同。

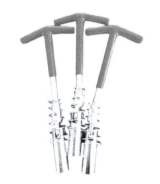  

图 2-2-20　火花塞套筒扳手　　图 2-2-21　减振弹簧压缩器　　图 2-2-22　球头分离器

三、汽车拆装常用设备

1. 举升机

举升机是一种实用性很强的汽修设备，在现代汽车维修过程中经常使用，它大大提高了维修人员的工作效率并改善了工作条件。举升机可将汽车举升到一定高度，既便于汽车下部的维修作业，又保证了维修人员的作业安全。

举升机按照形状来分，可分为柱式举升机和剪式举升机，其中柱式举升机又分为单柱式举升机［图2-2-23（a）］、双柱式举升机［图2-2-23（b）］以及四柱式举升机［图2-2-23（c）］；而剪式举升机分为小剪式举升机［图2-2-23（d）］和子母大剪式举升机［图2-2-23（e）］。

(a) 单柱式举升机　　　　(b) 双柱式举升机　　　　(c) 四柱式举升机

(d) 小剪式举升机　　　　(e) 子母大剪式举升机

图 2-2-23　举升机

举升机按照功能来分，可分为四轮定位型举升机和平板式举升机。

按照占用的空间不同，举升机可分为地上式举升机（无须挖槽，适用于任何修理厂）和地藏式举升机。

在现代汽车维修中使用举升机极大地提高了工作效率，但若使用不当，又会带来一定的安全隐患，造成人身伤害和车辆财产损失。因此，为了避免使用中发生各种意外情况，举升机的安全、规范操作显得尤为重要。汽车举升机安全使用操作要求如下。

（1）使用前应清理举升机附近妨碍作业的器具及杂物，并检查操作手柄是否正常。

（2）检查操作机构是否灵敏有效，并且液压系统不允许有爬行现象。

（3）举升机的各个支角应在同一平面上，调整支角胶垫高度使其都能接触车辆底盘支撑部位。

（4）举升时，车辆不可举升过高，举升后四个托架要锁紧。

（5）待举升车辆驶入后，应将举升机支撑块调整移动对正该车型规定的举升点。

（6）举升时人员应离开车辆，举升到需要高度时，必须插入保险锁销，并确保安全可靠才可开始车底作业。

（7）除汽车维修及小修任务外，其他烦琐笨重作业不得在举升机上操作修理。

（8）举升机不得频繁起落。

（9）举升时升起要稳，降落要慢。

（10）有人作业时严禁升降举升机。

（11）发现操作机构不灵敏，电机不同步，托架不平或液压部分漏液，应及时报修，有故障时不得操作。

（12）作业完毕应清理杂物，打扫举升机周围场地，保持整洁。

（13）定期排出举升机油缸内的积水，并检查油量，油量不足应及时加注相同牌号的压力油。同时应检查润滑举升机传动齿轮及齿条。

2. 发动机翻转架

翻转架是汽车维修中常用的设备，常见的有发动机翻转架、变速器翻转架等，见图 2-2-24。

(a) 发动机翻转架　　　　　(b) 变速器翻转架

图 2-2-24　翻转架

使用翻转架的注意事项如下。

（1）使用时需要按照说明书操作、调整。

（2）发动机在拆装过程中可以实现 360° 翻转，并可在任意角度稳定停留。由于灵活性高，在操作过程中要选好角度。

（3）万向自锁轮台架活动灵活，并带有自锁装置。在发动机拆装作业中使用自锁装置。

（4）运转过程中发现不正常现象应及时停止操作并进行检查。

（5）不允许将支架与发动机连接的螺栓、螺母随意拧松，以免发生危险。

（6）在翻转架下部放置油盘，方便拆装时存放小零件及接油。

 任务实施

视频

举升机的使用与操作

举升机的使用与操作

1. 准备工作

（1）技术要求与标准。

① 操作举升机前需要清洁举升机和实训工位地面。

② 操作举升机前需要确保电动机开关正常转动。

③ 达到目标高度后，需要压下举升机手动卸荷阀手柄将提升臂锁止。

（2）实训场地要求：带消防设施。

（3）实训设备：实训车辆、举升机、举升垫块、挡块、个人防护用品、车辆防护用具等。

2. 实践操作

（1）举升机操作前的准备。

① 检查车辆停放在举升机的位置。

检查车辆停放位置是否到位，如不到位，则需要重新调整，见图 2-2-25。

图 2-2-25 检查车辆位置

注意：车辆要停放在举升机的中间位置，使车辆的质心能够刚好在举升机的中间，保证车辆平稳举升；车辆两侧位置要求刚好在举升平板的中间位置，确保车辆不会倾斜；车辆底部举升点必须在举升平板区域内。

② 检查举升机和车辆。

检查车辆质量是否符合举升机的最大举升极限，见图2-2-26。

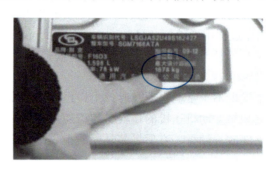

图2-2-26 检查举升机承重

注意：严禁举升超过举升机载荷极限的车辆。

③ 检查车内是否有行李物品。

检查车内和行李舱是否有行李物品，见图2-2-27，如果有行李物品则将其搬出车外。

图2-2-27 检查行李舱

④ 安装车轮挡块。

安装左后车轮挡块，安装右后车轮挡块。

（2）举升机举升车辆。

① 安装举升机垫块。

见图2-2-28，安装左侧两块举升机垫块，将举升机垫块安放在车辆举升点正下方的举升平板上面；安装右侧两块举升机垫块，将举升机垫块安放在车辆举升点正下方的举升平板上面。

注意：在安装前检查举升机垫块是否有裂纹、损坏；车辆的举升点在车辆底座两个凹槽处；举升机垫块必须整块在举升平板内，决不允许部分举升机垫块在平板外；对于车身比较长的车辆，可拉动举升平板的延长部分来安放举升机垫块。

② 举升车辆。

检查车辆以及举升机周围是否有障碍物，见图2-2-29，示意车辆将要举升，

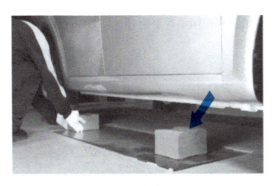

图 2-2-28　安装举升机垫块

确认安全。按下"上升"按钮，将举升机平板升至垫块将要碰到车辆底部时，停止举升。

图 2-2-29　检查车辆

③ 检查举升机垫块。

检查左侧举升机垫块安装是否到位，如不到位则进行调整；检查右侧举升机垫块安装是否到位，如不到位则进行调整，见图 2-2-30。

图 2-2-30　检查举升机垫块

注意：举升机垫块必须与车辆底部举升点（凹槽）处完全接触，同时位于中间位置；举升机垫块必须置于中间位置。

④ 第二次车辆举升。

检查车辆周围是否有障碍物；示意车辆将要举升，确认安全。

按下"上升"按钮，将车辆举升至离开地面20 cm左右停止举升，见图2-2-31。

图2-2-31 将车辆举升至离地面20 cm

注意：在车辆举升时，要注意两块举升平板是否同时上升，不然会影响作业安全。

⑤ 再次检查举升垫块。

再次检查左、右两侧举升机垫块是否安装到位，如不到位则进行调整，见图2-2-32。

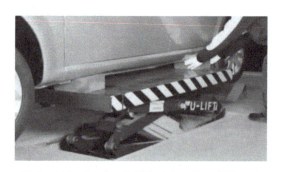

图2-2-32 再次检查举升机垫块是否安装到位

⑥ 车辆安全检查。

分别按压车辆前部和后部，检查车辆支撑是否合适。

注意：检查过程中如车辆有任何的晃动、不平稳都需要重新调整。

⑦ 移走挡块。

移走左后车轮挡块和右后车轮挡块，并将其放在安全位置。

⑧ 第三次举升车辆。

检查车辆周围是否有障碍物，示意车辆将要举升，确认安全。

按下"上升"按钮，将车辆举升到合适高度，见图2-2-33。

注意：检查举升机锁止是否良好，要确保上下两排齿完全吻合。

（3）举升机下降操作。

① 举升机下降。

a. 检查车辆下方是否有工具设备，检查车辆周围是否有障碍物，确认安全。

b. 先举升然后再按下举升机"下降"按钮，见图2-2-34。

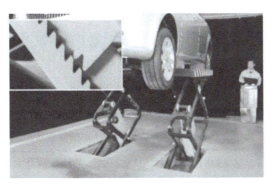

图 2-2-33   举升车辆到合适高度

图 2-2-34   按下"下降"按钮

注意：如果将车辆下降到某位置，则下降到位后要检查举升机锁止是否正常；如果将车辆下降到地面，则直接将举升机平板降到最低位置。在车辆下降时，要注意两块举升平板是否同时下降，不然会影响安全作业。

② 移走举升机垫块。

移走车辆左、右两侧举升机垫块，并将其放到安全位置，见图 2-2-35 所示。

图 2-2-35   移走举升机垫块

注意：举升机垫块移走时，要检查举升机垫块是否完好，否则会影响下次作业。

 **任务工单**

任务名称	任务2　汽车拆装工具与设备使用		成绩	
姓名		班级	学号	
实训设备	举升机、实训车辆、个人防护用品、车辆安全防护用具			
任务引入	小张是某4S店的维修工，早晨接到一辆底盘故障车辆，师傅让小张来配合进行车辆的举升操作，假如你是小张，你该如何安全规范地进行车辆举升操作			
任务目的	按照举升机的使用要求及安全注意事项，制订车辆举升的工作计划，按照正确规范的流程完成车辆举升操作			

活动：举升车辆

请根据任务要求，确定所需要的资料和工具、设备等，并对小组成员进行分工，制订工作计划。

1. 需要的资料和工具、设备等

2. 小组成员分工

3. 工作计划

4. 任务实践

（1）举升机操作前的准备。

① 检查车辆停放在举升机的位置。

检查车辆停放位置是否到位，如不到位，则需要重新调整。

车辆要停放在举升机的_____位置，使车辆的质心能够刚好在举升机的_____，保证车辆平稳举升；车辆两侧位置要求刚好在举升平板的_____位置，确保车辆不会_____；车辆底部举升点必须在_____内。

② 检查举升机和车辆。

检查车辆质量是否符合举升机的_____。

③ 检查车内是否有行李物品。

检查车内和行李舱是否有行李物品，如果有行李物品则将其_____。

④ 安装车轮挡块。

安装左后车轮挡块，安装右后车轮挡块。

续表

（2）举升机举升车辆。

① 安装举升机垫块。

安装左、右两侧举升机垫块，将举升机垫块安放在车辆举升点_____的举升平板上面。

② 举升车辆。

检查车辆以及举升机周围是否有障碍物，示意车辆将要_____，确认安全。

按下"上升"按钮，将举升机平板升至垫块将要碰到车辆底部时，_____。

③ 检查举升机垫块。

检查左、右两侧举升机垫块安装是否到位，如不到位则进行调整；举升机垫块必须与车辆底部举升点处_____，同时处于_____位置。

④ 第二次车辆举升。

检查车辆周围是否有障碍物；示意车辆将要_____，确认安全。按下"上升"按钮，将车辆举升至离开地面____cm 左右停止举升。两块举升平板必须_____上升。

⑤ 再次检查举升垫块。

再次检查左、右两侧举升机垫块是否安装到位，如不到位则进行调整。

⑥ 车辆安全检查。

按压_____，检查车辆支撑是否合适。

⑦ 移走挡块。

移走左后车轮挡块和右后车轮挡块，并将其放在_____。

⑧ 第三次举升车辆。

检查车辆周围是否有障碍物，示意车辆将要举升，确认安全。

按下_____按钮，将车辆举升到_____。

（3）举升机下降操作。

① 举升机下降。

检查车辆下方是否有_____，检查车辆周围是否有障碍物，确认_____。

先举升然后再按下举升机_____按钮，注意两块举升平板要_____下降。

② 移走举升机垫块。

移走车辆左、右两侧举升机垫块，并将其放到_____位置。

5. 6S 管理

□车辆复位　　□设备复位　　□工具复位　　□场地清洁　　□填写工单

实践考核评价

实践名称	举升机的使用与操作	时长	30 min
姓名		班级	
工作任务	客户的车辆进店维修，进行底盘检查需要举升车辆，根据师傅的安排，你需要与师傅配合完成车辆举升操作，同时记录好相关信息		

续表

序号	评分内容	步骤与要求	配分	得分
		评分标准		
1	安全或工作态度否决项	造成人身、设备重大事故，或恶意顶撞教师、严重扰乱课堂秩序，立即终止操作		
2	车辆举升	1）检查车辆是否停放在举升机的合适位置	5	
		2）检查车辆质量是否符合举升机的最大举升极限	5	
		3）检查车内是否有行李物品	5	
		4）安装车轮挡块，左后、右后车轮都要安装	5	
		5）安装举升机垫块	5	
		6）举升车辆前需要确定周围是否有障碍物，举升机平板升至垫块将要碰到车辆底部时需停止举升	10	
		7）检查举升机垫块	5	
		8）完成第二次车辆举升	5	
		9）拆卸车轮挡块	5	
		10）完成第三次车辆举升	5	
		11）举升机下降前应检查是否有障碍物，然后先举升再按下"下降"按钮	10	
		12）拆除左、右两侧的举升机垫块	5	
3	6S管理	1）做好车辆防护	3	
		2）设备、工具、量具等正确使用，确保其安全与完好	3	
		3）工具、量具、零件摆放整齐合理	2	
		4）无工具、零件落地	2	
		5）工装（衣、鞋、帽）穿戴合理	2	
		6）做好场地清理	3	
4	工单填写	按要求填写操作工单，内容完整、正确	15	
5		得分		
技能评价				
		签名：　　　　　　日期：		

知识检验

一、填空题

1. 常用的螺钉旋具有_____和_____两种。
2. 有规定扭矩值的螺栓和螺母的装配采用_____扳手。
3. 火花塞的拆卸及更换使用_____。
4. 旋转空间狭小场合的螺栓或螺母时，使用_____扳手。
5. 发动机翻转台架在进行发动机拆装作业时要用_____锁止。

二、选择题

1. 下列哪种扳手拆卸螺栓最方便、灵活且安全？（　　）
   A. 开口扳手　　B. 套筒扳手　　C. 梅花扳手　　D. 扭力扳手
2. 气缸盖、连杆、曲轴主轴承等处的螺栓通常使用以下哪种扳手拆卸？（　　）
   A. 开口扳手　　B. 套筒扳手　　C. 梅花扳手　　D. 扭力扳手
3. 以下哪种钳子是用来切断电线、剥除电线的绝缘层和开口销之类的物体的？（　　）
   A. 尖嘴钳　　　B. 偏口钳　　　C. 组合钳　　　D. 卡簧钳
4. 举升机举升车辆时，正确的操作是（　　）。
   A. 直接举升
   B. 在举升中要不断停下检查
   C. 举升约 150 mm 后停下检查，没有问题后再举升
   D. 举升到最高位置之后可再继续举升
5. 下列属于开口扳手优点的是（　　）。
   A. 可拆装深凹部位的螺栓
   B. 可拆装隐藏狭小部位的螺栓
   C. 拆装速度快
   D. 拆装力矩最大

三、判断题

1. 螺钉旋具主要有一字形和十字形两种。　　　　　　　　　　（　　）
2. 利用剪式举升机进行下降操作时，应先举升，然后再按下"下降"按钮。　　　　　　　　　　（　　）
3. 尖嘴钳可用于夹紧力矩较大的地方，能够轻松拆卸损坏的螺栓或卡住的螺母。　　　　　　　　　　（　　）
4. 在汽车维修中经常用到的工具可分为通用工具和专用工具两大类。　　　　　　　　　　（　　）
5. 不能在开口扳手手柄上随意使用锤子和管子（用来加长轴）来增加扭矩。　　　　　　　　　　（　　）

项目三

发动机构造与拆装

 学习导航

本项目主要讲述汽车发动机构造与拆装，通过学习需要完成以下两个任务：

任务1　发动机的总体构造认识；

任务2　汽油发动机的拆装。

通过本项目的学习，主要掌握以下知识，具备以下能力：

1. 了解发动机分类方法，掌握发动机的类型，能正确判别发动机类型；

2. 掌握发动机基本结构及各组成部件作用，能实车指认发动机的各组成零部件，并说出它们的作用。

3. 掌握发动机的工作原理，能准确描述发动机的工作过程。

4. 理解发动机型号的编制规则，能正确识读发动机型号，读取发动机相关参数信息；

5. 掌握发动机的基本构造及装配关系，能根据发动机拆装技术要求，选择合适的工具，正确、规范地进行发动机拆装。

■ 任务 1　发动机的总体构造认知

🚗 任务引入

　　小张是某 4S 店的服务顾问，客户李先生对汽车发动机的构造及工作原理比较感兴趣，希望小张能为他讲解一下发动机的结构组成以及其是如何工作的，假如你是小张，你该如何向李先生介绍发动机的基本构造及工作原理。

⛽ 学习目标

知识目标

1. 了解发动机的分类方法，掌握发动机的类型；
2. 掌握发动机的基本结构组成及工作原理；
3. 理解发动机型号的编制规则。

能力目标

1. 能在实车上指出发动机的安装位置，通过实车观察判别发动机的类型；
2. 能在实车上指出发动机的各组成部件，找到它们的安装位置；
3. 能描述各种不同类型发动机的工作过程；
4. 能在发动机上找到发动机的铭牌信息，并识读发动机的型号信息。

素养目标

1. 小组分工合作完成发动机总体结构认知实践，提升团队意识和沟通能力；
2. 完成发动机总体结构认知、型号识别等实践训练任务，提升劳动意识；
3. 完成发动机类型判别实践任务，感受发动机技术的发展，提升对工程技术的认同感及追求。

📖 相关知识

　　发动机是汽车的"心脏"，是汽车的动力源，发动机总成见图 3-1-1，它通过燃料在气缸中燃烧产生热能，并将其转化成机械能，驱动车辆行驶。发动机的安装位置见图 3-1-2。

一、发动机的总体构造

　　汽油发动机由两大机构和五大系统组成，分别为曲柄连杆机构、配气机构，以及燃料供给系统、冷却系统、润滑系统、点火系统、起动系统。

图 3-1-1　发动机总成　　　　　图 3-1-2　发动机的安装位置

1. 曲柄连杆机构

曲柄连杆机构的作用是把燃料燃烧产生的热能转换为机械能，具体表现为使气缸内的高温高压气体推动活塞在气缸内做直线往复运动，再通过连杆带动曲轴做旋转运动。曲柄连杆机构由机体组、活塞连杆组和曲轴飞轮组三部分组成，见图 3-1-3。

2. 配气机构

配气机构在进气行程将可燃混合气或空气导入气缸，在排气行程将燃烧完的废气及时排出。配气机构由气门组和气门传动组组成，见图 3-1-4。

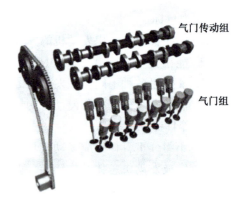

机体组　　　活塞连杆组　　　　气门传动组

曲轴飞轮组　　　　气门组

图 3-1-3　曲柄连杆机构　　　　　图 3-1-4　配气机构

3. 燃料供给系统

汽油机燃料供给系统给汽油机燃烧室提供可燃混合气。柴油机燃料供给系统给柴油机燃烧室适时适量地提供雾化的柴油。汽油机燃料供给系统见图 3-1-5。

4. 冷却系统

冷却系统使高温下工作的发动机零部件得到良好的冷却，保证发动机在正常的温度下工作，实现良好的经济性。冷却方式有水冷式和风冷式。现代汽车发动机多采用水冷式，其冷却系统由冷却液泵、散热器、冷却风扇、节温器和水套等组成，见图 3-1-6。

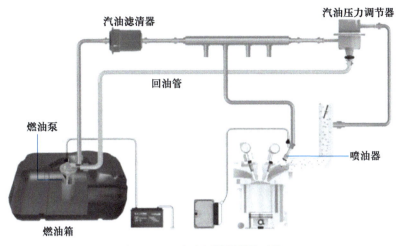

图 3-1-5   汽油机燃料供给系统

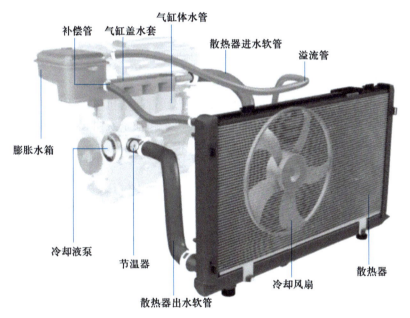

图 3-1-6   水冷式冷却系统

5. 润滑系统

润滑系统使做高速相对运动的发动机内部各种摩擦副能得到有效润滑，降低摩擦力，减少磨损，带走摩擦产生的热量，清洗摩擦表面，延长发动机的寿命。润滑系统主要由机油泵、机油滤清器、油道、油底壳等组成，见图 3-1-7。

6. 点火系统

汽油机必须经过点火才能正常工作。压缩终了时，可燃混合气由火花塞产生的电火花点燃，使混合气燃烧做功。点火系统有传统点火系统、电子点火系统和微机控制点火系统（图 3-1-8）等类型，点火系统由电源（蓄电池和发电机）、点火线圈、分电器、火花塞器和火花塞等组成。

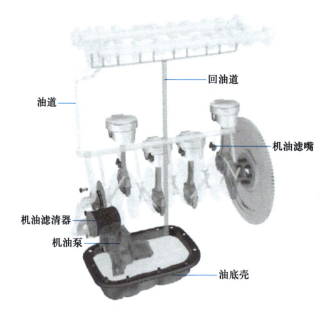

图 3-1-7　润滑系统

7. 起动系统

起动系统使处于静止状态的发动机运转。通过起动机带动飞轮使发动机曲轴转动，达到混合气燃烧做功所需要的起动转速。起动系统由起动机和起动继电器等组成，见图 3-1-9。

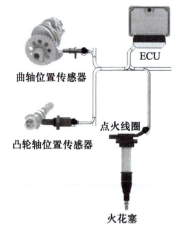

图 3-1-8　微机控制点火系统

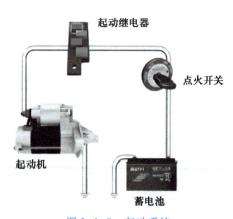

图 3-1-9　起动系统

二、发动机的分类

1. 按活塞的运动方式分类

按活塞的运动方式分类，发动机可分为往复活塞式［图 3-1-10（a）］和转子式［图 3-1-10（b）］两种。前者活塞在气缸内做往复直线运动，后者活塞在气缸内做旋转运动。

(a) 往复活塞式发动机　　　　　　(b) 转子式发动机

图 3-1-10　发动机按活塞的运动方式分类

2. 按所用燃料分类

按所用燃料分类，发动机主要分为汽油发动机、柴油发动机和气体燃料发动机三类。以汽油和柴油为燃料的发动机分别称为汽油发动机 [图 3-1-11 (a)] 和柴油发动机 [图 3-1-11 (b)]。使用天然气、液化石油气和其他气体燃料的发动机称为气体燃料发动机。

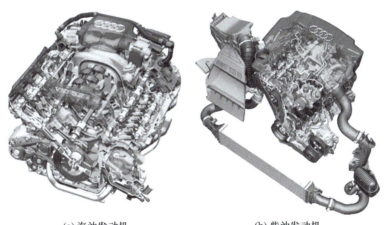

(a) 汽油发动机　　　　　　　　(b) 柴油发动机

图 3-1-11　发动机按所用燃料分类

3. 按冷却方式分类

按冷却方式分类，发动机可分为水冷式和风冷式两种，见图 3-1-12。水冷式发动机以水或冷却液为冷却介质，而风冷式发动机以空气为冷却介质。汽车发动机多为水冷式。

4. 按气缸排列方式分类

按气缸排列方式分类，发动机可分为单列式和双列式。单列式发动机的各个气缸排成一列，也叫直列式，一般是垂直布置的，但为了降低高度，有时也把气缸布置成倾斜的甚至水平的；双列式发动机把气缸排成两列，两列之间的夹角小于 180°（一般为 90°）的称为 V 型发动机，两列之间的夹角等于 180°的称为水平对置式发动机，将 V 型发动机两侧的气缸再进行小角度的错开，就是 W 型发动机，见图 3-1-13。

5. 按进气系统是否采用增压方式分类

按进气系统是否采用增压方式分类，发动机可分为自然吸气式和增压式两类，见图 3-1-14。若进气是在接近大气状态下进行的，则为非增压发动机或自

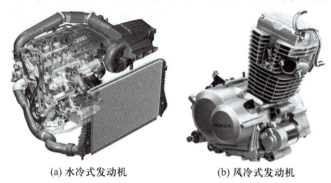

(a) 水冷式发动机　　　　　　　(b) 风冷式发动机

图 3-1-12　发动机按冷却方式分类

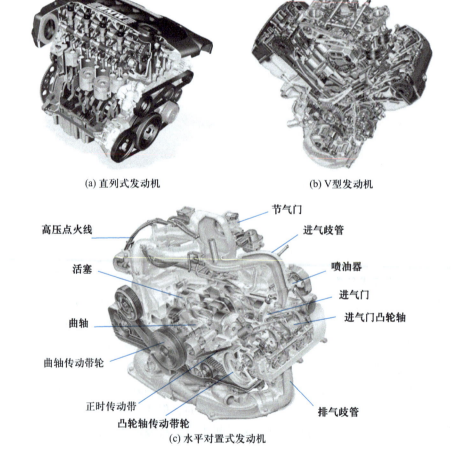

(a) 直列式发动机　　　　　　　(b) V 型发动机

高压点火线　　节气门　　进气歧管

活塞　　喷油器

进气门

曲轴　　进气门凸轮轴

曲轴传动带轮

正时传动带

凸轮轴传动带轮　　排气歧管

(c) 水平对置式发动机

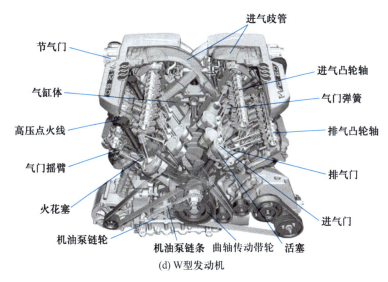

进气歧管

节气门

进气凸轮轴

气缸体

气门弹簧

高压点火线

排气凸轮轴

气门摇臂

排气门

火花塞

进气门

机油泵链轮　机油泵链条　曲轴传动带轮　活塞

(d) W 型发动机

图 3-1-13　发动机按气缸排列方式分类

然吸气式发动机；若利用增压器将进气压力增高、进气密度增大，则为增压式发动机，增压可以提高发动机功率。根据所采用的增压方式不同，又分为机械增压发动机和涡轮增压发动机。

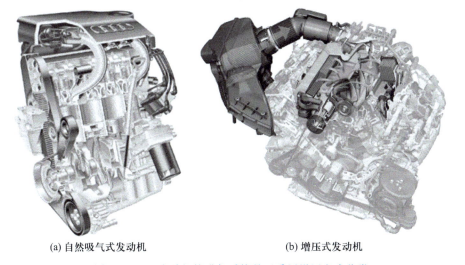

(a) 自然吸气式发动机　　　　　　　(b) 增压式发动机

图 3-1-14　发动机按进气系统是否采用增压方式分类

　　除上述分类外，还可以根据发动机的某些结构特征对发动机进行分类，此处不再赘述。

三、往复活塞式发动机的工作原理

　　1. 发动机的基本术语

　　（1）上止点：活塞顶离曲轴中心最远时的位置称为上止点（TDC），见图 3-1-15。

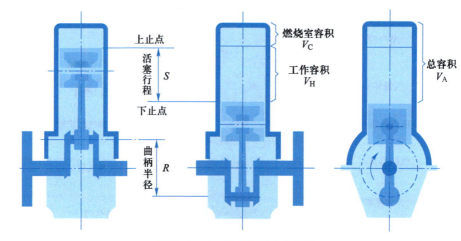

图 3-1-15 发动机的基本术语

（2）下止点：活塞顶离曲轴中心最近时的位置称为下止点（BDC）。

（3）活塞行程：活塞运行在上、下两个止点间的距离称为活塞行程，一般用 S 表示。它等于曲轴连杆轴部分旋转直径的长度。

（4）冲程：活塞完成一个行程的过程叫冲程。

（5）曲柄半径：曲轴旋转中心到曲柄销中心之间的距离称为曲柄半径，一般用 R 表示，曲柄半径是活塞行程的一半。

（6）燃烧室容积：当活塞位于上止点时，活塞顶上方空间的容积，一般用 V_C 表示。

（7）工作容积：活塞从上止点运行到下止点所扫过的气缸容积，一般用 V_H 表示。

（8）发动机排量：发动机各个气缸工作容积之和，一般用 V_L 表示。多缸发动机排量为工作容积乘以气缸数。即：

$$V_L = V_H \times i$$

式中，i——气缸数目。

（9）总容积：活塞位于下止点时活塞顶上方空间的容积，一般用 V_A 表示，$V_A = V_C + V_H$。

（10）压缩比：表示气体的压缩程度，是气体压缩前的容积与气体压缩后的容积的比值，即气缸总容积与燃烧室容积之比，一般用 ε 表示。

$$\varepsilon = \frac{V_A}{V_C} = \frac{V_H + V_C}{V_C} = 1 + \frac{V_H}{V_C}$$

式中，V_A——气缸总容积；

V_H——气缸工作容积；

V_C——燃烧室容积。

（11）工作循环：发动机的一个工作循环包括进气、压缩、做功和排气四个过程，因此将完成进气、压缩、做功和排气四个过程叫作完成一个工作循环。

2. 发动机的工作原理

发动机是汽车的动力源，它将燃料燃烧所产生的热能转换为机械能，对外输出动力。对于往复活塞式发动机来说，其必须经过吸入空气或可燃混合气（进气），压缩进入气缸的空气或可燃混合气，点火使可燃混合气燃烧而膨胀做功，将燃烧生成的废气排出气缸（排气）等过程，从而完成一个工作循环。一个工作循环中活塞往复两个行程，曲轴旋转360°的发动机，称为二冲程发动机，一个工作循环中活塞往复四个行程，曲轴旋转720°的发动机称为四冲程发动机，下面以四冲程发动机为例，介绍发动机的工作原理。

四冲程发动机曲轴转两圈，活塞在气缸内往复运动，经历进气、压缩、做功和排气四个行程，完成一个工作循环。

（1）进气行程：见图3-1-16，进气行程中，进气门开启，排气门关闭。活塞从气缸上止点运动到下止点，活塞上方的气缸容积增大，气缸内的压力下降。当压力降低到低于大气压时，气缸内形成真空吸力，可燃混合气经进气门被吸入气缸。

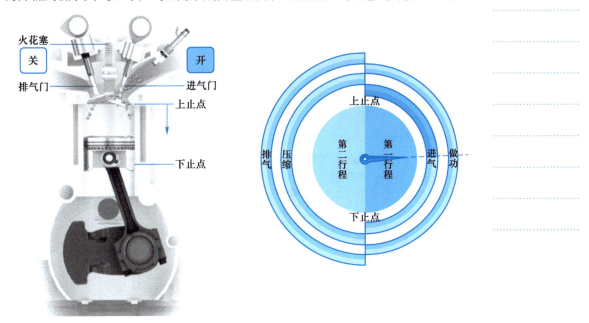

图 3-1-16　进气行程

（2）压缩行程：见图3-1-17，压缩行程中，进气门、排气门全部关闭，活塞从下止点向上止点移动，将可燃混合气压缩，使其容积缩小，密度加大，温度升高，活塞到达上止点时压缩终了，混合气被压缩到燃烧室中。

（3）做功行程：见图3-1-18，做功行程中，进气门、排气门仍旧关闭，当活塞接近压缩上止点时，装在气缸体上的火花塞发出电火花，点燃被压缩的可燃混合气。可燃混合气燃烧后，高温、高压燃气推动活塞从上止点迅速向下止点运动，通过连杆使曲轴旋转并输出机械能。点火后，气缸内的压力和温度迅速升高，并达到最大值，之后随着活塞继续向下运动，气缸内的压力和温度开始降低。

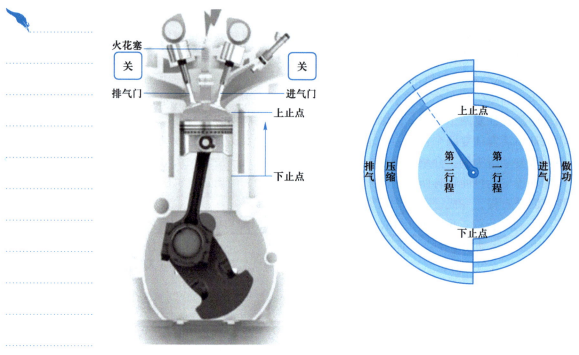

图 3-1-17 压缩行程

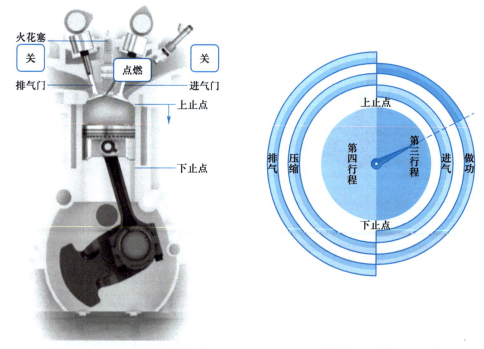

图 3-1-18 做功行程

（4）排气行程：见图 3-1-19，排气行程中，排气门开启，进气门关闭。活塞由下止点向上止点运动，将废气强制排出气缸，以便进行下一工作循环。

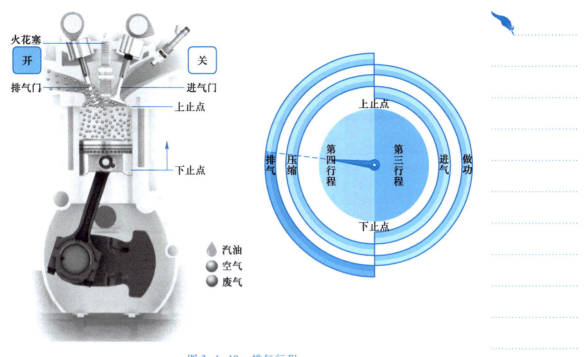

图 3-1-19　排气行程

任务实施

认识发动机的总体构造

1. 准备工作

准备实训车辆、发动机翻转台架、发动机零件展示柜、个人防护用品、车辆防护用具等。

2. 实践操作

（1）打开发动机舱盖，找到发动机，观察其在汽车上的位置，见图 3-1-20。

视频

认识发动机
的总体构造

图 3-1-20　找到发动机

（2）认识曲柄连杆机构，找出曲柄连杆机构的机体组（气缸体、气缸套、气缸盖、气缸垫、曲轴箱等）、活塞连杆组（活塞、活塞环、活塞销、连杆等）、曲轴飞轮组（曲轴、飞轮等），在发动机台架上观察其各自的位置及装配关系，见图3-1-21。

图3-1-21　认识曲柄连杆机构

（3）认识配气系统，找出配气机构的气门组（气门、气门导管、气门座、气门弹簧等）、气门传动组（凸轮轴、凸轮轴正时齿轮或正时链轮、挺柱等），在发动机台架上观察其各自的位置及连接关系，见图3-1-22。

图3-1-22　认识配气机构

（4）认识燃料供给系统，找出燃油供给装置、空气供给装置、废气排出装置，在发动机台架上观察其各自的位置及连接关系，见图3-1-23。

图3-1-23　认识燃料供给系统

（5）认识冷却系统，找出冷却系统的散热器、冷却液泵、冷却风扇、节温器，在发动机台架上观察其各自的位置及连接关系，见图3-1-24，注意冷却系统的水管，说出发动机工作时冷却液循环流向。

图 3-1-24　认识冷却系统

（6）认识点火系统，找出点火系统的点火线圈及火花塞，在发动机台架上观察其各自的位置，见图3-1-25。

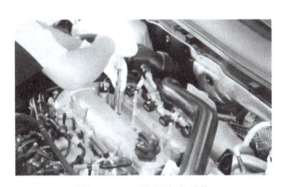

图 3-1-25　认识点火系统

（7）认识起动系统，找出起动系统的起动机，在发动机台架上观察其安装位置，见图3-1-26。

图 3-1-26　认识起动系统

（8）认识润滑系统，找出润滑系统的油底壳、机油泵、机油滤清器及发动机机体上的油道，在发动机台架上观察其各自的位置及连接关系，见图3-1-27，说出压力润滑油路的润滑油流向。

图3-1-27   认识润滑系统

 任务工单

任务名称	任务1 发动机的总体构造认识		成绩	
姓名		班级	学号	
实训设备	实训车辆、发动机翻转台架、发动机零件展示柜、个人防护用品、车辆防护用具等			
任务引入	小张是某4S店的服务顾问，客户李先生对汽车发动机的构造及工作原理比较感兴趣，希望小张能为他讲解一下发动机的结构组成以及其是如何工作的，假如你是小张，你该如何向李先生介绍发动机的基本构造及工作原理			
任务目的	以行动为导向，识别发动机的类型，讲述发动机的工作原理，识别发动机的整体构造，在此过程中学习相关理论知识和实践操作技能			

活动一：查找与识别发动机的型号
请仔细观察教师提供的汽车，填写下方表格的内容

车辆基本信息	车型（品牌）：
	VIN码：
	型号：
发动机的类型	燃 料：□汽油 □柴油 □天然气 点火方式：□点燃 □压燃 缸 数：□单缸 □多缸：_____（具体缸数） 气缸排列形式：□直列 □V型 □水平对置 冷却方式：□水冷 □风冷 活塞行程：□两行程 □四行程 进气方式：□自然吸气 □增压进气：_____（增压方式）
发动机型号	

续表

活动二：掌握发动机的工作原理

发动机的工作过程可以用工作循环来表示，一个工作循环包括_____、_____、_____、_____四个行程。

（1）进气行程：进气门_____，排气门_____。活塞从气缸_____运动到_____，活塞上方的气缸容积_____，气缸内的压力_____。进气开始时，气缸内压力_____大气压时，气缸内形成_____，可燃混合气经_____被吸入气缸。

（2）压缩行程：进气门、排气门均_____，活塞从_____向_____移动，将可燃混合气压缩，使其容积_____，密度_____，温度_____，活塞到达上止点时压缩终了，混合气被压缩到燃烧室中。

（3）做功行程：进气门、排气门均_____，当活塞接近_____上止点时，装在气缸体上的_____发出电火花，_____被压缩的可燃混合气。可燃混合气燃烧后，高温、高压燃气推动活塞从_____迅速向_____运动，通过连杆使曲轴旋转并输出机械能。点火后，气缸内的压力和温度迅速达到_____，之后随活塞继续向_____运动，气缸内的压力和温度开始_____。

（4）排气行程：排气门_____，进气门_____。活塞由_____向_____运动，将废气强制排出气缸，以便进行下一工作循环

活动三：在实车/台架上查找与识别发动机的两大机构、五大系统

请根据任务要求，确定所需要的资料和工具、设备等，并对小组成员分工，制订工作计划。

1. 需要的资料和工具、设备等

2. 小组成员分工

3. 工作计划

4. 任务实践

（1）找出发动机在汽车上的安装位置。

打开_____，找到发动机，观察其在汽车上的位置。

（2）认识曲柄连杆结构。

找出机体组，其组成零部件有：_____。

找出活塞连杆组，其组成零部件有：_____。

找出曲轴飞轮组，其组成零部件有：_____。

在发动机台架上观察其各自的位置及装配关系。

续表

（3）认识配气机构。

  找出气门组，其组成零部件有：_____。

  找出气门传动组，其组成零部件有：_____。

  在发动机台架上观察其各自的位置及连接关系。

（4）认识燃料供给系统。

  找出燃油供给装置，其组成零部件有：_____。

  找出空气供给装置，其组成零部件有：_____。

  找出废气排出装置，其组成零部件有：_____。

  在发动机台架上观察其各自的位置及连接关系。

（5）认识冷却系统。

  找出冷却系统主要的零部件，有：_____。

  发动机工作时冷却水循环流向为：_____。

  在发动机台架上观察其各自的位置及连接关系。

（6）认识点火系统。

  找出点火系统主要的零部件，有：_____。

  在发动机台架上观察其各自的位置。

（7）认识起动系统。

  找出起动系统主要的零部件，有：_____。

  在发动机台架上观察其安装位置。

（8）认识润滑系统。

  找出润滑系统主要的零部件，有：_____。

  指出发动机机体上的油道，润滑油的流向为：_____。

  在发动机台架上观察其各自的位置及连接关系。

5. 6S 管理

□车辆复位   □设备复位   □工具复位   □场地清洁   □填写工单

实践考核评价

实践名称	发动机的总体构造认知	时长	30 min
姓名		班级	
工作任务	客户想了解发动机的基本构造及工作原理。你需要结合发动机台架和发动机零件展示柜，指出并告诉客户发动机的基本结构组成，介绍其工作过程，同时记录好相关信息		

评分标准					
序号	评分内容	步骤与要求		配分	得分
1	安全或工作态度否决项	造成人身、设备重大事故，或恶意顶撞教师、严重扰乱课堂秩序，立即终止操作			

续表

序号	评分内容	步骤与要求	配分	得分
2	发动机信息确认	1）发动机的类型判别	5	
		2）发动机的型号识读	5	
3	发动机的 工作原理	1）掌握进气行程工作原理	5	
		2）掌握压缩行程工作原理	5	
		3）掌握做功行程工作原理	5	
		4）掌握排气行程工作原理	5	
	发动机 构造认知	1）找到曲柄连杆机构并说出其组成零部件	8	
		2）找到配气机构并说出其组成零部件	7	
		3）找到燃料供给系统并说出其组成零部件	5	
		4）找到冷却系统并说出其组成零部件	5	
		5）找到点火系统并说出其组成零部件	5	
		6）找到起动系统并说出其组成零部件	5	
		7）找到润滑系统并说出其组成零部件	5	
4	6S 管理	1）做好车辆防护	3	
		2）设备、工具、量具等正确使用，确保其安全与完好	3	
		3）工具、量具、零件摆放整齐合理	3	
		4）无工具、零件落地	2	
		5）工装（衣、鞋、帽）穿戴合理	2	
		6）做好场地清理	2	
5	工单填写	按要求填写操作工单，内容完整、正确	15	
6		得分		
技能 评价				

签名：　　　　日期：

知识检验

一、填空题

1. 发动机工作时必须经过_____、_____、_____、_____这四个行程，称为一个_____。

2. 往复活塞式发动机一般由_____、_____、_____、_____、_____、_____和_____组成。

3. 曲柄连杆机构由_____、_____、_____三部分组成。

4. 发动机按气缸排列方式分类，主要有_____、_____、_____、_____四种类型。

5. 发动机按冷却方式分为_____、_____两种，现代汽车多采用_____冷却方式。

二、判断题

1. 发动机是由五大机构和两大系统组成的。   （   ）

2. 往复活塞式发动机完成一个工作循环的活塞往复次数都是相同的。
                                                                  （   ）

3. 发动机的作用是将化学能通过燃烧转化为热能，再通过受热气体膨胀将热能转化为机械能。   （   ）

4. 柴油机的压缩比大于汽油机。   （   ）

5. 四冲程柴油机在进气行程中，进入气缸的是空气。   （   ）

三、单选题

1. 气缸压力小于大气压力的行程是（   ）。
   A. 压缩行程   B. 做功行程   C. 进气行程   D. 排气行程

2. 四冲程汽油发动机在进气过程中，吸进去的是（   ）。
   A. 纯空气   B. 氧气   C. 可燃混合气   D. 纯燃料

3. 四冲程发动机一个工作循环中曲轴一共旋转（   ）。
   A. 四周   B. 三周   C 二周   D. 一周

4. 下列零部件属于配气机构的是（   ）。
   A. 活塞   B. 水泵   C 油底壳   D. 凸轮轴

5. 下列零部件属于点火系统的是（   ）。
   A. 曲轴   B. 火花塞   C 燃油泵   D. 气缸盖

■ 任务 2   汽 油 发 动 机 的 拆 装

任务引入

小张是某 4S 店的维修学徒，客户李先生的车因故障发动机需要大修，师傅让小张帮忙协助，完成发动机的拆装，假如你是小张，需要你帮助完成汽油发动机的拆装，你该怎么做？

学习目标

知识目标

1. 掌握发动机基本结构及各组成部件的作用；

2. 掌握发动机各组成部件的装配关系。

能力目标

1. 能正确识别发动机的两大机构、五大系统的各组成零部件，并说出其作用；

2. 能根据发动机拆装的技术要求，选择合适的工具，正确、规范地完成发动机的拆装。

素养目标

1. 小组分工合作完成发动机拆装实训任务，提升团队意识和沟通能力；

2. 完成发动机零部件识别、发动机拆装等实践训练任务，提升劳动意识；

3. 认真、规范地完成发动机的整体拆装训练任务，培养系统思维，形成严谨细致的职业素养。

相关知识

汽油发动机由曲柄连杆机构、配气机构两大机构以及冷却系统、润滑系统、燃油供给系统、点火系统、起动系统五大系统组成，在进行发动机整体拆装时，一般是对两大机构及冷却系统、润滑系统和燃油供给系统进行拆装。

一、曲柄连杆机构

曲柄连杆机构是发动机的重要组成部件，是往复活塞式发动机将热能转换为机械能的主要机构。曲柄连杆机构的作用是提供燃烧场所，把燃料燃烧后产生的作用于活塞顶上的气体膨胀压力转变为曲轴旋转的转矩，不断输出动力。

1. 曲柄连杆机构的组成

曲柄连杆机构主要由机体组、活塞连杆组和曲轴飞轮组三部分组成，见图 3-2-1。机体组是不动件，活塞连杆组与曲轴飞轮组是运动件。

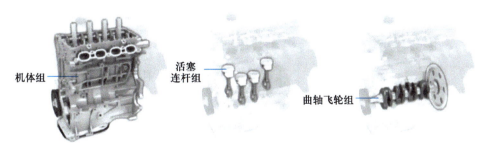

机体组　　活塞连杆组　　曲轴飞轮组

图 3-2-1　曲柄连杆机构的组成

机体组由气缸盖、气缸垫、气缸体及油底壳等组成；活塞连杆组由活塞、活塞环、活塞销、连杆等部件组成；曲轴飞轮组由曲轴、飞轮以及其他具有不同作用的零件和附件组成。

（1）机体组。

机体组是发动机的支架，是曲柄连杆机构、配气机构和发动机各系统主要零件的装配基体。它主要由气缸体、气缸盖、气缸垫和曲轴箱等组成，见图3-2-2。

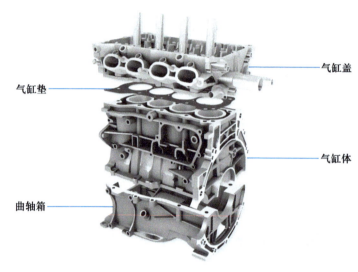

图 3-2-2　机体组

① 气缸体。

气缸体上半部有一个或若干个圆柱形空腔，即气缸，引导活塞在其中运动。气缸体内还加工有引导润滑油的油道及让冷却液流通的水套，见图3-2-3。

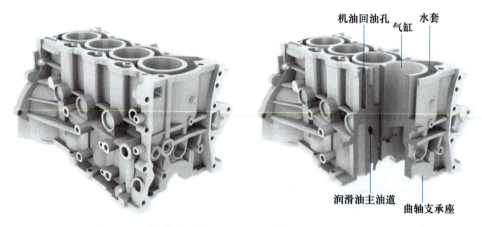

图 3-2-3　气缸体

气缸体的下半部是曲轴箱，是曲轴运动的空间，曲轴箱的下部由油底壳进行封闭。

② 气缸盖。

气缸盖上安装着进、排气门，气门摇臂（或凸轮轴），火花塞（或喷油器）及进、排气歧管。气缸盖内有与气缸体相通的水道孔、回油孔、润滑油道、火花塞安装导管、气门导管、气缸盖螺栓孔以及燃烧室、进排气道等，见图 3-2-4。

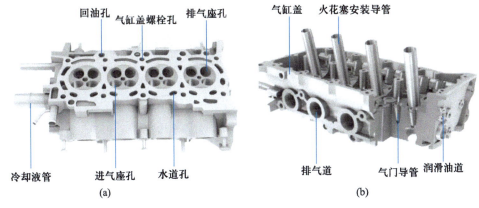

图 3-2-4 气缸盖结构

气缸盖的作用是封闭气缸体上部，并与活塞顶、气缸壁共同构成一个密闭的工作空间（燃烧室），见图 3-2-5。

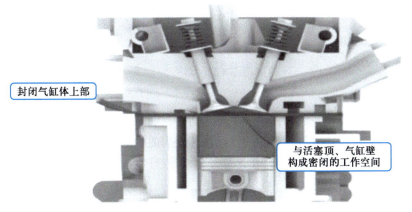

图 3-2-5 气缸盖作用

③ 气缸垫。

气缸垫安装在气缸盖和气缸体中间，安装时要定向安装。气缸垫通常是一次性用件。气缸垫安装位置及结构见图 3-2-6。

气缸垫用来保证气缸体与气缸盖结合面间的密封，防止漏水、漏油、漏气。

④ 油底壳。

油底壳一般由薄钢板冲压而成，有的发动机为了加强散热效果采用铝合金铸造。它的形状取决于发动机的总体布置和所需机油的容量。

油底壳主要用来储存机油（润滑油）并封闭曲轴箱。同时，底部的磁性放油螺塞能吸附机油中的金属杂质，以减少发动机中运动零件的磨损，见图3-2-7。

图 3-2-6　气缸垫安装位置及结构

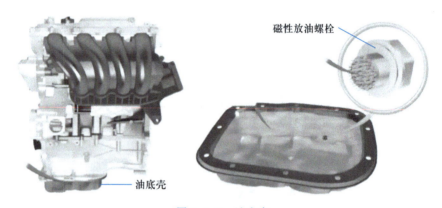

图 3-2-7　油底壳

（2）活塞连杆组。

活塞连杆组安装在气缸体内，主要由活塞、活塞环、活塞销、连杆与连杆轴承等组成。活塞连杆组将活塞的往复运动转变为曲轴的旋转运动，同时将作用于活塞上的力转变为曲轴对外输出的扭矩。活塞连杆组的结构见图3-2-8。

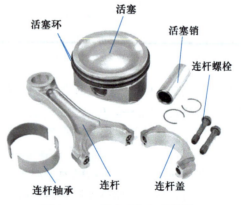

图 3-2-8　活塞连杆组的结构

① 活塞。

活塞的主要作用是承受气缸中的气体压力，并将此压力通过活塞销传递给连杆，以推动曲轴旋转，活塞顶部还与气缸盖、气缸壁等共同组成燃烧室。

活塞由活塞顶部、活塞头部和活塞裙部三部分组成，见图 3-2-9。

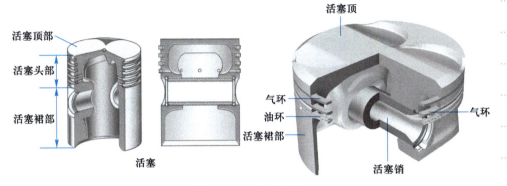

图 3-2-9　活塞的结构

活塞顶部是燃烧室的组成部分，常制成不同的形状。汽油机活塞顶部多采用平顶或凹顶。有的活塞顶部有装配标记，装配时要指向发动机前端。

活塞头部一般有 2~3 道槽，用来安装气环，最下面一道槽用来安装油环。油环槽的底部钻有很多径向小孔（称为回油孔），油环从气缸壁上刮下的多余润滑油经此流回油底壳。

活塞裙部开有圆孔，用来安装活塞销，圆孔上有卡簧槽。活塞裙部用来引导活塞在气缸中做往复运动。

② 活塞环。

活塞环是中间断开的弹性金属环，包括气环和油环两种，见图 3-2-10。活塞上部安装气环，下部安装油环。活塞环安装在活塞上时，环的开口相互错开。以卡罗拉车型为例，其三道环之间相互错开 120°。

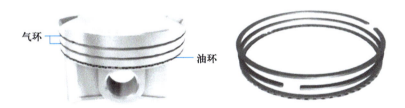

图 3-2-10　活塞环

a. 气环。

气环用于保证活塞与气缸壁间的密封，防止气缸中的高温、高压燃气大量漏入曲轴箱，同时还将活塞顶部的大部分热量传给气缸壁，起到导热的作用，见图 3-2-11。

b. 油环。

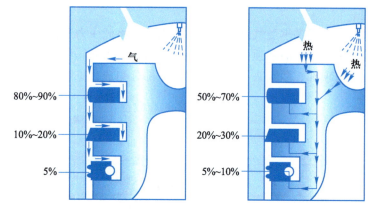

图 3-2-11 气环的作用

油环在活塞下行时，将气缸壁上多余的机油刮除；在活塞上行时，将机油均匀涂布在气缸壁上。这样既可以防止机油窜入气缸燃烧，又可以减轻活塞、活塞环与气缸壁的磨损和摩擦阻力，如图 3-2-12 所示。

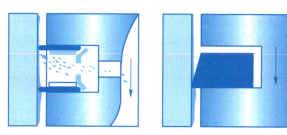

图 3-2-12 油环的作用

③ 活塞销。

活塞销通常用低碳钢或低碳合金钢做成空心圆柱体，它的作用是连接活塞和连杆，将活塞承受的气体作用力传给连杆。

④ 连杆与连杆轴承。

连杆与连杆轴承的作用是连接活塞和曲轴，把活塞的往复运动转变为曲轴的旋转运动，并将活塞承受的力传给曲轴。

连杆分为连杆小头、连杆杆身和连杆大头三部分，见图 3-2-13。

连杆小头用于安装活塞销，连接活塞。全浮式连杆小头内压有润滑衬套。

连杆杆身多采用"工"字形断面，以提高其抗弯刚度。连杆杆身内有纵向的压力油通道，以对活塞销进行压力润滑。

连杆大头通过轴承与曲轴的连杆轴颈相连。为便于安装，通常将连杆大头做成剖分式，上半部与

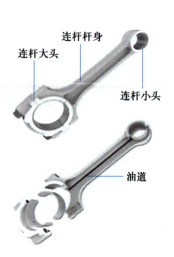

图 3-2-13 连杆的结构

连杆杆身一体，下半部即为连杆盖，两者通过螺栓装合，其中有油道通向活塞销。

连杆轴承采用钢背和减磨层组成的分开式薄壁滑动轴承，内表面有油槽，用以贮油和保证润滑。

（3）曲轴飞轮组。

曲轴飞轮组主要由曲轴和飞轮以及其他具有不同作用的零件和附件组成，其零件与附件的种类和数量取决于发动机的结构和性能要求，如图3-2-14所示。

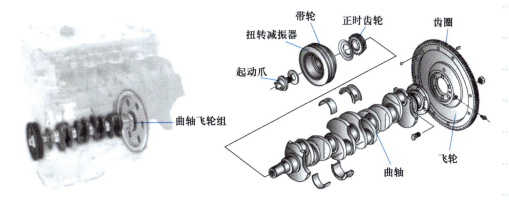

图3-2-14　曲轴飞轮组的组成

① 曲轴。

曲轴的作用是承受活塞连杆组传来的力，并由此产生绕其本身轴线的转矩，并将转矩对外输出。同时，曲轴还为活塞连杆组的上行运动提供动力。

曲轴主要由曲轴前端、平衡重、连杆轴颈、主轴颈、曲柄臂和曲轴后端等部件组成，见图3-2-15。在发动机工作过程中，曲轴要承受弯曲与扭转载荷，要求曲轴具有足够的刚度、强度和耐磨性。

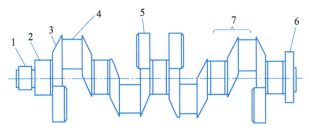

1—曲轴前端；2—主轴颈；3—曲柄臂；4—连杆轴颈；5—平衡重；6—曲轴后端；7—曲拐

图3-2-15　曲轴的结构

a. 曲拐的布置。

一个连杆轴颈与它两端的曲柄臂及主轴颈构成一个曲拐。曲轴的曲拐数取决于气缸的数目及其排列方式。直列式发动机曲轴的曲拐数等于气缸数，V型发动机曲轴的曲拐数等于气缸数的一半，四缸发动机的曲拐布置形式见图3-2-16。

各曲拐的相对位置或曲拐的布置取决于气缸数、气缸排列形式和发动机工作

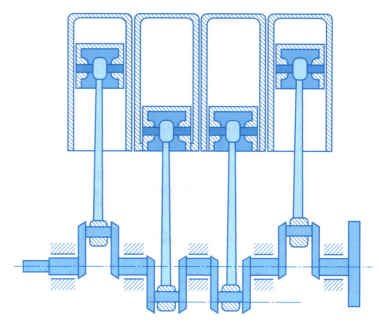

图 3-2-16   四缸发动机的曲拐布置形式

顺序。当气缸数和气缸排列形式确定之后，曲拐的布置就只取决于发动机工作顺序。在选择发动机工作顺序时，应注意以下几点。

• 应该使接连做功的两个气缸相距尽可能远，以减轻主轴承载荷和避免在进气行程中发生抢气现象。

• 各气缸点火的间隔时间应该相同。点火间隔时间若以曲轴转角计则称为点火间隔角。在发动机完成一个工作循环的曲轴转角内，每个气缸都应点火做功一次。对于气缸数为 i 的四冲程发动机，其点火间隔角应为 $720°/i$，即曲轴每转 $720°/i$ 时，就有一个气缸点火做功，以保证发动机运转平稳。

• V 型发动机左右两列气缸应交替点火。

四冲程直列四缸发动机的点火间隔角为 $720°/4 = 180°$，4 个曲拐布置在同一平面内，发动机工作顺序为 1—3—4—2 或 1—2—4—3，其工作循环见表 3-2-1。

表 3-2-1   四冲程直列四缸发动机工作循环（工作顺序 1—3—4—2）

曲轴转角/(°)	第一缸	第二缸	第三缸	第四缸
0 ~ 180	做功	排气	压缩	进气
180 ~ 360	排气	进气	做功	压缩
360 ~ 540	进气	压缩	排气	做功
540 ~ 720	压缩	做功	进气	排气

四冲程直列六缸发动机的点火间隔角为 $720°/6 = 120°$，6 个曲拐分别布置在三个平面内，发动机工作顺序为 1—5—3—6—2—4 或 1—4—2—6—3—5，其工作循环见表 3-2-2。

表 3-2-2　四冲程直列六缸发动机工作循环（工作顺序 1—5—3—6—2—4）

曲轴转角/（°）		第一缸	第二缸	第三缸	第四缸	第五缸	第六缸
	0～60			进气	做功	压缩	
0～180	60～120	做功	排气				进气
	120～180			压缩	排气		
	180～240		进气			做功	
180～360	240～300	排气					压缩
	300～360			做功	进气		
	360～420		压缩			排气	
360～540	420～480	进气					做功
	480～540			排气	压缩		
	540～600		做功			进气	
540～720	600～660	压缩					排气
	660～720		排气	进气	做功	压缩	

b. 平衡重。

平衡重位于曲拐对面，用来平衡发动机的离心力和离心力矩，有时还可用来平衡一部分往复惯性力。

② 飞轮。

飞轮的主要作用是储存做功行程的一部分动能，以克服其他行程中的阻力，使曲轴匀速旋转，并保证发动机具有克服短时超载的能力。

飞轮是一个转动惯量很大的圆盘，外缘上压有一个齿圈，与起动机的驱动齿轮啮合，供起动机起动发动机时使用。为了保证足够的转动惯量，飞轮轮缘通常做得宽而厚，见图 3-2-17。

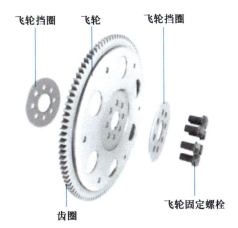

飞轮挡圈　飞轮　飞轮挡圈

齿圈　　飞轮固定螺栓

图 3-2-17　飞轮

2. 曲柄连杆机构的作用

曲柄连杆机构的作用是把燃料燃烧作用在活塞顶上的压力转变为曲轴的转矩，对外输出机械能，即将活塞的往复直线运动转换为曲轴的旋转运动，见图3-2-18。

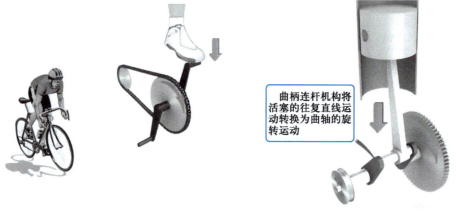

曲柄连杆机构将活塞的往复直线运动转换为曲轴的旋转运动

图 3-2-18 曲柄连杆机构的作用

曲柄连杆机构的机体组是发动机骨架及安装各机构系统的基础，活塞连杆组、曲轴飞轮组是主要工作机构，实现能量和运动转换。

二、配气机构

1. 配气机构的作用

配气机构的作用是按照发动机每一气缸内所进行的工作循环和点火顺序的要求，定时开启和关闭各气缸的进、排气门，使新鲜充量得以及时进入气缸，废气得以及时从气缸排出；以及在压缩与做功行程中，保证燃烧室的密封。新鲜充量对于汽油机而言是汽油和空气的混合气，对于柴油机而言是纯空气。

2. 配气机构结构类型

配气机构可以从不同角度进行分类。

（1）按气门安装位置不同，配气机构分为气门顶置式、气门侧置式，见图3-2-19。

(a) 气门顶置式   (b) 气门侧置式

图 3-2-19 配气机构按气门安装位置分类

（2）按凸轮轴安装位置不同，配气机构分为凸轮轴下置式、凸轮轴中置式、凸轮轴顶置式，见图 3-2-20。

(a) 凸轮轴下置式　　(b) 凸轮轴中置式　　(c) 凸轮轴顶置式

图 3-2-20　配气机构按凸轮轴安装位置分类

（3）按曲轴和凸轮轴的传动方式不同，配气机构分为正时齿轮传动式、正时链条传动式、正时传动带传动式，见图 3-2-21。

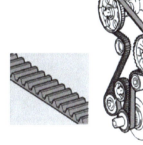

(a) 正时齿轮传动式　　(b) 正时链条传动式　　(c) 正时传动带传动式

图 3-2-21　配气机构按曲轴和凸轮轴的传动方式分类

（4）按每缸气门数目不同，配气机构分为两气门式、三气门式、四气门式和五气门式，见图 3-2-22。

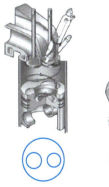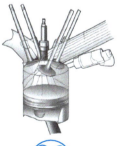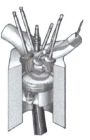

(a) 两气门式　　(b) 三气门式　　(c) 四气门式　　(d) 五气门式

图 3-2-22　配气机构按每缸气门数目分类

（5）按凸轮轴数目不同，配气机构分为单凸轮轴式和双凸轮轴式，见图 3-2-23。传统两气门结构均采用单凸轮轴式。

(a) 单凸轮轴式　　　　　　　　(b) 双凸轮轴式

图 3-2-23　配气机构按凸轮轴数目分类

（6）按气门驱动方式不同，配气机构分为摇臂式、摆臂式、直接驱动式等，见图 3-2-24。

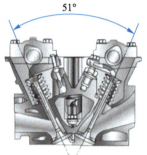
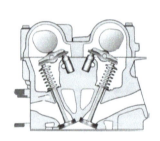

(a) 摇臂式　　　　　(b) 摆臂式　　　　　(c) 直接驱动式

图 3-2-24　按气门驱动方式分类

3. 配气机构的组成

配气机构主要由气门传动组、气门组组成，见图 3-2-25。

（1）气门传动组。

气门传动组主要由凸轮轴、摇臂、挺柱等组成，气门传动组的作用是使进、排气门能按发动机的工作需求在规定的时刻开闭，并且保证足够的开度。

① 凸轮轴。

凸轮轴的作用是使气门按一定的工作次序和配气相位及时开闭，并保证气门有足够的升程。凸轮轴是由发动机曲轴驱动旋转，并将力传递给摇臂的。凸轮轴见图 3-2-26。

图 3-2-25　配气机构的
组成

凸轮轴上有进、排气凸轮，前端轴，凸轮轴轴颈以及凸轮轴位置传感器信号盘等。现代发动机多采用凸轮轴顶置式配气机构，即凸轮轴安装在气缸盖上。

凸轮的形状决定气门开闭时间的长短、开闭程度的大小和开闭速度的快慢。凸轮的形状对发动机的工作特性有重要影响。

② 摇臂。

摇臂的作用是通过将凸轮轴的旋转运动转变为摇臂的上下摆动，从而控制气门的开闭。摇臂的实质是杠杆，凸轮轴顶置式配气机构采用的摇臂为单臂杠杆。摇臂的支点为摇臂支座。摇臂见图 3-2-27。

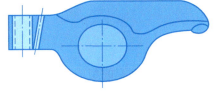

图 3-2-26 凸轮轴   图 3-2-27 摇臂

③ 挺柱。

挺柱将凸轮的运动和作用力传给推杆或气门，并承受凸轮轴旋转时所施加的侧向力。挺柱可分为机械挺柱和液力挺柱两大类，见图 3-2-28。

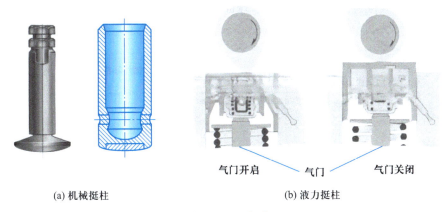

(a) 机械挺柱   (b) 液力挺柱

图 3-2-28 挺柱

在配气机构中预留气门间隙会使配气机构在发动机工作时产生撞击和噪声。为了消除这一弊端，有些发动机尤其是轿车发动机采用液力挺柱，借以实现零气门间隙。气门及其传动件因温度升高而膨胀，或因磨损而缩短，都会通过液压作用来自行调整或补偿。

（2）气门组。

气门组主要由气门、气门座、气门导管、气门油封、气门弹簧、气门弹簧座和气门锁片组成，见图 3-2-29。气门组应保证气门与气门座在活塞压缩和做功行程中实现气缸的密封。

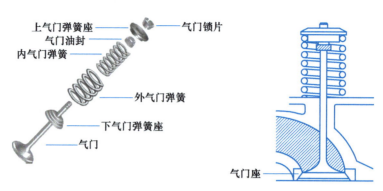

图 3-2-29 气门组的组成

① 气门。

气门是燃烧室的组成部分，其可在活塞压缩、做功行程中密封气缸。同时，气门还可在进、排气行程中打开或关闭进、排气道。

气门由头部、杆部和锁止部分组成，包括气门头部、气门杆和锁片环槽等，见图 3-2-30。气门密封锥面的锥角称为气门锥角，一般为45°或30°，见图 3-2-31。气门边缘应保持一定的厚度，一般为1~3 mm。气门杆为圆柱形，在气门导管中不断进行往复运动。

气门头部有三种形式，即平顶、球面顶、喇叭顶，见图 3-2-32。

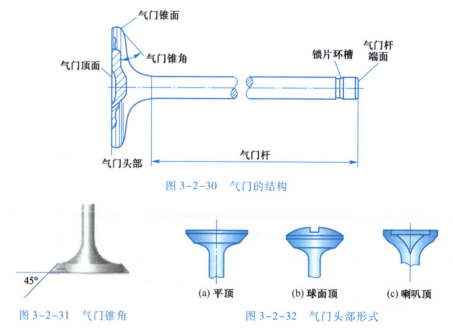

图 3-2-30 气门的结构

图 3-2-31 气门锥角

图 3-2-32 气门头部形式

平顶气门结构简单，制造方便，吸热面积小，质量也较小，进、排气门都可采用；球面顶气门适用于排气门，因为其强度高，排气阻力小，废气的清除效果好，但球形的受热面积大，质量和惯性力大，加工较复杂；喇叭顶气门的气门头部与气门杆的过渡部分具有一定的流线型，可以减少进气阻力，但其顶部受热面积大，故适用于进气门，而不宜用于排气门。

② 气门座。

气门座是压嵌入气缸盖的。当气门关闭时，气门工作面与气门座紧密地接触，见图3-2-33，使燃烧室保持气密。气门座也将热量从气门传到气缸盖，使气门冷却。

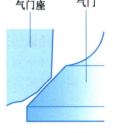

图3-2-33　气门座示意图

由于气门座暴露在高温燃烧气体中，而且连续重复地与气门接触，所以制造气门座的材料必须具有极好的耐高温和耐磨损性能。气门座磨损，可用硬质合金刀具研磨或更换。有些发动机上气门座与气缸盖制为一体，这种类型的气门座无法单独更换。通常，气门座做成约45°的锥面，以便与气门工作面配合。

气门座接触面宽度一般为1.5～2.0 mm。气门座的接触面越宽，冷却效果越明显，但容易产生积炭，使气密性降低。相反，气门座接触面越窄，冷却效果越差，但产生积炭可能性越小。

③ 气门导管。

气门导管的作用是为气门的运动导向，保证气门做直线往复运动。同时，气门导管还可为气门杆散热。

④ 气门弹簧。

气门弹簧的作用是使气门及时关闭，并保证气门与气门座紧密贴合，防止气门发生跳动，大多数发动机的1个气门用1个气门弹簧，但有的发动机的1个气门用2个气门弹簧。为防止发动机高速运转时气门振动，气门弹簧用不等节距弹簧或双弹簧，见图3-2-34。

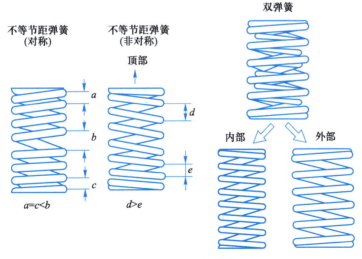

图3-2-34　气门弹簧

⑤ 气门锁片。

气门锁片的作用是使气门与气门弹簧座紧密贴合，防止气门在运动过程中脱落。

4. 配气机构的工作原理

凸轮轴通过正时齿轮由曲轴驱动。四冲程发动机完成一个工作循环，曲轴转两圈（720°），各缸进、排气门各开启一次，而凸轮轴只需要转一圈。因此，曲轴转速与凸轮轴转速之比为2∶1。

当凸轮（下置式）凸起部分与挺柱接触时，挺柱被顶起，通过推杆、调整螺钉使摇臂绕摇臂轴顺时针摆动，摇臂的长臂端向下推动气门，压缩气门弹簧，将气门头部推离气门座而将气门打开。当凸轮凸起部分的顶点转过挺柱后，便逐渐减少了对挺柱的推力，气门在气门弹簧张力的作用下，开度逐渐减小，直至最后关闭，使气缸密封。

从上述工作过程可以看出，气门的开启是通过气门传动组的作用来完成的，而气门的关闭则是通过气门弹簧的作用来完成的。气门的开闭时刻与规律完全取决于凸轮的轮廓曲线。气门每次打开时，压缩弹簧，为气门关闭积蓄能量。

5. 配气相位

在发动机的实际工作中，为使进气充分、排气彻底，进气门和排气门均存在早开晚关的情况，进气门和排气门的开启持续时间均大于180°曲轴转角。发动机进、排气门实际开启或关闭的时刻和开启持续时间，称为配气相位，通常用曲轴转角表示。发动机的配气相位见图3-2-35。

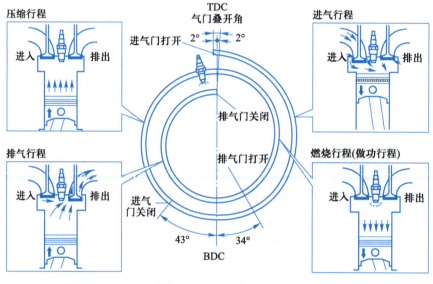

图3-2-35   配气相位

在发动机的实际工作中，进气门是在活塞运行到排气行程上止点之前开始开启，在活塞运行到进气行程下止点之后关闭。从进气门开始开启到活塞运行到上止点，曲轴转过的角度称为进气门提前开启角，用 α 表示，一般为 $10°\sim30°$。从活塞位于进气行程下止点到进气门完全关闭，曲轴转过的角度称为进气门迟后关闭角，用 β 表示，一般为 $40°\sim80°$。

由于进气门提前开启和迟后关闭，整个进气持续过程或进气持续角为 $\alpha+180°+\beta$。

在发动机的实际工作中，排气门是在活塞运行到做功行程下止点之前开始开启，在活塞运行到排气行程上止点之后关闭。从排气门开始开启到活塞运行到下止点，曲轴转过的角度称为排气门提前开启角，用 γ 表示，一般为 $40°\sim80°$。从活塞位于排气行程上止点到排气门完全关闭，曲轴转过的角度称为排气门迟后关闭角，用 δ 表示，一般为 $10°\sim30°$。

由于排气门提前开启和迟后关闭，整个排气持续过程或排气持续角为 $\gamma+180°+\delta$。

当活塞处于排气行程上止点附近时，由于进气门的提前开启和排气门的迟后关闭，存在进气门和排气门同时开启的现象，称为气门叠开。在气门叠开过程中，曲轴转过的角度称为气门叠开角。气门叠开角等于 $\alpha+\delta$。

三、冷却系统

1. 冷却系统的组成

发动机冷却系统有水冷系统和风冷系统之分，汽车发动机上多采用水冷系统。水冷系统以冷却液为冷却介质，主要由水泵、节温器、冷却风扇、散热器、膨胀水箱、散热器盖和气缸盖中的水套以及其他附属装置等组成。冷却系统安装位置及组成见图 3-2-36。

微课

冷却系统的组成

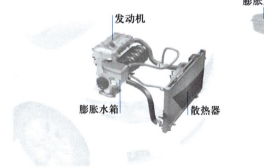
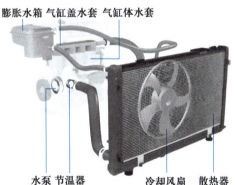

图 3-2-36　冷却系统安装位置及组成

（1）水泵。

水泵的作用是对冷却液加压，使其在冷却系统中循环流动。汽车发动机多采用离心式水泵，其安装在发电机下部。离心式水泵主要由水泵传动带轮、水泵轴、水泵轴承、水泵盖、密封组件和水泵叶轮等部件组成，见图 3-2-37。

水泵一般由曲轴通过 V 形带或带肋的 V 形带传动；水泵壳体上有进、出水管，进水管与散热器出水管相连，出水管与水套相连。水泵叶轮上有 $6\sim8$ 个径向直叶片或后弯叶片。水泵叶轮旋转时，冷却液在离心力作用下被甩向叶轮边缘，叶轮边缘压力升高，冷却液被压送至出水管；同时叶轮中心处压力降低，冷却液从进水管被吸入叶轮中心，见图 3-2-38。

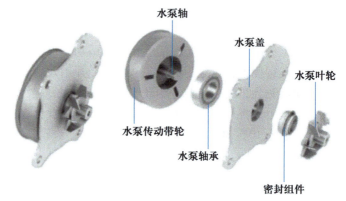

图 3-2-37   水泵的组成

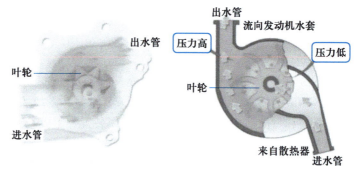

图 3-2-38   离心式水泵工作原理

（2）节温器。

节温器的作用是随发动机冷却液温度的变化，自动控制冷却液通往散热器的流量和循环路线。节温器通常为蜡式节温器，主要由主阀门、副阀门、蜡管、推杆、支架、外壳和弹簧等组成，见图 3-2-39。节温器有两种常见布置形式，第

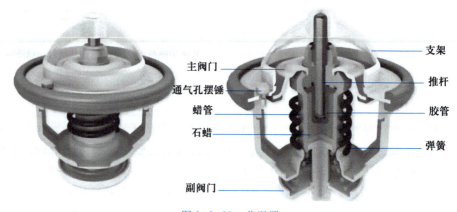

图 3-2-39   节温器

一种布置在发动机的出水管路中；第二种布置在散热器的出水管路中。

节温器是控制冷却液流动路径的阀门。它根据冷却液温度的高低，打开或关闭冷却液通向散热器的通道。以丰田卡罗拉车型为例，其蜡式节温器特性如下。

当冷却液温度低于 84 ℃时，节温器主阀门关闭，副阀门开启，冷却液不经过散热器，从气缸盖水套流出，经节温器直接进入水泵进水口，再由水泵送入气缸体和气缸盖的水套。由于冷却液不经过散热器，故可使发动机温度迅速升高。此循环路径冷却强度小，冷却液流经线路短，称为小循环，见图 3-2-40。

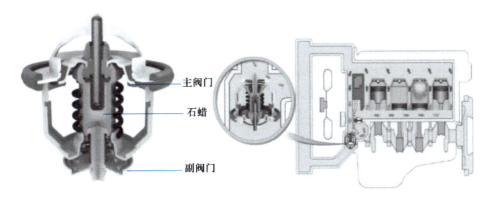

主阀门
石蜡
副阀门

图 3-2-40　小循环

当冷却液温度达到 95 ℃以上时，石蜡膨胀量增大，主阀门全开，副阀门全关，冷却液全部经过散热器。散热后的冷却液在水泵作用下回到气缸体水套内，经气缸体平面上的水孔流入气缸盖的水套中，然后从气缸盖出水管再流入散热器，形成一个循环。此循环路径冷却强度大，冷却液流经线路长，称为大循环，见图 3-2-41。

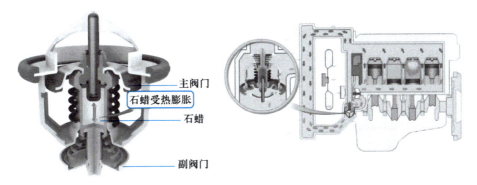

主阀门
石蜡受热膨胀
石蜡
副阀门

图 3-2-41　大循环

当冷却液的温度处于 84 ~ 95 ℃时，石蜡受热膨胀使主阀门部分开启，副阀门部分关闭，此时冷却液同时进行大、小循环，见图 3-2-42。

（3）冷却风扇。

冷却风扇的作用是增加流过散热器芯的空气量，增强散热器的散热能力。

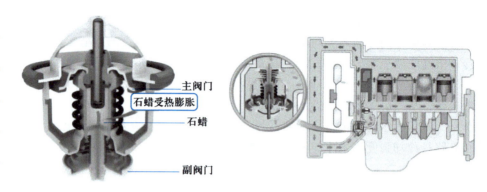

图3-2-42　同时进行大、小循环

现代汽车已广泛使用电子风扇，电子风扇通常安装在散热器后方，它由电动机、风扇叶片和导风罩等组成，见图3-2-43。风扇的扇风量主要与风扇直径、转速、叶片形状、叶片安装角度及叶片数有关。

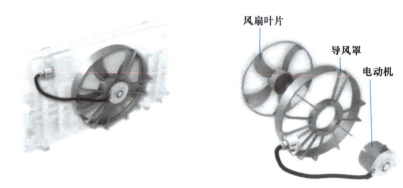

图3-2-43　电子风扇

（4）散热器。

散热器通过增大散热面积将冷却液的热量由空气带走，加速冷却液的冷却。

散热器安装在保险杠后方，主要由左储水室、右储水室、放水螺塞、散热器翼片和散热器芯等组成，见图3-2-44。

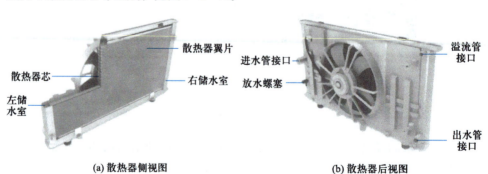

(a) 散热器侧视图　　　　　　　　　　(b) 散热器后视图

图3-2-44　散热器

冷却液在散热器芯内流动，空气从散热器芯外通过。热的冷却液由于向空气散热而冷却，冷空气则因为吸收冷却液散出的热量而升温。散热器通过加大冷却液与空气的接触面积，利用空气流动降低冷却液热量，达到散热效果。

（5）膨胀水箱。

膨胀水箱即补偿水桶，多用塑料制造并用软管与溢流管和补偿管相连接。它主要由膨胀水箱盖、溢流管接口、补偿管接口和壳体等组成。在膨胀水箱的外表面上刻有两条标记线（"LOW"线和"FULL"线），膨胀水箱内冷却液液面应位于两条标记线之间。膨胀水箱的安装位置及结构见图 3-2-45。

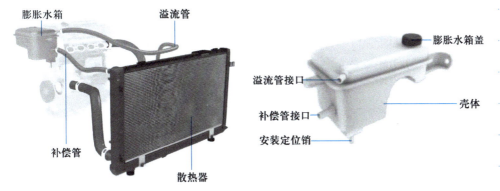

图 3-2-45　膨胀水箱的安装位置及结构

膨胀水箱有溢流和补偿的作用。溢流即当冷却液受热膨胀时，部分冷却液通过溢流管从散热器中流入膨胀水箱；补偿即当冷却液降温后，散热器内冷却液体积变小，膨胀水箱内冷却液经补偿管被吸回散热器。膨胀水箱还可消除水冷系统中的所有气泡。

（6）散热器盖。

散热器盖严密地盖在散热器加注口上。发动机工作时，冷却液温度逐渐升高，容积膨胀使冷却系统内的压力增大。当压力超过预定值时，散热器盖压力阀开启，部分冷却液流入膨胀水箱。

发动机停机后，冷却液温度下降，水冷系统内压力随之减小。当压力降到大气压力以下出现真空时，真空阀开启，部分冷却液被吸回散热器。散热器盖工作原理见图 3-2-46。

2. 冷却系统的作用

（1）混合气在气缸中燃烧后所产生的大量热能，约有 70% 不能转化为发动机的机械能，且燃烧温度可达到 2 600 ℃以上，这些热量约有一半随着废气排到发动机外，另一半则直接作用在发动机机件上，由冷却系统散发出去，带走一部分热量。

（2）发动机必须保持一定的工作温度（80~90 ℃），各机件才能维持正常的膨胀及间隙，燃料及润滑系统也才能正常作用，因此必须设置冷却系统，使发动机迅速达到工作温度，并一直保持。

微课

冷却系统的
工作原理

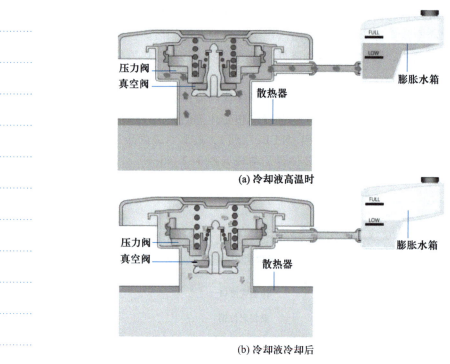

(a) 冷却液高温时

(b) 冷却液冷却后

图 3-2-46　散热器盖工作原理

（3）冷却不良会导致发动机过热，使各机件过度膨胀而加速磨损，甚至咬死；但过度冷却也会造成燃油消耗过高及发动机输出功率降低。

四、润滑系统

发动机润滑系统的作用是当发动机工作时连续不断地把足够数量的洁净润滑油（机油）输送到传动件摩擦表面，机油在摩擦表面形成油膜，从而减小摩擦阻力，降低功率消耗，减轻部件磨损，提高发动机的工作可靠性和使用寿命。

1. 发动机润滑系统的组成

发动机润滑系统主要由机油泵、机油滤清器、限压阀、油底壳和润滑油道等组成，见图 3-2-47。

（1）机油泵。

机油泵的作用是保证机油在润滑系统内循环流动，并在发动机任何转速下都能以足够高的压力向润滑部位输送足够数量的机油。机油泵可分为齿轮式机油泵和转子式机油泵，见图 3-2-48，下面重点介绍转子式机油泵。

转子式机油泵主要由内转子、外转子、壳体、机油泵盖和限压阀等组成，见图 3-2-49。转子式机油泵的内转子带动外转子转动，且转速快于外转子。内、外转子之间形成四个互相封闭的工作腔，每个工作腔在容积最小时与壳体上的进油孔接通，随后容积变大，形成真空，吸入机油；转子继续转动，工作腔容积变小，油压升高，当工作腔与出油孔接通时，压出机油。

微课

润滑系统的组成

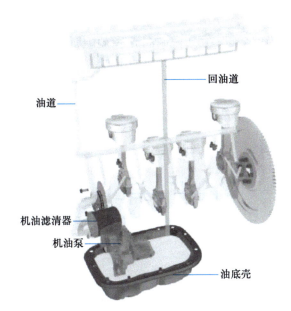

图 3-2-47　润滑系统的组成

(a) 齿轮式机油泵

(b) 转子式机油泵

图 3-2-48　机油泵

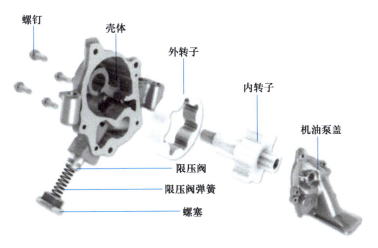

图 3-2-49　转子式机油泵结构

（2）限压阀。

限压阀，也称为安全阀，用于限制润滑系统中机油的最高压力。当机油泵与主油道上的机油压力超过预定压力时，机油压力克服限压阀弹簧作用力，顶开阀门，一部分机油从侧面通道流入油底壳内，使油道内的油压下降至设定的正常值，见图3-2-50。

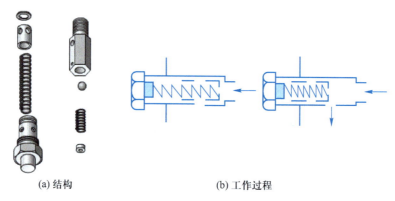

(a) 结构　　　　　　　　(b) 工作过程

图 3-2-50　限压阀的结构及工作过程

（3）机油滤清器。

机油滤清器的作用是滤除机油中的杂物、胶油和水分，向各润滑部件输送洁净的机油。当带有杂质的机油从纸质滤芯的外围进入机油滤清器中心时，杂质被过滤留在滤芯上，当滤芯严重堵塞时，旁通阀开启，机油不经过滤芯过滤直接进入主油道，以防止机油断供现象的发生。机油滤清器安装在正时链条盖下部，主要由上盖、壳体、滤芯、内孔管和安全阀等组成，见图3-2-51。

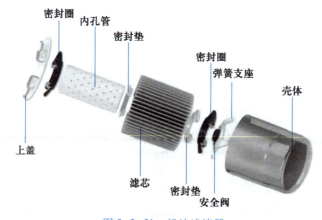

图 3-2-51　机油滤清器

（4）润滑油道。

油道是润滑系统的重要组成部分，直接在气缸体与气缸盖上铸出，用来向各润滑部位输送润滑油。

2. 发动机润滑系统的工作原理

发动机工作时，机油从油底壳被机油泵通过集滤器吸入到机油滤清器中。在机油滤清器中被过滤的机油经主油道输送到发动机的各部件。一路经曲轴主轴颈、连杆轴颈最终回到油底壳；一路经气缸盖凸轮轴正时油路，渗入气门挺柱、凸轮轴轴承、正时链条等部件，经回油孔流回到油底壳。润滑系统反复循环，始终不间断地把洁净的机油送到发动机的传动件摩擦表面。发动机润滑油路见图3-2-52。

微课

润滑系统的
工作原理

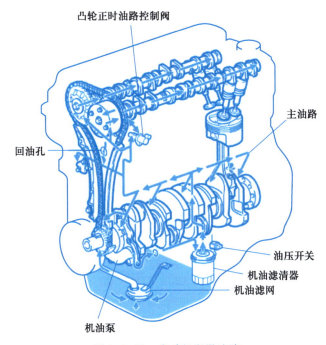

图 3-2-52　发动机润滑油路

五、燃油供给系统

1. 燃油供给系统的作用

（1）根据发动机各工况的不同要求，准确配置合适比例的空气与燃油的混合气。

（2）为汽车储存可供行驶一定里程的汽油。

（3）将燃烧做功后产生的废气排出。

2. 燃油供给系统的类型

汽油发动机燃油供给系统按照控制方式不同，可以分为两种类型：一种是化油器式燃油供给系统；另一种是燃油喷射式燃油供给系统，见图3-2-53。现代汽车普遍使用燃油喷射式燃油供给系统。

3. 燃油供给系统的组成

燃油供给系统主要由燃油箱、燃油泵、燃油滤清器、燃油分配管、油压调节器和喷油器等组成，有的还设有汽油压力脉动缓冲器，见图3-2-54。

微课

燃油供给系统

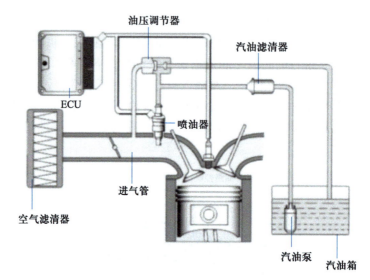

图 3-2-53　燃油喷射式燃油供给系统

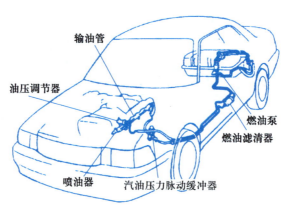

图 3-2-54　燃油供给系统的组成

（1）燃油泵。

燃油泵的作用是把燃油从燃油箱中吸出，最终通过喷油器将燃油喷入进气管路中。正是由于有了燃油泵，燃油箱才能安放到远离发动机的汽车尾部，并且位置低于发动机。燃油泵的结构与组成见图 3-2-55。燃油泵电动机通电时，电动机驱动涡轮泵叶轮旋转，由于离心力的作用，叶轮周围小槽内的叶片贴紧泵壳，将燃油从进油室带往出油室。由于进油室的燃油不断被带走，所以形成一定的真空度，将燃油从进油口吸入；而出油室燃油不断增多，燃油压力升高，当达到一定值时，则顶开出油阀经出油口输出。出油阀还可在燃油泵不工作时阻止燃油流回燃油箱，保持油路中有一定的残余压力，便于下次起动。

在燃油泵的进油口或出油口处设有一个卸压阀，可在燃油滤清器或高压管路阻塞等意外情况发生时打开来泄压，从而保护电动机。

在燃油泵的进油口处安装有滤网，可防止杂质进入燃油泵造成卡死或密封不良。

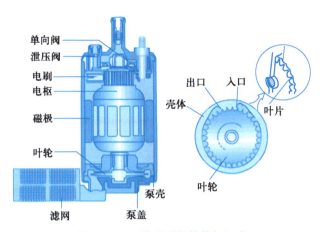

图 3-2-55　燃油泵的结构与组成

（2）燃油分配管。

燃油分配管也被称作"共轨"，其作用是将燃油均匀、等压地输送给各缸喷油器。由于它的容积比较大，因此也有储油蓄压、减缓油压脉动的作用。燃油分配管见图 3-2-56。

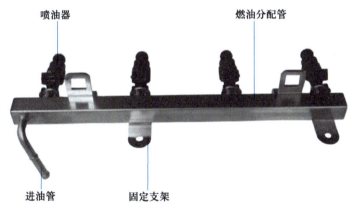

图 3-2-56　燃油分配管

（3）喷油器。

卡罗拉轿车发动机使用的喷油器是电磁式喷油器，通过绝缘垫安装在进气管上。它的作用是根据电控单元的指令将燃油以雾状的形态喷入进气管内。

喷油器一般由壳体、电磁线圈、回位弹簧、衔铁、针阀和进油滤网等组成。轴针式喷油器的结构见图 3-2-57。轴针式喷油器的优点是针阀前端的轴针伸入喷孔，可使燃油以环状喷出，有利于雾化，且由于轴针在喷口中不断运动，故喷孔不易阻塞；缺点是燃油雾化质量稍差，且由于针阀质量较大，因而动态响应性较差。

发动机工作时，电控单元的喷油控制信号将喷油器的电磁线圈与电源回路接通，电磁线圈有电流通过，产生磁场，磁心被吸引，与磁心一体的针阀向上移动，碰到调整垫时针阀全开，燃油从喷口喷出。当没有电流通过电磁线圈时，在

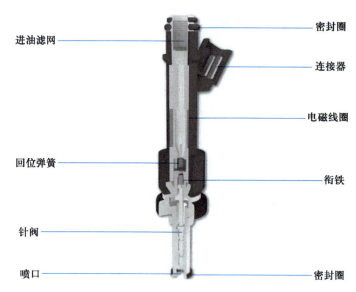

图 3-2-57 轴针式喷油器的结构

进油滤网
回位弹簧
针阀
喷口

密封圈
连接器
电磁线圈
衔铁
密封圈

弹簧的作用下针阀下移压在阀座上，并起密封作用。

喷油器的喷油量与针阀行程、喷口面积、喷油环境压力及燃油压力等因素有关，但这些因素一旦确定后，喷油量就由针阀的开启时间，即电磁线圈的通电时间来决定。各喷油器的喷油持续时间由电控单元控制，当某气缸活塞处于进气行程时，电控单元指令该气缸喷油器喷油。电磁式喷油器的工作原理见图 3-2-58。

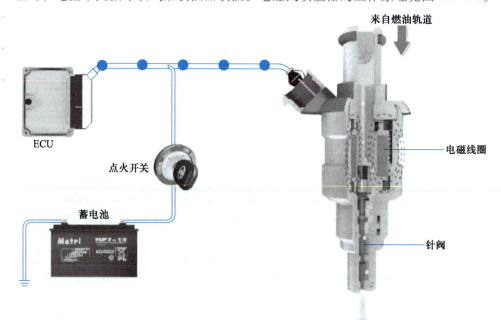

来自燃油轨道
ECU
点火开关
蓄电池
电磁线圈
针阀

图 3-2-58 电磁式喷油器的工作原理

电磁线圈中无电流通过时，喷油器针阀在弹簧力作用下紧压在锥形密封阀座上。电磁线圈通电时，电磁线圈处产生磁场，将衔铁连同针阀向上吸起，喷油口打开，汽油喷出。

（4）燃油滤清器。

燃油滤清器的作用是清除燃油中的粉尘、铁锈等固体杂质，防止供油系统阻塞，减少机械磨损，提高发动机工作的可靠性。

燃油滤清器安装在燃油泵出口侧的油路中，它主要由进、出油管及滤芯，内孔管，座圈等组成，见图3-2-59。滤芯采用菊花形结构，这种结构的特点是单位体积内过滤面积大。燃油滤清器内经常承受200～300 kPa的燃油压力，因此，要求燃油滤清器壳体及油管的耐压强度应在500 kPa以上。

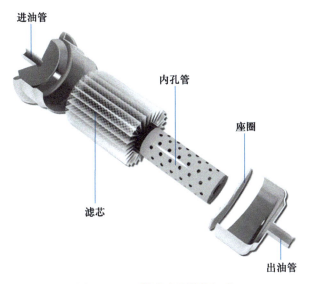

进油管
内孔管
座圈
滤芯
出油管

图3-2-59　燃油滤清器的组成

发动机工作时，燃油从燃油滤清器的进油管进入滤芯外围，把带有杂质的燃油通过滤芯过滤后从油管带出去。如果燃油滤清器阻塞，将使油压降低，输油量减少，导致发动机不能正常工作。因此，燃油滤清器应按照规定周期进行更换。

4. 燃油供给系统的工作原理

燃油泵将燃油箱中的燃油泵入燃油滤清器。燃油滤清器对流过的燃油进行过滤，过滤后的燃油进入燃油分配管，在燃油压力调节器的作用下，燃油分配管中的燃油压力维持在规定范围内。燃油分配管将燃油分配给各缸喷油器。喷油器根据电控单元的指令将燃油适时地喷入进气管中。当油路中的油压升高时，油压调节器自动调节，将多余燃油返回燃油箱，从而保持传送给喷油器的燃油压力基本不变，见图3-2-60。

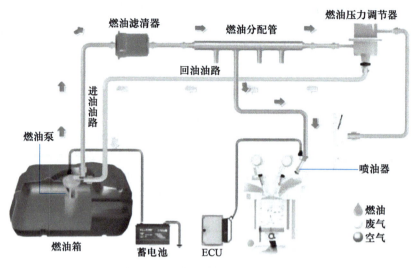

图 3-2-60　燃油供给系统工作原理

任务实施

汽油发动机的拆装

1. 准备工作

准备发动机翻转台架、常用拆装工具、发动机拆装专用工具、抹布、润滑脂等。

2. 实践操作

（1）外部附件拆装。

① 拆卸进气歧管。旋出进气歧管的固定螺栓，将进气歧管与密封垫一起取下。

② 拆卸排气歧管。旋出排气歧管的固定螺母，取下排气歧管和排气歧管密封件。

注意：按对角顺序拆卸螺栓。

视频
气缸盖拆装

（2）机体组拆装。

① 找准正时记号：分别在曲轴传动带轮或正时链轮、凸轮轴正时链轮查找发动机上正时记号，见图 3-2-61。丰田 1ZR 发动机气缸盖上没有气门正时检查的标记，只有将正时链条上的涂色片和链轮上的记号对准，才能够检查气门正时。

② 缸盖螺栓拆卸及紧固顺序：拆卸缸盖螺栓时，由外到内，按对角顺序并分几次拧松缸盖固定螺栓。安装缸盖螺栓时，紧固顺序则刚好相反，由内到外，按对角顺序分次拧紧，见图 3-2-62。

③ 缸盖螺栓拧紧方法：见图 3-2-63，用扭力扳手和缸盖螺栓拆装专用工具拧紧缸盖螺栓。先用扭力扳手将螺栓拧至规定力矩（查维修手册可得），用油漆

(a) 传动带轮正时记号

(b) 曲轴正时链轮正时记号

0°
正时记号
传动带轮
摇杆

正时链条
正时记号
链条记号
转速传感器感应环

排气凸轮轴正时记号
涂色片
涂色片
进气凸轮轴正时记号

(c) 凸轮轴正时链轮正时记号

图 3-2-61　正时记号

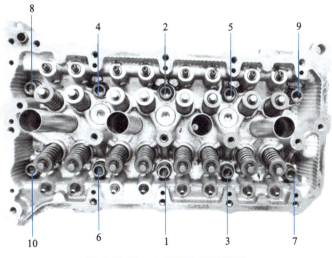

图 3-2-62　缸盖螺栓紧固顺序

在气缸盖的前面做好记号标记，按顺序号将缸盖螺栓拧紧90°，然后再紧固45°，检查并确认油漆记号与前端成135°。

④ 检查缸盖螺栓：缸盖螺栓在工作中受到很大的拉力，容易被拉伸而损坏。如果缸盖螺栓长度大于最大值或最小直径小于最小值（查维修手册可得），则更换所有的缸盖螺栓。在安装前，需要用游标卡尺检查缸盖螺栓长度和最小直径，见图3-2-64。

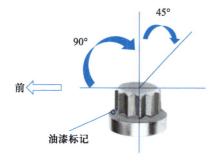

图3-2-63 缸盖螺栓拧紧方法　　　　图3-2-64 检查缸盖螺栓长度

⑤ 传动带轮拆装方法：在拆卸或安装传动带轮时，需要用专用工具固定传动带轮，使用扭力扳手拧松或紧固传动带轮固定螺栓，见图3-2-65。传动带轮固定螺栓拧紧力矩可查阅维修手册。

（3）活塞连杆组拆装。

① 拆卸前，用记号笔给各气缸活塞做好标记，拆卸下来的活塞连杆组按顺序摆放。

② 用橡胶锤推出活塞连杆组时，应先刮去气缸上、下止点处积炭形成的台阶，以免损坏活塞环。清理时不能采用过于锋利的刮刀，以免损坏气缸。

③ 敲击取下活塞或连杆时，只能使用橡胶锤或木棒。用橡胶锤推出活塞连杆组时，注意不要倾斜，不要硬撬和硬敲，以免损坏气缸。

图3-2-65 拆卸传动带轮固定螺栓

视频
活塞连杆组拆装

④ 拆下连杆螺母时，将一段软管套在连杆螺栓上，防止损伤螺纹。

⑤ 拆卸下来的活塞连杆组需要清洗干净，目视检查活塞等零部件有无明显的损坏，活塞、连杆轴承等是否有损伤，如有损伤则需要更换。活塞和活塞销是配套件，注意按顺序摆放。

⑥ 安装活塞连杆组时，应按原位装回，安装连杆轴承见图3-2-66。注意检查连杆轴承盖与连杆的装配标记及序号。止口方向应与气缸体曲轴轴承止口方向一致。

⑦ 安装活塞环时，按由下至上的顺序安装，注意观察活塞环上的标记，有标记或 "TOP" 字样的一面朝上安装。活塞环的开口应相互隔开 120°（对 3 道气环而言）或 180°（对 2 道气环而言），不要重合，且避开活塞销座及其垂直部分。将 1 ~ 3 道气环的切口相互错开形成 "迷宫式" 封气装置，见图 3-2-67。

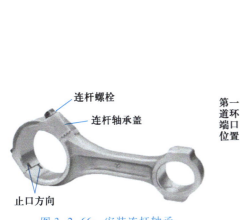

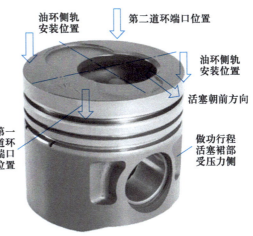

图 3-2-66 安装连杆轴承   图 3-2-67 活塞环的开口布置位置

⑧ 安装活塞连杆组时，各气缸活塞连杆组按标记装入各气缸，安装时，先将第一缸曲柄转到下止点位置，使用活塞环收紧器按正确的位置把活塞和连杆总成推入各气缸，见图 3-2-68。注意活塞顶的朝前标记。

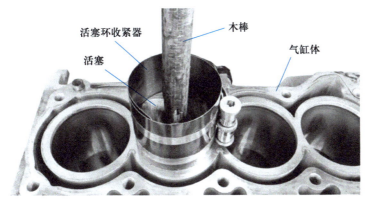

图 3-2-68 安装活塞

⑨ 连杆盖螺栓在安装前应涂抹一薄层机油，拧紧时分多次交替拧紧，最后拧至规定力矩。安装好后，转动曲轴，曲轴应能灵活转动。

（4）曲轴飞轮组拆装。

① 安装曲轴油封时，需要在其防尘唇位置涂抹机油，见图 3-2-69。安装时油封要放平，不能有倾斜的现象，建议使用专用工具安装，安装时压力不要太

视频
曲轴飞轮组拆装

大，速度要均匀、要慢。

② 曲轴轴承盖的紧固螺母、螺栓必须按规定力矩、规定顺序分次拧紧至规定力矩，紧固顺序见图 3-2-70，拆卸顺序则刚好相反。不按要求操作可能会造成曲轴损坏。

③ 注意曲轴轴承等处的装配记号。

④ 按正确的顺序摆放主轴承盖、止推垫片。

⑤ 安装前需要彻底清洗气缸体、曲轴、曲轴轴承等零部件，并用压缩空气吹干，并使曲轴、曲轴轴承上的油道孔保持畅通。清洁气缸体见图 3-2-71。

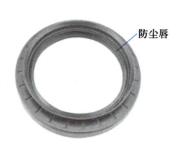

图 3-2-69 曲轴油封

防尘唇

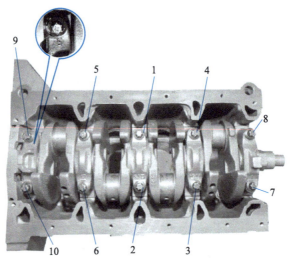

图 3-2-70 曲轴轴承盖螺栓紧固顺序

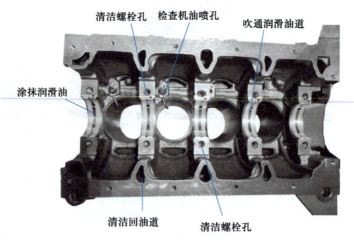

清洁螺栓孔　检查机油喷孔　吹通润滑油道

涂抹润滑油

清洁回油道　清洁螺栓孔

图 3-2-71 清洁气缸体

⑥ 对于配合表面，装配前要涂上润滑油。

（5）气门传动组拆装。

① 转动曲轴传动带轮，对齐曲轴传动带轮与壳体上的记号，对齐凸轮轴正时传动带轮或链轮的相关记号。

② 当正时传动带或链条张紧器拆下后，不可以转动曲轴，防止活塞上行碰撞气门。

③ 不要弯曲、扭转或翻转正时传动带；不允许正时传动带接触油、水和蒸气；安装或拆除凸轮轴固定螺栓时，不要利用正时传动带的张力来固定凸轮轴。

④ 拆卸时按照"从两端到中间"的顺序，安装时按照"从中间到两端"的顺序，分多次拆下或安装凸轮轴轴承盖的固定螺栓。拆卸时，使用橡胶锤轻敲凸轮轴轴承两端，使其松动。

⑤ 拆下液压挺柱时需要注意：用干净的布清洁液压挺柱表面；用黑色的油性笔在液压挺柱上做记号。

⑥ 安装时，在液压挺柱、凸轮轴、轴承盖等摩擦表面均匀涂抹润滑油。

⑦ 在气门传动组安装后，要摇转发动机至少 2 圈，确保在发动机起动后，气门不会顶到活塞。

⑧ 安装链条张紧器前，松开棘轮爪，然后完全推入柱塞，将挂钩固定在销上，确保凸轮固定在柱塞的第一个齿上，使挂钩穿过销。逆转曲轴，然后从挂钩上断开柱塞锁销，顺转曲轴，检查并确认柱塞伸出。

（6）气门组拆装。

① 准备气门弹簧拆卸钳、气门导管冲子等专用工具，见图 3-2-72、图 3-2-73，不使用专用工具拆装气门组可能会损坏气缸盖或气门组零件。

图 3-2-72　气门弹簧拆卸钳

图 3-2-73　气门导管冲子

视频
气门组拆装

② 如果需要更换气门导管、气门座圈等，则需要在加热气缸盖时，严防发生火灾，要在周围至少放一个灭火器。

③ 工作中要避免锋利刮刀、钢丝刷等刮伤气缸盖、气门等部件。

④ 气缸盖下平面不能直接朝下，必须朝下时，垫上木块。不可以把气缸盖直接放在地面或金属工作台上，防止气缸盖上产生划痕。

⑤ 按顺序拆下弹簧座圈、气门弹簧和气门，并按顺序摆放。气门顺序弄错，可能使气门与气门座圈配合不好，导致气门研磨困难。

⑥ 准备气门油封拆装工具，拆卸气门油封。在新油封上及气门杆部涂抹一

薄层发动机机油，使用专用工具压入油封。

⑦ 安装完气门弹簧和气门锁片后，用塑料锤轻敲气门杆顶部以确保安装到位。

（7）燃油供给系统拆装。

① 通过断开燃油泵熔断器或燃油泵继电器或燃油泵连接器等方法，断开燃油泵电路。起动发动机，待发动机自动熄火后，关闭点火开关。再次起动发动机，确认发动机不起动。

② 避免污物进入油管内污染燃油。

③ 避免用鲤鱼钳直接夹在油管上而损坏油管。

④ 燃油箱内燃油严重不足时，不要运转发动机。

⑤ 避免橡胶或皮制零件接触到燃油。

⑥ 作业位置附近不能有任何火源及高温设备。

⑦ 纸质空气滤芯一旦浸入油液或水分，滤清阻力就会急剧增大，检查空气滤芯时如有潮湿或浸水的痕迹，必须更换新件。

⑧ 许多轿车在清洗节气门体后，怠速会升高，需要使用诊断仪进行调试。

📟 任务工单

任务名称	任务 2 汽油发动机的拆装		成绩	
姓名		班级	学号	
实训设备	发动机翻转台架			
任务引入	小张是某 4S 店的维修学徒，客户李先生的车因故障发动机需要大修，师傅让小张帮忙协助，完成发动机的拆装，假如你是小张，需要你帮助完成汽油发动机的拆装，你该怎么做			
任务目的	按照发动机拆装技术要求及安全注意事项，制订发动机拆装的工作计划，按照正确规范的流程完成发动机拆装操作			

活动：汽油发动机的拆装

请根据任务要求，确定所需要的资料和工具、设备等，并对小组成员进行分工，制订工作计划。

1. 需要的资料和工具、设备等

2. 小组成员分工

续表

3. 工作计划

4. 任务实践

（1）查阅维修手册，记录相关的扭矩值。

_____

（2）外部附件拆装。

　　拆装注意事项：_____

_____

_____

（3）机体组拆装。

　　拆装注意事项：_____

_____

_____

（4）活塞连杆组拆装。

　　拆装注意事项：_____

_____

_____

（5）曲轴飞轮组拆装。

　　拆装注意事项：_____

_____

_____

（6）气门传动组拆装。

　　拆装注意事项：_____

_____

_____

（7）气门组拆装。

　　拆装注意事项：_____

_____

_____

（8）空气供给系统拆装。

　　拆装注意事项：_____

_____

_____

（9）燃油供给系统拆装。

　　拆装注意事项：_____

_____

_____

5. 6S 管理

□车辆复位　　□设备复位　　□工具复位　　□场地清洁　　□填写工单

实践考核评价

实践名称		汽油发动机的拆装		时长		240 min
姓名				班级		
工作任务		客户的发动机需要大修，进行解体拆装。你需要按照发动机的拆装技术要求，完成发动机的解体拆装，同时记录好相关信息				
评分标准						
序号	评分内容	步骤与要求			配分	得分
1	安全或工作态度否决项	造成人身、设备重大事故，或恶意顶撞教师、严重扰乱课堂秩序，立即终止操作				
2	汽油发动机拆装	1）完成外部附件拆装			10	
		2）完成机体组拆装			10	
		3）完成曲轴飞轮组拆装			10	
		4）完成气门传动组拆装			10	
		5）完成气门组拆装			10	
		6）完成空气供给系统拆装			10	
		7）完成燃油供给系统拆装			10	
3	6S 管理	1）做好车辆防护			3	
		2）设备、工具、量具等正确使用，确保其安全与完好			3	
		3）工具、量具、零件摆放整齐合理			3	
		4）无工具、零件落地			2	
		5）工装（衣、鞋、帽）穿戴合理			2	
		6）做好场地清理			2	
4	工单填写	按要求填写操作工单，内容完整、正确			15	
5		得分				
技能评价						
		签名：　　　　　　日期：				

知识检验

一、填空题

1. 机体组由_____、_____、_____等组成。

2. 气缸盖的作用是封闭气缸体上部，并与活塞顶、气缸壁共同构成_____。

3. 气门由_____、杆部和_____三部分组成。

4. 气门的开启是由凸轮轴来完成的，而气门的关闭则是由_____来完成的。

5. 汽油发动机燃油供给系统包括燃油箱燃油滤清器、燃油泵、_____、_____、_____、_____等零部件。

6. 机油泵的结构形式有_____、_____等几种。

7. 水冷系统主要由散热器、冷却风扇、水套、_____、_____等组成。

二、判断题

1. 气缸垫的作用是弥补气缸体和气缸盖接触面的不平，防止漏气、漏液。
（　　）

2. 活塞头部是指活塞环槽以上的部分，其主要作用是安装活塞环。（　　）

3. 曲轴由凸轮轴通过传动带轮驱动。（　　）

4. 液压挺柱可以实现气门间隙自动补偿。（　　）

5. 当发动机熄火后，燃油泵会立即停止工作。（　　）

6. 润滑油在循环过程中流过零件工作表面，可以降低零件的温度。（　　）

7. 大部分发动机冷却系统采用蜡式节温器。（　　）

三、单选题

1. 下列属于机体组零部件的是（　　）。
   A. 凸轮轴　　　B. 曲轴　　　　C. 气门　　　　D. 曲轴箱

2. 下列属于曲轴飞轮组零部件的是（　　）。
   A. 扭转减振器　B. 活塞　　　　C. 凸轮轴　　　D. 连杆

3. 下列属于活塞连杆组零部件的是（　　）。
   A. 活塞销　　　B. 气缸体　　　C. 凸轮轴　　　D. 正时齿轮

4. 配气机构运行的动力是由（　　）提供的。
   A. 气门弹簧　　B. 飞轮　　　　C. 蓄电池　　　D. 曲轴

5. 水冷系统的冷却介质为（　　）。
   A. 硬水　　　　B. 软水　　　　C. 冷却液　　　D. 功率

6. 设某发动机的进气提前角为 α，进气迟关角为 β，排气提前角为 γ，排气迟关角为 δ，则该发动机的进、排气门重叠角为（　　）。
   A. $\alpha+\delta$　　B. $\beta+\gamma$　　C. $\alpha+\gamma$　　D. $\beta+\delta$

7. 活塞通过（　　）和曲轴相连。
   A. 活塞销　　　B. 连杆　　　　C. 活塞环　　　D. 连杆盖

项目四

底盘构造与拆装

本项目主要讲述汽车底盘构造与拆装，通过学习需要完成以下四个任务：

任务1　传动系统构造与拆装；

任务2　行驶系统构造与拆装；

任务3　转向系统构造与拆装；

任务4　制动系统构造与拆装。

通过本项目的学习，主要掌握以下知识，具备以下能力：

1. 了解汽车底盘的布置形式，掌握底盘各系统的结构作用、组成、工作原理，能正确识别底盘各系统及零部件；

2. 掌握底盘各系统零部件的装配关系，能实车辨认汽车底盘各系统的零部件及其安装位置；

3. 掌握汽车底盘各系统零部件的拆装方法，能根据底盘拆装技术要求，选择合适的工具，正确、规范地进行汽车底盘零部件拆装。

任务1 传动系统构造与拆装

任务引入

小张是某4S店的维修学徒，客户李先生的汽车传动系统出现故障，需要进行传动系统部件的拆装，师傅安排小张一起协助拆装。假设你是小张，需要你帮助完成传动系统零部件的拆装，你该怎么做？

学习目标

知识目标

1. 了解汽车底盘的布置形式，掌握传动系统的作用及组成；
2. 掌握传动系统的工作原理；
3. 掌握传动系统各组成零部件的装配关系。

能力目标

1. 能正确识别传动系统各主要组成零部件，并描述其工作原理；
2. 能根据传动系统拆装技术要求，选择合适的工具，正确规范地进行传动系统零部件拆装。

素养目标

1. 小组分工合作完成传动系统零部件拆装，提升团队意识和沟通能力；
2. 完成传动系统零部件认知与拆装实践训练任务，培养劳动意识；
3. 完成传动系统零部件的识别实践任务，分析传动系统工作原理的实现，培养系统思维与工程思维，提升综合分析能力。

相关知识

底盘是整个汽车的基体，支承发动机、车身等各种零部件，同时将发动机的动力进行分配和传递，并按照驾驶人的意志行驶（加速、减速、转向、制动等）。

汽车底盘由传动系统、行驶系统（悬架系统）、转向系统和制动系统四大系统组成，汽车底盘结构组成见图4-1-1。

一、传动系统的功用与布置形式

汽车发动机与驱动轮之间的动力传递装置称为汽车的传动系统。它应保证汽车具有在各种行驶条件下所必需的牵引力、车速以及实现它们之间的协调变化等

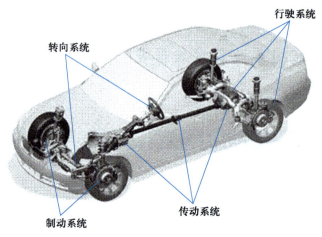

图 4-1-1   汽车底盘结构组成示意图

功能，使汽车具有良好的动力性和燃油经济性；还应保证汽车能倒车以及左、右驱动车轮能适应差速要求，并使动力传递能根据需要平稳地接合或彻底、迅速地分离。

以发动机纵向前置、后轮驱动，即前置后驱（FR）的汽车传动系统为例，其结构组成见图 4-1-2。此类型的传动系统由离合器、变速器、传动轴和万向节组成的万向传动装置以及安装在驱动桥壳中的主减速器、差速器和半轴等组成。

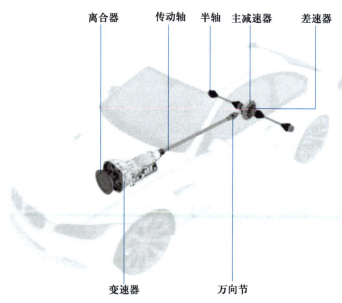

图 4-1-2   汽车传动系统的结构组成

（1）离合器：离合器的主要功用是按需适时切断或接合发动机与传动系统之间的动力传递。

（2）变速器：变速器的主要功用是改变转速、转矩和旋转方向，并能中断动力传递。

（3）万向传动装置：万向传动装置的主要功用是将变速器输出的动力传给主减速器，并适应两者之间距离和轴线夹角的变化。

（4）主减速器：主减速器的主要功用是降低转速，增大转矩，按需改变动力的传递方向（90°）。

（5）差速器：差速器的主要功用是将主减速器传来的动力分配给左、右两半轴，并允许左、右两半轴以不同角速度旋转，以满足左、右两驱动轮差速行驶的需求。

（6）半轴：半轴的主要功用是将差速器传来的动力传给驱动轮。

汽车传动系统布置形式与发动机的安装位置及汽车驱动形式有关，汽车传动系统有下列几种布置形式，见图 4-1-3。

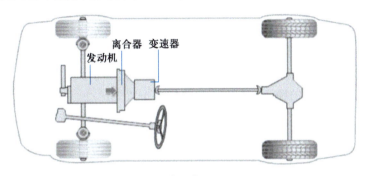

(a) 前置后驱(FR)

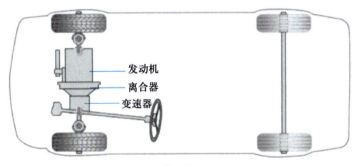

(b) 前置前驱(FF)

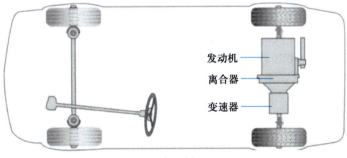

(c) 后置后驱(RR)

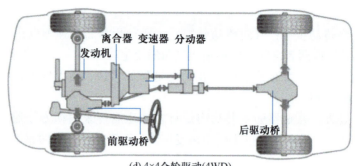

(d) 4×4全轮驱动(4WD)

图 4-1-3　汽车传动系统的布置形式

（1）发动机前置后轮驱动（FR）：前置后驱是传统的布置形式，大多数货车、部分轿车和客车采用。

（2）发动机前置前轮驱动（FF）：前置前驱是在轿车上逐渐盛行的布置形式，具有结构紧凑、减轻质量、降低地板的高度、改善高速时的操纵稳定性等优点。

（3）发动机后置后轮驱动（RR）：后置后驱是目前大、中型客车盛行的布置形式，具有降低车内噪声、有利于车身内部布置等优点。

（4）4×4 全轮驱动（4WD）：4×4 全轮驱动有多个驱动桥，在变速器后加了一个分动器，其作用是把变速器输出的动力经几套万向传动装置分别传给所有的驱动桥，并可以进一步降速增矩。

二、离合器

1. 离合器的功用

离合器是汽车传动系统的重要组成部分，安装在发动机与变速器之间，其功用包括以下几个方面。

离合器的结构
及工作原理

（1）使发动机与传动系统逐渐接合，保证汽车平稳起步。

（2）暂时切断发动机的动力传递，保证变速器换挡平顺。

（3）限制所传递的转矩，防止传动系统过载。

2. 离合器的类型

汽车上应用的离合器主要有以下三种形式。

（1）摩擦离合器：指利用主、从动部分的摩擦作用来传递转矩的离合器。摩擦离合器按从动盘的数目可以分为单片离合器和双片离合器；按压紧弹簧的形式可以分为周布弹簧离合器、中央弹簧离合器和膜片弹簧离合器。

（2）液力耦合器/液力变矩器：液力耦合器指利用液体作为传动介质的离合器，原来多用于自动变速器，目前在汽车上几乎不采用，而是被液力变矩器所替代。

（3）电磁离合器：指利用电磁力传动的离合器，如在汽车空调中应用的就是这种离合器。

3. 摩擦式离合器

（1）摩擦式离合器的结构。

汽车上使用最多的是摩擦式离合器。摩擦式离合器主要是由主动部分、从动部分、操纵机构和压紧机构组成，见图4-1-4。

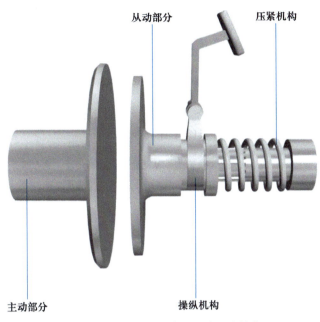

图4-1-4　摩擦式离合器基本组成结构

摩擦式离合器依靠摩擦原理传递发动机动力。摩擦式离合器工作原理见图4-1-5，当踩下离合器踏板后，从动盘与飞轮之间有间隙，飞轮不能带动从动盘旋转，离合器处于分离状态。当松开离合器踏板后，压紧力将从动盘压向飞轮，飞轮表面与从动盘表面的摩擦力带动从动盘旋转，离合器处于接合状态。

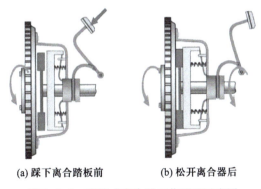

(a) 踩下离合踏板前　　　(b) 松开离合器后

图4-1-5　摩擦式离合器工作原理示意图

（2）摩擦式离合器的类型。

① 按从动盘的数目分类。摩擦式离合器按从动盘的数目可分为单盘式离合器和双盘式离合器。单盘式离合器只有一个从动盘，双盘式离合器有两个从动盘，其摩擦面数量多，可传递的转矩较大。

② 按压紧弹簧的结构形式分类。摩擦式离合器按压紧弹簧的结构形式可分

为螺旋弹簧式离合器和膜片弹簧式离合器。

螺旋弹簧式离合器：压紧弹簧是常见的螺旋弹簧，又分为圆周均布螺旋弹簧式离合器和中央螺旋弹簧式离合器。

膜片弹簧式离合器：压紧弹簧是膜片弹簧。

4. 膜片弹簧式离合器

（1）膜片弹簧式离合器结构组成。

膜片弹簧式离合器主要由飞轮、从动盘、压盘、传动片、膜片弹簧、离合器盖、分离叉和分离轴承等组成，见图4-1-6。

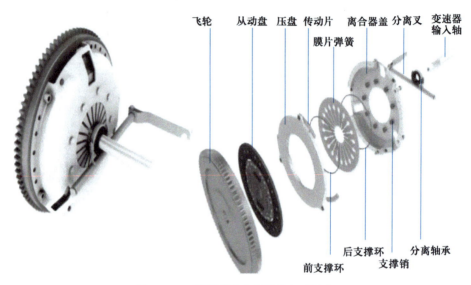

飞轮　从动盘　压盘　传动片　离合器盖　分离叉　变速器输入轴
膜片弹簧
后支撑环　分离轴承
前支撑环　支撑销

图4-1-6 膜片弹簧离合器的组成结构

（2）膜片弹簧式离合器工作原理。

① 初始状态。

当离合器盖总成被固定到飞轮上时，膜片弹簧大端受压并产生位移，对压盘产生压力，使从动盘摩擦片被压紧在飞轮和压盘之间，此时离合器处于接合状态，见图4-1-7（a）。

② 分离过程。

分离过程见图4-1-7（b）。当分离离合器时，借助踏板机构的操纵使分离轴承前移，推动离合器膜片弹簧小端前移，膜片弹簧以支撑环为支点顺时针转动，膜片弹簧大端后移，通过分离钩拉动压盘离开从动盘完成分离动作，使离合器处于分离状态。

③ 接合过程。

接合过程见图4-1-7（c）。逐渐松开离合器踏板，压盘在压紧弹簧的作用下向前移动，首先消除分离间隙，并在压盘、从动盘和飞轮工作表面上作用足够的压紧力；之后分离轴承在复位弹簧的作用下向后移动，产生自由间隙，离合器接合。

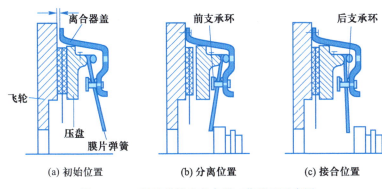

图 4-1-7　膜片弹簧式离合器工作原理示意图

5. 带扭转减振器的从动盘

带扭转减振器的从动盘主要由从动盘本体、摩擦片、从动盘毂和减振器盘等组成,见图 4-1-8。带扭转减振器的从动盘可以防止传动系共振过载,因为转速和转矩的变化及行驶中产生的振动会减少传动系使用寿命。带扭转减振器的从动盘的动力传递顺序是:从动盘本体→减振器弹簧→从动盘毂。

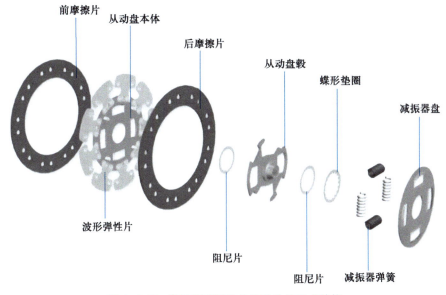

图 4-1-8　带扭转减振器的从动盘的组成结构

6. 离合器操纵机构

下面介绍液压式离合器操纵机构的组成及工作原理。

液压式离合器操纵机构主要由离合器踏板、推杆、储液罐、主缸、工作缸、分离轴承、分离叉等组成,见图 4-1-9。

离合器操纵机构是驾驶人用以控制离合器的机构,其作用是实现离合器分离及柔和接合。离合器操纵机构起始于离合器踏板,终止于离合器壳内的分离轴承。液压式离合器操纵机构的工作原理见图 4-1-10。

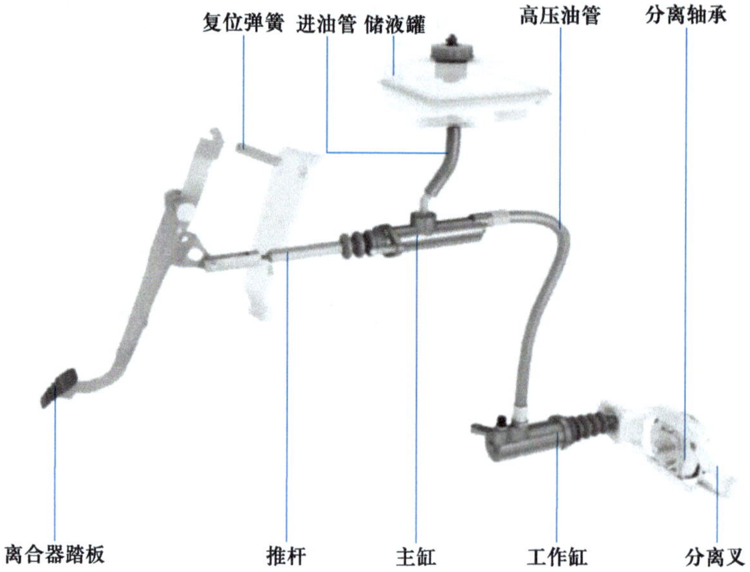

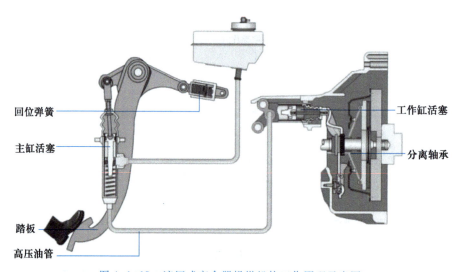

复位弹簧 进油管 储液罐   高压油管   分离轴承

离合器踏板   推杆   主缸   工作缸   分离叉

图 4-1-9   液压式离合器操纵机构的组成结构

回位弹簧   工作缸活塞

主缸活塞   分离轴承

踏板
高压油管

图 4-1-10   液压式离合器操纵机构工作原理示意图

踩下离合器踏板，推动主缸内活塞运动从而产生液压力，液压力通过高压油管作用于工作缸活塞，活塞运动带动分离轴承使离合器分离；松开离合器踏板，主缸活塞在回位弹簧作用下回到原位，高压油管内油压降低，工作缸中活塞回位，使离合器接合。

三、手动变速器

1. 变速器的功能

（1）改变传动比，扩大驱动力和速度变化范围，适应路况和行驶条件，使发动机在最有利的条件下工作。

（2）不改变发动机旋转方向的前提下，实现倒退行驶。

（3）中断发动机向驱动轮的动力传递。

2. 变速器的类型

（1）按传动比变化方式的不同，变速器可分为有级式、无级式和综合式 3 种。

（2）按换挡操纵方式的不同，变速器可分为手动操纵式、自动操纵式和半自动操纵式 3 种。

（3）按传动轴的数量不同，变速器可分为两轴式变速器和三轴式变速器。

（4）按挡位数的不同，变速器可分为 4 挡变速器和 5 挡变速器等。

3. 手动变速器的组成

手动变速器主要由变速传动机构和变速操纵机构组成。

（1）变速传动机构。

① 变速传动机构的组成。变速传动机构主要由齿轮、轴及变速器壳体等零部件组成。

② 变速传动机构的工作原理。利用不同齿数的齿轮对相互啮合，改变变速器的传动比（i）。

通过增加齿轮传动的对数，以实现倒挡传动。前进挡时，动力由第一轴直接传给第二轴，只经过一对齿轮传动，两轴转动方向相反。倒挡时，动力由第一轴传给倒挡轴，再由倒挡轴传给第二轴，经过两对齿轮传动，第一轴与第二轴转动方向相同。

③ 常见的换挡方式。

a. 滑动齿轮换挡方式。滑动齿轮换挡方式见图 4-1-11，直齿滑动齿轮与轴通过花键相连接，在空挡情况下，与另一齿轮并不啮合。挂挡时，通过直接移动滑动齿轮与另一个齿轮啮合即可。这种换挡方式换挡冲击大、齿轮易磨损，同时参与工作的齿轮数少，高强度下易断齿。

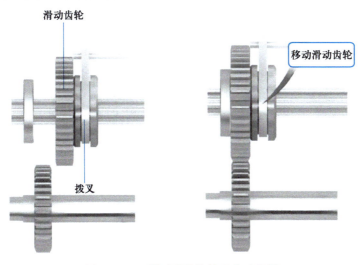

图 4-1-11　滑动齿轮换挡方式示意图

b. 接合套换挡方式。接合套换挡方式见图 4-1-12，接合套换挡装置用于斜齿轮传动（参与工作齿轮数多，工作平稳）的挡位。接合套换挡装置由于其接合齿短，换挡时拨叉移动量小，故操作较轻便，且换挡承受冲击的面积增加，使换挡时冲击减小，换挡元件的寿命延长。

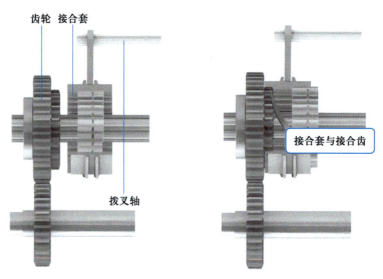

图 4-1-12   接合套换挡方式示意图

c. 同步器换挡方式。同步器换挡方式见图 4-1-13，同步器换挡装置是在接合套换挡装置的基础上又加装了同步元件而构成的一种换挡装置。它可以保证在换挡时使接合套与待啮合齿圈的圆周速度迅速相等，即迅速达到同步状态，并防止二者在同步之前进入啮合，从而可消除换挡时的冲击，并使换挡操纵简单，无须用脚踩离合器踏板。

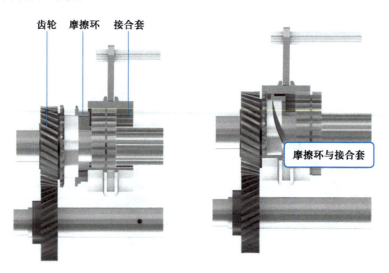

图 4-1-13   同步器换挡方式示意图

（2）变速器操纵机构。

变速器操纵机构主要是由变速杆、拨块、拨叉轴和拨叉等组成。见图4-1-14，它的主要功能是完成换挡的基本动作，保证驾驶人准确可靠地使变速器挂入所需要的挡位。

为了保证手动变速器在任何情况下都能准确、安全、可靠地工作，变速器操纵机构均有安全装置，操纵机构安全装置有自锁装置、互锁装置和倒挡锁装置。

① 自锁装置。自锁装置由自锁钢球和自锁弹簧等组成，见图4-1-15，它的作用是保证换挡到位，防止自动脱挡。

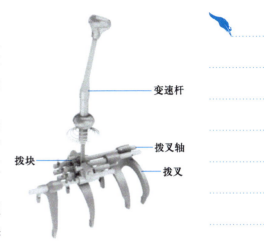

图 4-1-14 操纵机构的组成结构

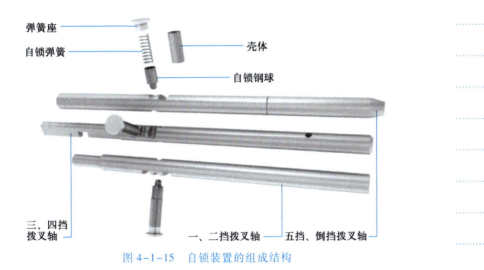

图 4-1-15 自锁装置的组成结构

② 互锁装置。互锁装置由互锁柱销、互锁钢球等组成，见图4-1-16，它的作用是防止同时挂入两挡。

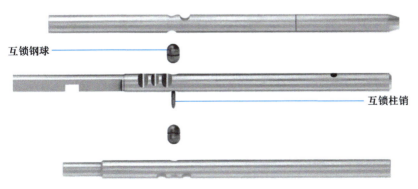

图 4-1-16 互锁装置组成结构

③倒挡锁装置。倒挡锁装置是由倒挡锁拨叉、倒挡锁弹簧等组成，见图4-1-17，驾驶人必须用力克服倒挡锁弹簧力才能切入倒挡，以防止误挂倒挡。

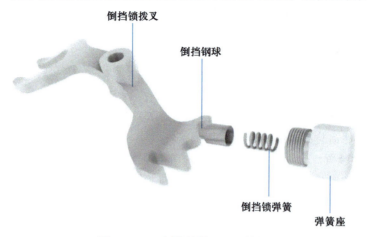

图4-1-17 倒挡锁装置组成结构

4. 两轴式手动变速器

（1）两轴式手动变速器结构。

两轴式手动变速器变速传动机构主要由第一轴（即动力输入轴）、第二轴（即动力输出轴）、倒挡轴、各挡齿轮及变速器壳体组成，见图4-1-18，大部分轿车都采用两轴式手动变速器。

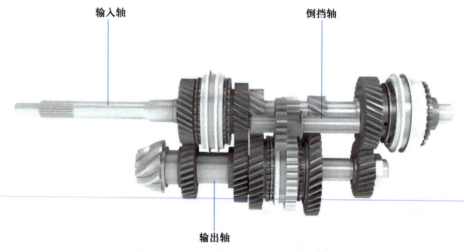

图4-1-18 两轴式变速器组成结构

（2）两轴式手动变速器传动原理。

① 一挡传动路线（图4-1-19）。

输入轴→一挡主动齿轮→一挡从动齿轮→一挡、二挡同步器→输出轴。

② 二挡传动路线（图4-1-20）。

输入轴→二挡主动齿轮→二挡从动齿轮→一挡、二挡同步器→输出轴。

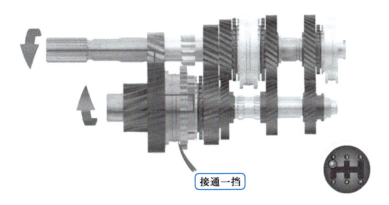

接通一挡

图 4-1-19 两轴式变速器一挡传动路线

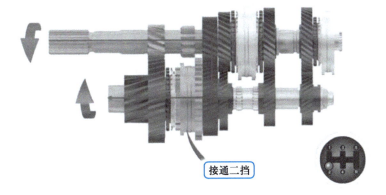

接通二挡

图 4-1-20 两轴式变速器二挡传动路线

③ 三挡传动路线（图 4-1-21）。

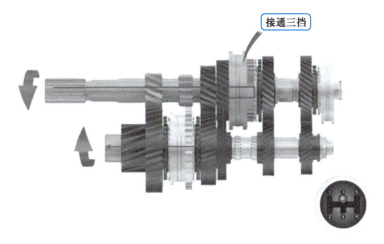

接通三挡

图 4-1-21 两轴式变速器三挡传动路线

输入轴→三挡主动齿轮→三挡从动齿轮→三挡、四挡同步器→输出轴。

④ 四挡传动路线（图4-1-22）。

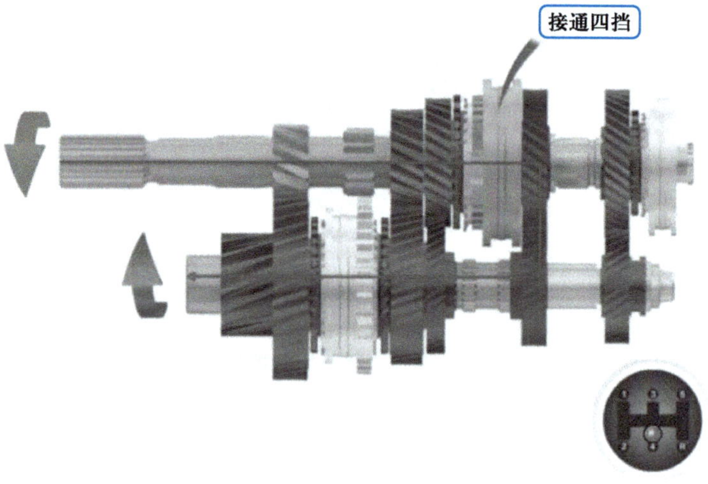

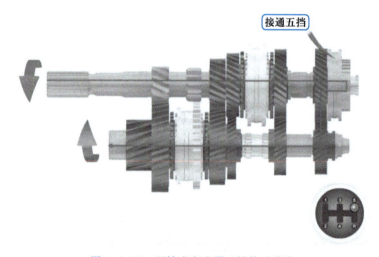

接通四挡

图4-1-22 两轴式变速器四挡传动路线

输入轴→四挡主动齿轮→四挡从动齿轮→三挡、四挡同步器→输出轴。

⑤ 五挡传动路线（图4-1-23）。

接通五挡

图4-1-23 两轴式变速器五挡传动路线

输入轴→五挡主动齿轮→五挡从动齿轮→五挡同步器→输出轴。

⑥ 倒挡传动路线（图4-1-24）。

输入轴→倒挡主动齿轮→倒挡惰轮→倒挡从动齿轮（三挡、四挡同步器接合套）→输出轴。

5. 同步器

同步器是利用摩擦原理实现同步的，现代汽车上广泛使用的是惯性式同步器，可以从结构上保证待啮合的接合套与接合齿轮的花键齿在达到同步之前不可能接触，可以避免齿间冲击和噪声。惯性式同步器分锁环式惯性同步器和锁销式

图 4-1-24　两轴式变速器倒挡传动路线

惯性同步器两类，下面主要介绍锁环式惯性同步器。

锁环式惯性同步器主要是由齿轮、锁环、卡环、滑块、花键毂、接合套等组成，见图 4-1-25。

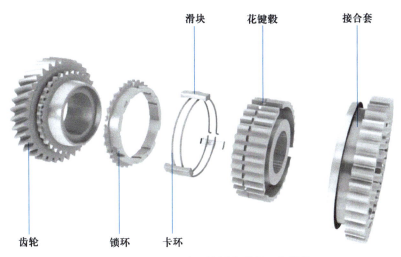

图 4-1-25　锁环式惯性同步器的组成结构

同步器的工作过程可以分为四个过程，见图 4-1-26。

同步开始［见图 4-1-26（a）］：当换挡杆开始移动时，接合套向目标齿轮移动，并带动弹簧压紧的滑块一起运动，推动同步环朝着接合齿的锥面移动。

同步过程［见图 4-1-26（b）］：同步环和接合齿锥面接触，两者的转速差使同步环转动，转动量约为花键宽度的一半。同步环转动阻碍了接合套进一步运动，但接合套压力对接合齿锥面起到了制动作用，使挡位齿轮减速。

同步结束［见图 4-1-26（c）］：啮合的齿轮减速，并达到与花键毂和接合套相同的转速。啮合的齿轮相对于接合套稍微滞后一点转动，并停止换挡。

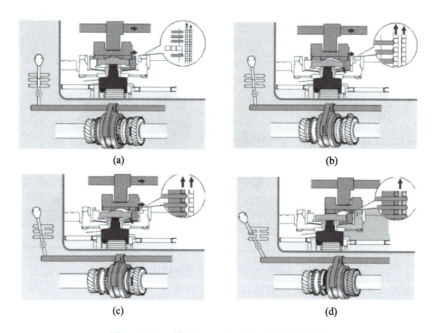

图 4-1-26 锁环式惯性同步器的工作过程

挂入挡位［见图 4-1-26（d）］：接合套侧向移动与接合齿啮合，换挡完成。

四、万向传动装置

万向传动装置主要由万向节和传动轴组成，当传动轴比较长时，还要加中间支承。它的功用是在轴线相交且相对位置经常变化的两转轴间传递动力，见图 4-1-27。

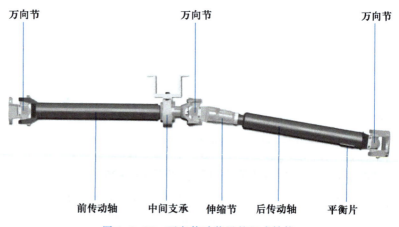

前传动轴   中间支承   伸缩节   后传动轴   平衡片

图 4-1-27 万向传动装置的组成结构

万向节是实现转轴之间变角度传递动力的部件。如果万向节在扭转方向没有弹性，动力靠零件的铰链式连接传递，则它是刚性万向节。刚性万向节又分为不等速万向节、准等速万向节和等速万向节。如果万向节在扭转方向有一定弹性，动力靠弹性零件传递且有缓冲减振作用，则它是弹性万向节。

等速万向节在工作过程中其传力点永远位于两轴交角的平分面上，见图4-1-28。等速万向节主要用于采用前驱动桥和断开式驱动桥的轿车上。常用的等速万向节有球笼式万向节、球叉式万向节、三叉式万向节。

球笼式万向节又可分为如下两类。

（1）固定型球笼式万向节（RF节）。

固定型球笼式万向节在传递转矩的过程中，主从动轴之间只能相对转动，不会产生轴向位移，其结构见图4-1-29。

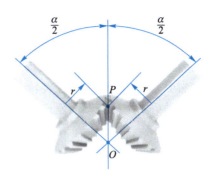

图4-1-28 等速万向节原理示意图

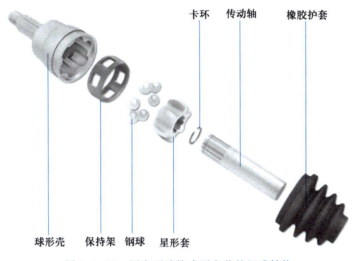

卡环　传动轴　橡胶护套

球形壳　保持架　钢球　星形套

图4-1-29 固定型球笼式万向节的组成结构

（2）伸缩型球笼式万向节（VL节）。

伸缩型球笼式万向节见图4-1-30，在传递转矩的过程中，主从动轴之间不仅能相对转动，而且可以产生轴向位移。

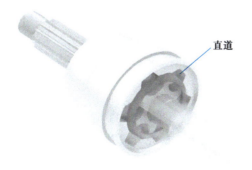

直道

图4-1-30 伸缩型球笼式万向节

五、驱动桥

驱动桥的功用是将万向传动装置（或变速器）传来的动力经降速增扭、改变动力传送方向（发动机纵置时）后，分配到左右驱动轮，使汽车行驶，并允许左右驱动轮以不同的转速旋转。

驱动桥由主减速器、差速器、半轴和桥壳等组成，见图4-1-31。

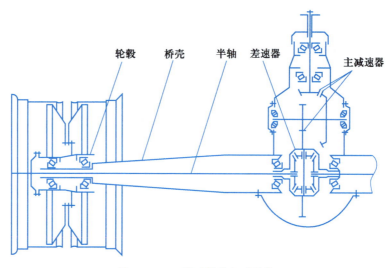

图4-1-31　驱动桥的组成结构

驱动桥一般可分为非断开式驱动桥和断开式驱动桥两种。

（1）非断开式驱动桥。

非断开式驱动桥实物见图4-1-32，当车轮采用非独立悬架时，驱动桥采用非断开式。其特点是桥壳与主减速器壳刚性连接，整个驱动桥通过弹性悬架与车架相连，行驶时左右驱动轮不能相互独立地跳动，整个车桥和车身会随着路面的凸凹变化而发生倾斜。这种结构多用于汽车的后桥上。

图4-1-32　非断开式驱动桥实物

（2）断开式驱动桥。

断开式驱动桥采用独立悬架，图4-1-33所示为奥迪A4轿车的断开式后驱动桥，其主减速器固定在车架上，桥壳分段并用铰链连接，半轴也分段并用万向节连接。驱动桥两端分别用悬架与车架连接。这样，两侧的驱动轮及桥壳，可以彼此独立地相对于车架上下跳动，而车身不会随车轮跳动，提高了行驶平顺性和通过性。

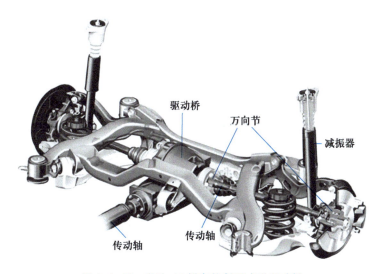

图 4-1-33 奥迪 A4 轿车的断开式后驱动桥

1. 主减速器

主减速器的功用是将输入的转矩增大，转速降低，并将动力传递方向改变后（发动机横置的除外）传给差速器。

为满足不同的使用要求，主减速器的结构形式也有所不同，但都是由齿轮机构、支承调整装置和主减速器壳构成，其结构形式分类如下。

（1）按参加减速传动的齿轮副数目分，有单级主减速器和双级主减速器，见图 4-1-34。

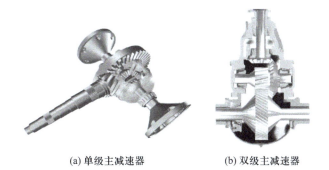

(a) 单级主减速器   (b) 双级主减速器

图 4-1-34 主减速器按齿轮副数目分类

（2）按主减速器传动比挡数分，有单速式和双速式。

（3）按齿轮副结构形式分，有圆柱齿轮式、圆锥齿轮式和准双曲面齿轮式，见图 4-1-35。

单级主减速器结构简单，质量和体积小，传动效率高，且动力性能满足中型以下货车及轿车的要求，因此得到普遍使用。

2. 差速器

差速器的功用是将主减速器传来的动力传给左、右两半轴，并在必要时允许

(a) 圆柱齿轮式   (b) 圆锥齿轮式   (c) 准双曲面齿轮式

图 4-1-35 主减速器按齿轮副结构形式分类

左、右半轴以不同转速旋转，以满足两侧驱动轮差速转动的需要。

差速器按其用途可分为轮间差速器和轴间差速器。轮间差速器安装在同一驱动桥两侧驱动轮之间，而轴间差速器装在各驱动桥之间。

无论是轮间差速器还是轴间差速器按其工作特性均可分为普通齿轮式差速器和限滑差速器两大类。

普通齿轮式差速器有锥齿轮式和圆柱齿轮式两种。由于锥齿轮式差速器结构简单、紧凑，工作平稳，因此目前应用最为广泛。

锥齿轮式差速器由 4 个行星齿轮、1 个十字形行星齿轮轴（简称十字轴）、2 个半轴齿轮、差速器壳以及调整垫片等组成，见图 4-1-36。

1—轴承；2、8—差速器壳；3、5—调整垫片；4—半轴齿轮；6—行星齿轮；

7—全减速器从动齿轮；9—行星齿轮轴

图 4-1-36 锥齿轮式差速器的组成结构

差速器的工作特性主要包括运动特性和转矩特性两个方面。

（1）差速器的运动特性。差速器无论差速与否，都具有两半轴齿轮转速之和始终等于差速器壳转速的两倍，而与行星齿轮自转速度无关的特性，见图4-1-37。

当两侧车轮以相同的转速转动时，行星齿轮绕半轴轴线转动，即公转。此时差速器不起作用，半轴转速等于差速器壳的转速，即 $n_1 = n_2 = n_0$，见图4-1-37（b）。

若两侧车轮阻力不同，则行星齿轮在公转的同时，还绕自身轴线转动，即自转。因而，两半轴齿轮带动两侧车轮以不同转速转动，此时左右两半轴齿轮转速之和等于差速器壳转速的两倍，与行星齿轮转速无关，即 $n_1 + n_2 = 2n_0$。

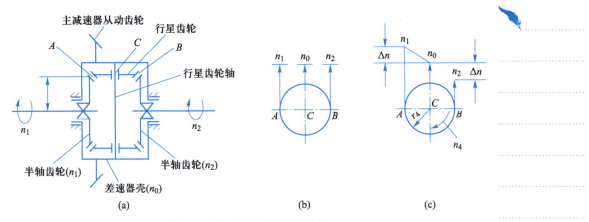

图 4-1-37　差速器的运动特性

（2）差速器的转矩特性。无论差速器差速与否，锥齿轮式差速器都具有转矩等量分配的特性，即：$M_1 = M_2 = M_0/2$，见图 4-1-38。

3. 半轴

半轴是差速器与驱动轮之间传递动力的实心轴。其内端与差速器的半轴齿轮相连，外端与驱动轮轮毂相连，半轴与轮毂在桥壳上的支承形式决定了半轴的受力情况，现代汽车常采用半浮式半轴支承和全浮式半轴支承两种形式。

（1）半浮式半轴支承。

半浮式半轴支承见图 4-1-39（a），

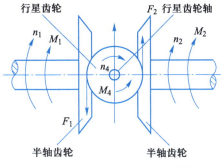

图 4-1-38　差速器转矩分配特性

半轴外端通过轴承支承在桥壳上，作用在车轮的力都直接传给半轴，再通过轴承传给驱动桥壳体。半轴既承受转矩，又承受弯矩。

特点：支承结构紧凑，质量轻，半轴受力情况复杂且拆装不方便。多用于轿车及微、轻型汽车。

（2）全浮式半轴支承。

全浮式半轴支承见图 4-1-39（b），这种支承形式，半轴只承受差速器输出的转矩，两端均不承受任何外力与弯矩，外力与弯矩由轮毂通过轮毂轴承传给桥壳。所谓"浮"是指半轴不承受弯曲载荷。

特点：易于拆装，广泛应用于载货汽车上。

4. 桥壳

驱动桥桥壳具有支承并保护主减速器、差速器和半轴，固定左右驱动轮轴向位置，支承车架和车身，承受车轮传来的各种路面反力等作用。驱动桥桥壳可分为整体式（图 4-1-40）、分段式（图 4-1-41）两种。

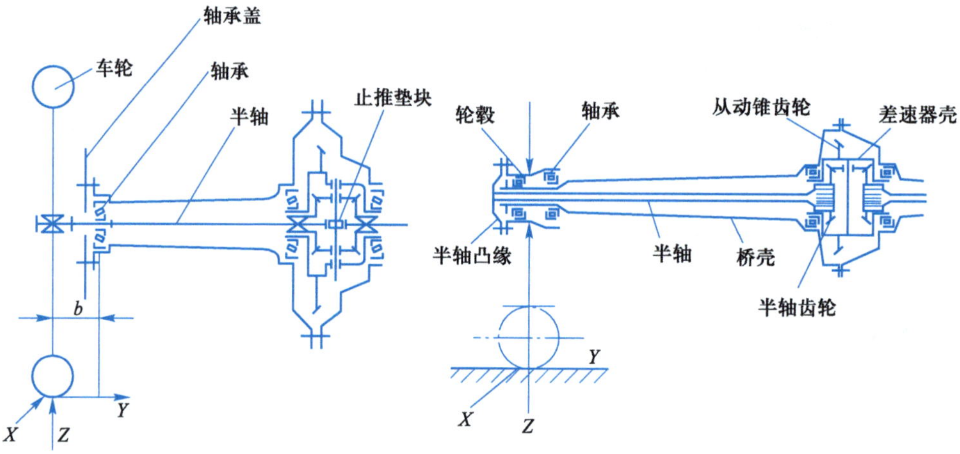

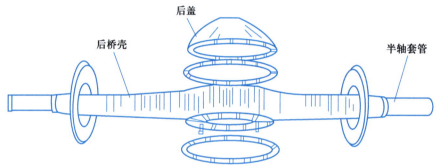

图 4-1-39 半轴的支承形式

(a) 半浮式半轴支承　　　　　(b) 全浮式半轴支承

图 4-1-40 整体式驱动桥桥壳的组成结构

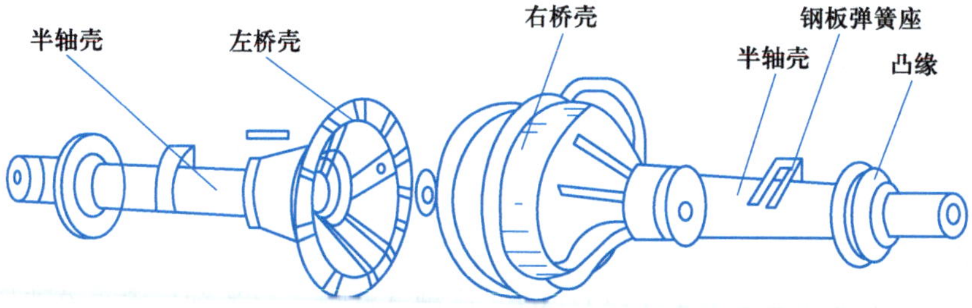

图 4-1-41 分段式驱动桥桥壳的组成结构

 任务实施

一、膜片弹簧式离合器的拆装

1. 准备工作

准备膜片弹簧式离合器、常用拆装工量具、扭力扳手、抹布、记号笔、润滑脂等。

2. 实践操作

（1）膜片弹簧式离合器拆卸。

① 用油漆笔在离合器盖和飞轮间做记号，见图4-1-42。

② 按对角顺序拆卸离合器盖螺栓，见图4-1-43。注意：螺栓每次拧松一圈，使膜片弹簧均匀释放。

视频
膜片弹簧式离合器的拆装

图4-1-42 做好装配标记

图4-1-43 拆卸离合器螺栓

③ 取下离合器盖螺栓，见图4-1-44。

图4-1-44 取下离合器盖螺栓

④ 拆下离合器盖、摩擦片等，见图4-1-45。注意：拆下的零件按顺序摆放。

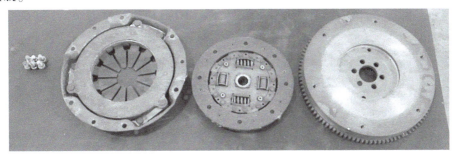
图4-1-45 拆卸零件并按顺序摆放

⑤ 清洁拆下来的零件。

（2）膜片弹簧式离合器安装。

① 在减振器花键毂上涂抹高温润滑脂，见图4-1-46。

图 4-1-46　在减振器花键毂上涂抹高温润滑脂

② 安装离合器片，对好装配记号，安装离合器盖，见图 4-1-47。

图 4-1-47　安装离合器片和离合器盖

③ 插入导向轴定位离合器片中心位置，安装离合器盖螺栓，按对角顺序拧紧至规定扭矩值，见图 4-1-48。

图 4-1-48　安装导向轴及离合器盖螺栓

（3）6S 整理。

清洁并整理工具、清洁工位。

二、手动变速器的拆装

1. 准备工作

（1）场地准备：准备手动变速器翻转台架、零件车、工具车、抹布等。

（2）工具准备：准备垫块、拉马、胶锤、铁锤、磁棒、铜棒、接杆、扭矩扳手、棘轮扳手、套筒、一字螺钉旋具、鲤鱼钳、卡簧钳、开口扳手等。

视频

手动变速器
的拆装

（3）资料准备：维修手册。

2．实践操作

（1）拆卸手动变速器附件。

① 拆卸手动变速器放油螺栓。选用开口扳手拧松放油螺栓，旋出放油螺栓并取下，见图 4-1-49。

② 拆卸分离轴承。选用鲤鱼钳松开回位弹簧，取下分离轴承并摆放整齐，见图 4-1-50。

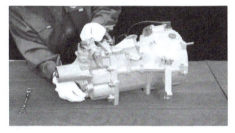

图 4-1-49　拆卸手动变速器放油螺栓　　　　图 4-1-50　拆卸分离轴承

③ 拆卸分离轴承导向套。选用套筒、接杆和棘轮扳手，拧松固定分离轴承导向套的 8 颗固定螺栓，旋出固定螺栓并取下。使用一字螺钉旋具，分别撬松分离轴承导向套左、右两侧，使其与手动变速器壳体分离，取下分离轴承导向套，见图 4-1-51。

④ 拆卸发动机转速传感器。选择合适扳手拧松发动机转速传感器固定螺栓，旋出固定螺栓，取出发动机转速传感器，见图 4-1-52。

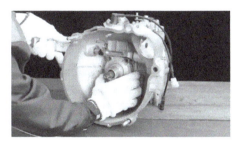

图 4-1-51　拆卸分离轴承导向套　　　　图 4-1-52　拆卸发动机转速传感器

⑤ 拆卸倒车灯开关。选择合适扳手拆卸倒车灯开关，旋出倒车灯开关并摆放整齐，见图 4-1-53。

⑥ 拆卸车速传感器。选择合适扳手拧松车速传感器固定螺栓，旋出固定螺栓，使用卡簧钳取出车速传感器，见图 4-1-54。

（2）拆卸手动变速器壳体。

① 拆卸操纵盖总成。选用套筒、棘轮扳手，拧松操纵盖总成的 4 颗固定螺栓，旋出固定螺栓并取下，使用胶锤在两侧轻轻敲击操纵盖总成，松动后用手取下操纵盖总成并放好，见图 4-1-55。

　　② 拆卸手动变速器后盖。正确使用工具，按指定顺序拧松手动变速器后盖的固定螺栓和螺母，旋出固定螺栓，手动变速器后盖松动后用手取下并放好，见图 4-1-56。

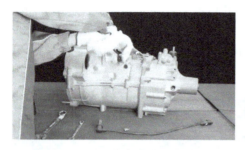

图 4-1-53　拆卸倒车灯开关

图 4-1-54　拆卸车速传感器

图 4-1-55　拆卸操纵盖总成

图 4-1-56　拆卸手动变速器后盖

　　③ 拆卸倒挡惰轮。取下倒挡惰轮，见图 4-1-57。

　　④ 拆卸轴承箱。正确使用工具按对角顺序拧松轴承箱的固定螺栓，旋出固定螺栓，取下线束支架，取下换挡拉索支架，使用两把头部缠有胶带的一字螺钉旋具，同时撬动轴承箱与离合器壳体的间隙，松动后取下轴承箱，见图 4-1-58。

图 4-1-57　拆卸倒挡惰轮

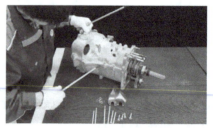

图 4-1-58　拆卸轴承箱

　　⑤ 拆卸输入轴与输出轴总成。使用胶锤在两侧轻轻敲击输入轴与输出轴总成，松动后取下输入轴与输出轴总成并整齐的摆放到零件台上，见图 4-1-59。

　　（3）分解传动组件。

　　① 分离输入轴与输出轴。分离输入轴与输出轴，取出齿环和滚针轴承，按拆卸顺序依次摆放到零件台上，见图 4-1-60。

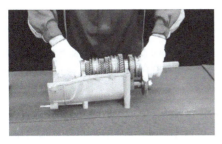
图 4-1-59　拆卸输入轴与输出轴总成

图 4-1-60　分离输入轴与输出轴

② 拆卸三挡四挡同步器。使用卡簧钳拆下三挡、四挡同步器卡圈，取下三挡、四挡同步器、齿环，拆下四挡齿轮，拆下四挡齿轮滚针轴承并按拆卸顺序依次摆到零件台上，见图 4-1-61。

③ 拆卸输出轴前轴承。使用卡簧钳拆卸主动齿轮前卡圈，取下车速转感器主动齿轮，拆卸主动齿轮后卡圈，使用卡簧钳拆卸输出轴前轴承卡圈，安装三脚拉马，使用棘轮扳手和套筒旋转拉马顶杆将前轴承拉出，取下前轴承，依次取出五档从动齿轮止推垫片、钢珠、五挡从动齿轮、滚针轴承、齿环，见图4-1-62。

图 4-1-61　拆卸三挡四挡同步器

图 4-1-62　拆卸输出轴前轴承

④ 拆卸五挡同步器。使用卡簧钳拆下五挡同步器卡圈，依次取出止推垫片、五挡同步器、倒挡齿轮、滚针轴承、滚针轴承隔套、垫片，按拆卸顺予依次摆放到零件台上，用磁棒取出钢珠。

⑤ 拆卸一挡、二挡同步器。安装三脚拉马，使用棘轮扳手和套筒旋转拉马顶杆将后轴承拉出，用手取下并放好，依次取出止推垫片，用磁棒取下钢珠，取下一挡从动齿轮，齿环，滚针轴承，滚针轴承隔套，一挡、二挡同步器，二挡从动齿轮，滚针轴承，并按拆卸顺序依次摆放到零件台上。

⑥ 拆卸副轴。拆卸中间轴后轴承，安装两脚拉马，旋转拉马顶杆将后轴承拉出，取下后轴承，依次取出五挡主动齿轮、隔套、倒挡主动齿轮，并按拆卸顺序依次摆放到零件台上。使用卡簧钳，拆卸前轴承卡圈，用铁锤和铜棒敲打副轴的中间位置，使副轴与变速器壳体分离，拆卸副轴中间轴承，安装三脚拉马，使用棘轮扳手和套筒配合三脚拉马将轴承拉出，用手取下并放好，取出副轴，见图 4-1-63。

（4）安装传动组件。

① 安装副轴。把副轴放进变速箱壳体内，并在轴承安装孔中露出一截安装轴承，选用合适的铁套筒和铁锤，用铜棒固定副轴，将轴承放进中间轴上，铁套筒接触到轴承内圈并用铁锤敲打至正确的安装位置，确保轴承安装到位，见图4-1-64。选用合适的铁套筒敲打轴承外圈将副轴安装到变速箱壳体上，确保安装到位后使用卡簧钳安装前轴承卡圈，确保安装到位后依次安装倒挡主动齿轮、隔套、五挡主动齿轮，选用合适的铁套筒和铁锤将轴承安装到副轴上，使用鲤鱼钳安装卡圈。

 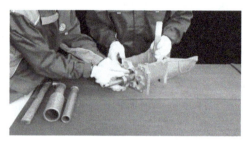

图4-1-63　拆卸副轴　　　　　　　　图4-1-64　安装副轴

② 安装一挡、二挡同步器。依次放入二挡齿轮滚针轴承，二挡从动齿轮，二挡同步器齿环，一挡、二挡同步器，滚针轴承隔套，滚针轴承，一挡同步器齿环，一挡从动齿轮，将钢珠安装到固定槽，安装垫片，确保安装到位。

③ 安装后轴承。将轴承放进输入轴，选用铁套筒和铁锤敲打轴承内圈，确保其安装到位，将钢珠安装到固定槽，安装垫片，见图4-1-65。

④ 安装五挡同步器。依次放进滚针轴承隔套、滚针轴承、五挡从动齿轮、五挡同步器、止推垫片，用鲤鱼钳将卡圈安装到正确位置，确保安装到位，见图4-1-66。

图4-1-65　安装后轴承　　　　　　　图4-1-66　安装五挡同步器

⑤ 安装同步器组件。依次将滚针轴承、齿环、五挡从动齿轮安装到同步器上，将钢珠安装到固定槽，对齐槽口安装止推垫片，确保其安装到位，见图4-1-67。

⑥ 安装前轴承。将输出轴垂直放置在垫块上，将轴承套入输出轴，用铁套筒铁锤敲打轴承内圈安装到位，确保安装到位后，使用鲤鱼钳安装后卡圈，安装车速传感主动齿轮，安装前卡圈，确保其安装到位。

⑦ 安装三挡、四挡同步器。依次安装滚针轴承，三挡同步器齿轮，三挡从动齿轮齿环，三挡、四挡同步器，安装卡圈，确保其安装到位，安装滚针轴承、

四挡从动齿轮齿环，最后安装输入轴，见图 4-1-68。

图 4-1-67　安装同步器组件

图 4-1-68　安装三挡、四挡同步器

（5）安装手动变速器壳体。

① 安装手动变速器上壳体。安装手动变速器上壳体，见图 4-1-69，把输入轴输出轴总成安装到手动变速器壳体上，安装变速器上壳体，对齐螺栓孔，旋入固定螺栓，安装换挡拉索支架，按对角顺序拧紧固定螺栓，根据维修手册，使用扭矩扳手将螺栓紧固至规定扭矩。

② 安装倒挡齿轮与倒挡轴。将倒挡齿轮与倒挡轴总成安装到手动变速器壳体上，见图 4-1-70。

图 4-1-69　安装变速器上壳体

图 4-1-70　安装倒挡齿轮与倒挡轴

③ 安装手动变速器后盖。根据定位销的位置将手动变速器后盖安装到手动变速器壳体后部，旋入螺栓和螺母，按对角顺序拧紧固定螺栓。

④ 安装操纵盖总成。把操纵盖总成安装到手动变速器后盖上方，旋入螺栓，见图 4-1-71，按对角顺序拧紧固定螺栓至规定扭矩。

（6）安装变速器附件。

① 安装分离轴承导向套。抬起拨叉，安装分离轴承导向套，旋入螺栓，放下拨叉，按对角顺序拧紧固定螺栓，见图 4-1-72。

② 安装分离轴承。将拨叉旋至合适的角度，安装分离轴承。

③ 安装拨叉回位弹簧。使用鲤鱼钳将回位弹簧安装到卡槽上，见图 4-1-73。

④ 安装车速传感器。使用卡簧钳将车速传感器安装到变速器后盖上，见图 4-1-74。确保其安装到位后，旋入固定螺栓并用扭矩扳手将其拧紧至规定扭矩，确保安装牢固。

图 4-1-71　安装操纵盖总成　　　　　图 4-1-72　安装分离轴承导向套

图 4-1-73　安装拨叉回位弹簧　　　　图 4-1-74　安装车速传感器

⑤ 安装倒挡开关、发动机转速传感器。将倒挡开关安装在手动变速器壳体上，将发动机转速传感器安装在手动变速器壳体上，见图 4-1-75，旋入固定螺栓，并拧紧至规定扭矩。

⑥ 安装放油螺栓。旋入放油螺栓，见图 4-1-76，并用扭矩扳手拧紧至规定扭矩，确保安装牢固。

图 4-1-75　安装倒挡开关、发动机转速传感器　　　图 4-1-76　安装放油螺栓

（7）6S 检查。

① 用洁净的布将工具擦干净并放回工具箱。

② 将废弃物分门别类放入相应的垃圾桶。

③ 将工作现场打扫干净。

（8）手动变速器拆装的注意事项。

① 如从车上拆卸手动变速器，在拆卸之前，要先断开蓄电池负极。

② 拆卸手动变速器总成的时候，要注意防止手动变速器总成掉落。

③ 要注意先把线束接头拆除，以防损坏。

④ 用一字螺钉旋具橇壳体时，要先用胶布包好螺钉旋具头。

⑤ 螺栓有扭矩要求的一定严格按照规定扭矩数值拧紧。

⑥ 工量具要摆放整齐，用完后要擦拭干净，做好保养工作。

⑦ 保持环境整洁干净，遵守安全文明生产规程。

任务工单

任务名称	任务 1　传动系统构造与拆装		成绩	
姓名		班级	学号	
实训设备	汽车底盘台架、实训车辆、手动变速器台架、离合器			
任务引入	小张是某 4S 店的维修学徒，客户李先生的汽车传动系统出现故障，需要进行传动系统部件的拆装，师傅安排小张一起协助拆装，假设你是小张，需要你帮助完成传动系统零部件的拆装，你该怎么做			
任务目的	按照传动系统的拆装技术要求及安全注意事项，制订传动系统拆装的工作计划，按照正确规范的流程完成传动系统部件拆装操作			

活动一：识别传动系统各组成零部件

请仔细观察底盘实训台架，对照图片，填写传动系统各组成零部件名称，并描述其工作原理

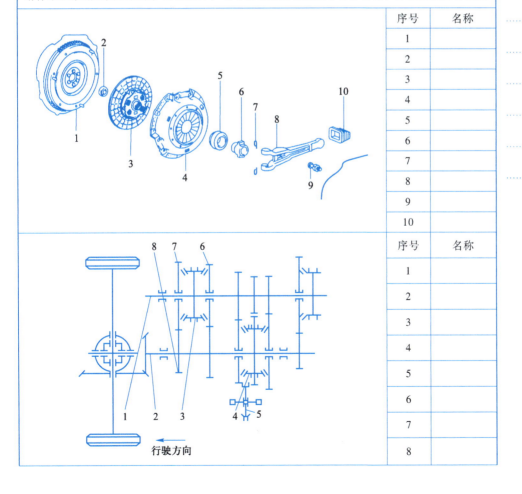

序号	名称
1	
2	
3	
4	
5	
6	
7	
8	
9	
10	

序号	名称
1	
2	
3	
4	
5	
6	
7	
8	

行驶方向

续表

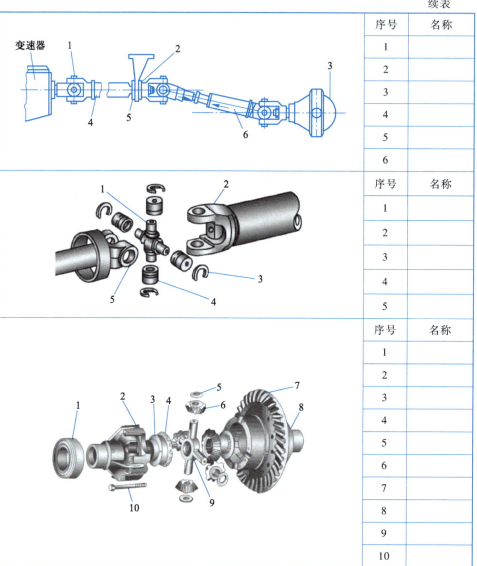

序号	名称
1	
2	
3	
4	
5	
6	

序号	名称
1	
2	
3	
4	
5	

序号	名称
1	
2	
3	
4	
5	
6	
7	
8	
9	
10	

活动二：离合器的拆装

请根据任务要求，确定所需要的资料和工具、设备等，并对小组成员进行分工，制订工作计划。

1. 需要的资料和工具、设备等

2. 小组成员分工

续表

3. 工作计划

4. 任务实践
  （1）查阅维修手册，记录相关的扭矩值。

  （2）膜片弹簧式离合器拆装。
    拆装注意事项：＿＿＿＿＿＿＿＿＿＿＿＿＿＿＿＿＿＿＿＿＿＿＿
    ＿＿＿＿＿＿＿＿＿＿＿＿＿＿＿＿＿＿＿＿＿＿＿＿＿＿＿＿＿＿＿
    ＿＿＿＿＿＿＿＿＿＿＿＿＿＿＿＿＿＿＿＿＿＿＿＿＿＿＿＿＿＿＿
    拆装步骤：＿＿＿＿＿＿＿＿＿＿＿＿＿＿＿＿＿＿＿＿＿＿＿＿＿＿＿
    ＿＿＿＿＿＿＿＿＿＿＿＿＿＿＿＿＿＿＿＿＿＿＿＿＿＿＿＿＿＿＿
    ＿＿＿＿＿＿＿＿＿＿＿＿＿＿＿＿＿＿＿＿＿＿＿＿＿＿＿＿＿＿＿
    ＿＿＿＿＿＿＿＿＿＿＿＿＿＿＿＿＿＿＿＿＿＿＿＿＿＿＿＿＿＿＿
    ＿＿＿＿＿＿＿＿＿＿＿＿＿＿＿＿＿＿＿＿＿＿＿＿＿＿＿＿＿＿＿
    ＿＿＿＿＿＿＿＿＿＿＿＿＿＿＿＿＿＿＿＿＿＿＿＿＿＿＿＿＿＿＿

5. 6S 管理
  □车辆复位　　□设备复位　　□工具复位　　□场地清洁　　□填写工单

活动三：手动变速器的拆装
请根据任务要求，确定所需要的资料和工具、设备等，并对小组成员分工，制订工作计划。
1. 需要的资料和工具、设备等

2. 小组成员分工

3. 工作计划

4. 任务实践
  （1）查阅维修手册，记录相关的扭矩值。

续表

（2）手动变速器拆装。

拆装注意事项：_____

_____

_____

_____

_____

拆装步骤：_____

_____

_____

_____

_____

5. 6S 管理

□车辆复位　　　□设备复位　　　□工具复位　　　□场地清洁　　　□填写工单

实践考核评价

实践名称	传动系统构造与拆装		时长	240 min	
姓名			班级		
工作任务	客户的汽车底盘出现故障，需要进行传动系统零部件拆装。你需要按照传动系统拆装技术要求，完成传动系统零部件拆装，同时记录好相关信息				
评分标准					
序号	评分内容	步骤与要求		配分	得分
1	安全或工作态度否决项	造成人身、设备重大事故，或恶意顶撞教师、严重扰乱课堂秩序，立即终止操作			
2	传动系统结构认知	1）传动系统布置形式判别		5	
		2）找到离合器的安装位置并说出其组成零部件		5	
		3）找到变速器的安装位置并说出其组成零部件		5	
		4）找到万向传动装置的安装位置并说出其组成零部件		5	
		5）找到驱动桥的安装位置并说出其组成零部件		5	

续表

序号	评分内容	步骤与要求	配分	得分
3	离合器拆装	1）离合器拆卸	5	
		2）离合器安装	5	
	手动变速器拆装	1）拆卸手动变速器附件	5	
		2）拆卸手动变速器壳体	10	
		3）拆卸传动组件	10	
		4）安装传动组件	5	
		5）安装手动变速器壳体	5	
		6）安装手动变速器附件	5	
4	6S 管理	1）做好车辆防护	3	
		2）设备、工具、量具等正确使用，确保其安全与完好	3	
		3）工具、量具、零件摆放整齐合理	3	
		4）无工具、零件落地	2	
		5）工装（衣、鞋、帽）穿戴合理	2	
		6）做好场地清理	2	
5	工单填写	按要求填写操作工单，内容完整、正确	10	
6		得分		
技能评价				

签名： 日期：

知识检验

一、填空题

1. 汽车底盘一般由_____、_____、_____和_____四部分组成。

2. 离合器主要由_____、_____、离合器盖及压紧装置、分离机构和操纵机构组成。

3. 离合器是传递或切断_____至变速器动力的重要部件。

4. 为了保证手动变速器正常工作，操纵机构中设置了_____、_____及倒挡锁等锁止装置。

5. 万向传动装置一般由_____、_____组成，有时还加装上_____。

6. 驱动桥将_____传来的驱动力矩进行_____后，传递给驱动轴从而带动车轮转动，实现车辆的行驶。

7. 驱动桥主要由_____、_____、_____和_____四部分组成。

二、判断题

1. 传动系统具有加速、倒车、中断动力、轮间差速和轴间差速等功能。

（　　）

2. 离合器是传递动力、转矩并改变旋转方向的传动机构。（　　）

3. 手动变速器的挡位越低，传动比越小，汽车的行驶速度越慢。（　　）

4. 手动变速器在换挡时，为避免同时挂入两挡，必须设置自锁装置。

（　　）

5. 为了提高传动轴的强度和刚度，传动轴一般都做成空心的。（　　）

6. 一般载货汽车的前桥是转向桥，后桥是驱动桥。（　　）

7. 差速器的主要作用是当汽车转向时，防止左右两侧驱动轮以不同转速旋转。

（　　）

三、单选题

1. 目前大、中型客车流行的布置形式是（　　）。

　　A. 前置前驱　　B. 前置后驱　　C. 后置后驱　　D. 中置后驱

2. 离合器的从动盘安装在（　　）上。

　　A. 曲轴　　　　　　　　　　B. 变速器输入轴

　　C. 变速器输出轴　　　　　　D. 飞轮

3. 离合器能传递发动机输出的最大（　　）。

　　A. 热量　　　　B. 转矩　　　　C. 功率　　　　D. 运动

4. 三轴式变速器的特点是输入轴与输出轴（　　）。

　　A. 重合　　　　B. 垂直　　　　C. 平行　　　　D. 斜交

5. 装配有自动变速器的车辆减少了（　　）。

　　A. 制动踏板　　B. 变速杆　　　C. 加速踏板　　D. 离合器踏板

6. 汽车上广泛使用的十字轴式刚性万向节是（　　）。

　　A. 不等速万向节　　　　　　B. 等速万向节

　　C. 准等速万向节　　　　　　D. A、B、C 均不正确

7. 使用普通差速器的汽车，当一侧驱动轮陷入泥泞时，难以驶出的原因是（　　）。

　　A. 该驱动轮无转矩

　　B. 好路面上的驱动轮获得与该驱动轮相同的小转矩

　　C. 此时，两驱动轮转向相反

　　D. 差速器不工作

■ 任务 2　行 驶 系 统 构 造 与 拆 装

 任务引入

小张是某 4S 店的维修学徒，客户李先生的汽车行驶系统出现故障，需要进行行驶系统部件的拆装，师傅安排小张一起协助拆装，假设你是小张，需要你帮助完成行驶系统零部件的拆装，你该怎么做？

学习目标

知识目标

1. 掌握行驶系统的作用及组成；

2. 掌握行驶系统的工作原理；

3. 掌握行驶系统各组成零部件的装配关系。

能力目标

1. 能正确识别行驶系统各主要组成零部件，并描述其工作原理；

2. 能根据行驶系统拆装技术要求，选择合适的工具、正确规范地进行行驶系统零部件拆装。

素养目标

1. 通过小组分工合作完成行驶系统零部件拆装，培养团队意识，提升沟通能力；

2. 完成行驶系统零部件认知与拆装实践训练任务，培养劳动意识；

3. 完成行驶系统零部件的识别实践任务，分析行驶系统工作原理的实现，引导养成脚踏实地、踏实肯干的职业素养。

相关知识

汽车行驶系统是指支承全车并保证车辆正常行驶的专门装置，它是将发动机经传动系统传来的动力转换成车轮上的驱动力，使汽车适应各种道路行驶的主要系统。汽车行驶系统的主要功用如下。

（1）传递并承受路面作用于车轮上的各种力和力矩，借助驱动轮与路面的附着作用，将传动系统传来的转矩转化为汽车行驶的驱动力。

（2）缓和不平路面对汽车产生的冲击，减小汽车在行驶中车身的振动，保证汽车平稳行驶。

（3）与转向系统协调配合，实现汽车行驶方向的正确控制，保证汽车稳定操纵。

一、行驶系统概述

汽车行驶系统一般由车架（或者承载式车身）、车桥、车轮和悬架等部分组成，见图4-2-1。

承载式车身

车桥

悬架　　车轮

图4-2-1　汽车行驶系统基本组成

汽车车架俗称"大梁"，用以安装汽车的发动机、变速器、传动轴、前桥、后桥和车身等总成和部件，其功用是使各总成保持正确的相对位置，并承受汽车内外的各种载荷。

前后车桥由前后车轮分别支承，车桥通过弹性悬架与车架相连接。车桥的作用是传递车架和车轮之间的各个方向的作用力，并承受这些力所形成的弯矩和扭矩。

车轮一般由轮辋、轮毂，以及连接这两者的轮辐（轮盘）组成。车轮用以安装轮胎和连接半轴或转向节，并用来支承汽车质量，承受半轴或转向节传来的力矩。

悬架的作用是把路面作用于车轮上的各种力及其产生的力矩传递到车架（或承载式车身）上，吸收和缓和行驶中因路面不平引起的车轮跳动而传给车架的冲击和振动。

二、车轮与轮胎

1. 车轮

车轮与轮胎是汽车行驶系统中的重要部件，其功用是：支承整车；缓和由路面传来的冲击；通过轮胎同路面间存在的附着力作用来产生驱动力和制动力；汽车转弯时产生平衡离心力的侧抗力，在保证汽车正常转向行驶的同时，通过车轮产生的自动回正力矩，使汽车保持直线行驶；承担越障功能和起到提高通过性的作用等。

（1）按轮辐结构分类。

按轮辐结构分类，车轮可分为辐板式和辐条式两种，见图 4-2-2。

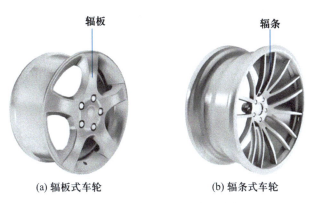

（a）辐板式车轮　　　　　（b）辐条式车轮

图 4-2-2　车轮按轮辐结构分类

（2）按轮辋结构分类。

轮辋又称为钢圈，是装配和固定轮胎的基础。按照轮辋结构的不同，可分为深槽轮辋、平底轮辋和对开式（可拆式）轮辋三种，见图 4-2-3。

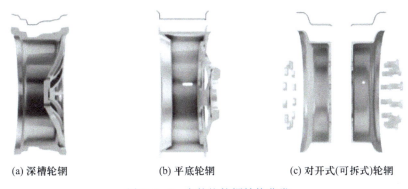

（a）深槽轮辋　　　　　（b）平底轮辋　　　　　（c）对开式（可拆式）轮辋

图 4-2-3　车轮按轮辋结构分类

2. 轮胎

轮胎按对应车的种类分类可分为 8 种：PC——轿车轮胎；LT——轻型载货汽车轮胎；TB——载货汽车及大客车轮胎；AG——农用车轮胎；OTR——工程车轮胎；ID——工业用车轮胎；AC——飞机轮胎；MC——摩托车轮胎。

汽车轮胎按用途，可分为载货汽车轮胎和轿车轮胎。载货汽车轮胎又分为重型、中型和轻型载货汽车轮胎。

汽车轮胎按胎体结构，可分为充气轮胎和实心轮胎。现在汽车绝大多数采用充气轮胎。充气轮胎按组成不同，又分为有内胎轮胎和无内胎轮胎两种。

充气轮胎按胎体中帘线排列的方向不同，分为斜交轮胎和子午线轮胎，见图4-2-4。

子午线轮胎的优点是：质量轻，弹性大，减振性能好，有良好的附着力，承载能力大，胎温低，耐穿刺，使用寿命长。

汽车轮胎按充气压力大小，可分为高压轮胎（0.5~0.7 MPa）、低压轮胎（0.15~0.45 MPa）、超低压轮胎（0.15 MPa以下）。目前汽车广泛采用低压轮胎。

3. 子午线轮胎结构

子午线轮胎主要由帘布层、带束层和胎圈组成，并以带束层箍紧胎体，见图4-2-5。

(a) 普通斜交轮胎　　(b) 子午线轮胎

图 4-2-4　充气轮胎类型

图 4-2-5　子午线轮胎结构

4. 轮胎尺寸标记

充气轮胎尺寸的标记见图4-2-6。其中 D 为轮胎外径、d 为轮胎内径、H 为轮胎断面高度、B 为轮胎断面宽度。轮胎断面高度 H 与 B 之比称为轮胎的高宽比（以百分比表示），即（H/B）×100%，又称为轮胎的扁平率，通常高宽比为80%、75%、70%、60%、55%等。

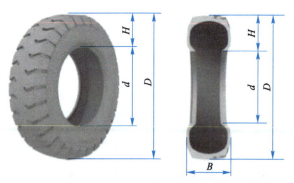

图 4-2-6　轮胎尺寸标记

三、悬架

1. 悬架的作用

汽车悬架是连接车轮与车身的机构，对车身起支承和减振的作用，主要是传递作用在车轮和车架之间的力，并且缓冲由不平路面传给车架或车身的冲击力，衰减由此引起的振动，提高乘坐舒适性。

2. 悬架的分类

根据汽车两侧车轮运动是否相互关联，汽车悬架分为非独立悬架和独立悬架两大类，见图4-2-7。

（1）非独立悬架。

非独立悬架（图4-2-8）的两侧车轮被安装在一根整体的车桥上，当一侧车轮因路面不平发生位置变化时，另一侧车轮的位置也随之发生变化。

(a) 非独立悬架　　(b) 独立悬架

图4-2-7　悬架的分类　　　　图4-2-8　非独立悬架的组成结构

（2）独立悬架。

独立悬架主要由螺旋弹簧、减振器、导向装置（上、下摆臂等）和横向稳定杆等组成，见图4-2-9。

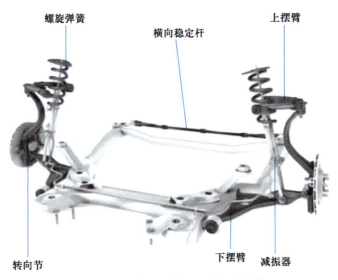

图4-2-9　独立（前）悬架组成结构

独立悬架的结构特点是两侧车轮各自单独地通过弹性元件与车架（或车身）相连，并且采用断开式车桥。若一侧车轮相对于车架（或车身）的位置发生变化时，另一侧车轮不受影响。这种悬架结构复杂，但车身的平稳性和高速行驶的稳定性较好，因此在轿车和小客车上得到普遍采用。

独立悬架的优点是提高了汽车行驶的平顺性、操纵稳定性和乘坐舒适度。独立悬架具有以下特点。

在悬架弹性元件一定的形变允许范围内，两侧车轮可以单独运动而互不影响，可以减少汽车在不平路面上行驶时车架和车身的振动。

减轻了汽车的非簧载质量。在道路条件和车速相同时，非簧载质量越轻，则悬架所受冲击载荷也越小。

采用断开式车桥，降低了汽车质心，提高汽车的行驶稳定性；使车轮上下运动的空间增大，因而可以将悬架刚度设计得较小，使车身振动频率降低，可以改善汽车行驶的平顺性和乘坐舒适性。

但是，独立悬架结构复杂，制造成本高，保养维修不便。

3. 悬架的组成

悬架是车架（或承载式车身）与车桥（或车轮）之间全部传力连接装置的总称。它由弹性元件、减振器和导向机构三部分组成，轿车一般还有横向稳定器，见图4-2-10。

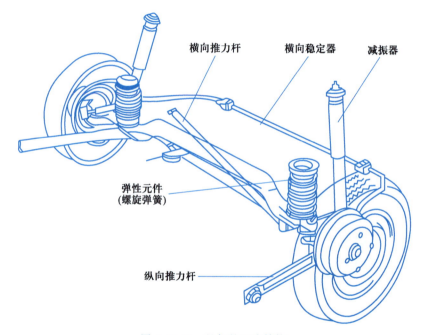

图4-2-10 悬架的组成结构

弹性元件的作用是承受并传递垂直载荷，缓和不平路面引起的冲击，使车架（或车身）与车桥（或车轮）之间保持弹性连接。

减振器的作用是使弹性元件因受冲击而产生的振动迅速衰减。

导向机构（横向推力杆和纵向推力杆）则用来传递除垂直力以外的各种力和力矩，并确定车轮相对于车架（或车身）的运动轨迹。

在有些轿车和客车上，为防止车身在转向等情况下发生过大的横向倾斜，在悬架系统中加设有横向稳定杆，其目的是提高侧倾刚度，使汽车具有不足转向特性，改善汽车的操纵稳定性和行驶平顺性，防止汽车横向摆动。

（1）弹性元件。

弹性元件有钢板弹簧、空气弹簧、螺旋弹簧以及扭杆弹簧等形式。螺旋弹簧见图 4-2-11，它可以承受垂直载荷、无须润滑、不怕泥污、质量轻、所占空间小，日前广泛应用在轿车上。

图 4-2-11　螺旋弹簧

（2）减振器。

减振器在汽车中的作用是迅速衰减由车轮通过弹性元件传给车身的冲击和振动，提高汽车行驶的平顺性，减振器的组成结构见图 4-2-12。

减振器的工作原理见图 4-2-13，当车架与车桥做往复的相对运动而使活塞在缸筒内往复移动时，减振器壳体内的油液便反复地从内腔通过一些窄小的孔隙流入另一内腔，此时孔壁与油液间的摩擦，液体分子内的摩擦便形成对振动的阻尼力，使车身与车架的振动能量转化为热能被油液和减振器壳体所吸收，然后扩散到大气中。减振器阻尼力的大小随车架与车桥（或车轮）间相对速度的变化而增减，并且与油液的黏度有关。

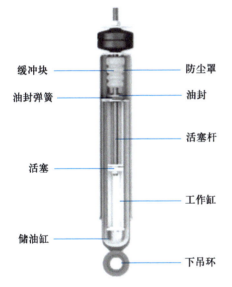

图 4-2-12　减振器的组成结构

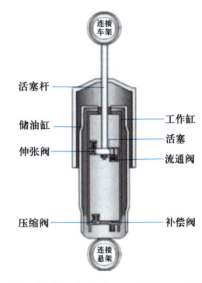

图 4-2-13　减振器的工作原理示意图

（3）横向稳定杆。

横向稳定杆又称防倾杆、平衡杆，是汽车悬架中的一种辅助弹性元件。当由于转向或路面原因，一侧车轮与车身距离发生变化时，通过横向稳定杆的作用，可相应地改变另一侧车轮与车身的距离，减少车身的倾斜。横向稳定杆位置见图 4-2-14。

4. 典型独立悬架

（1）麦弗逊式悬架。

麦弗逊式悬架是一种典型独立悬架，是近年来中级以下轿车使用很广泛的

图 4-2-14 横向稳定杆的位置

一种悬架，是车轮沿主销移动的悬架的一种。麦弗逊式悬架也称滑柱连杆式悬架，它主要由螺旋弹簧、减振器、横摆臂、横向稳定杆等组成，见图 4-2-15。

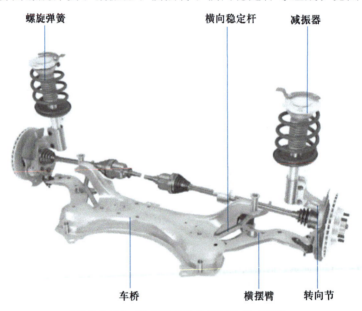

图 4-2-15 麦弗逊式独立悬架的组成结构

减振器与套在其外面的螺旋弹簧合为一体，构成悬架的弹性支柱。弹性支柱的上端与车身挠性连接，支柱的下端与转向节刚性连接。车轮所受的侧向力通过转向节大部分由横摆臂承受，其余部分由减振器活塞和活塞杆承受。

麦弗逊式悬架工作原理：减振器上端支座中心与横摆臂外端下球节中心的连线称为主销轴线。麦弗逊式悬架没有传统的主销实体，当车辆在行驶中受到冲击，车轮上下跳动时，减振器的下支点随横摆臂摆动，主销轴线发生变化，车轮沿着摆动的主销轴线而运动。因此，当这种悬架变形时，车轮、主销的倾角和轮距都会有些变化，但合理的杆系布置和调整可以将这些变化控制在很小的范围内。

麦弗逊式悬架突出的优点是增大了两侧前轮内侧的空间，便于发动机和其他一些部件的布置。为了更可靠地传递车轮所受的纵向力，有的悬架中增设了支撑杆，还有的虽不增设支撑杆，但将横摆臂制成叉形，以有效地传递车轮所受的纵向力和侧向力。

（2）双叉臂式悬架。

双叉臂式悬架（双 A 臂、双横臂式悬架，见图 4-2-16）的结构可以理解为在麦弗逊式悬架的基础上多加一支叉臂。车轮上部叉臂与车身相连，车轮的横向力和纵向力都是由叉臂承受，而这时的减振机构只负责完成支承车体和减振的任务。

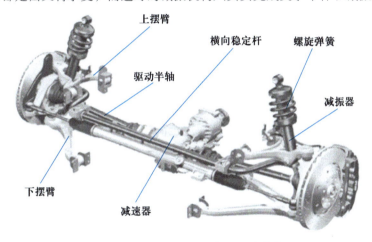

图 4-2-16 双叉臂式悬架的组成结构

由于车轮的横向力和纵向力都由两组叉臂来承受，双叉臂式悬架的强度和耐冲击性能比麦弗逊式悬架要强很多，而且在车辆转弯时能很好地抑制侧倾和制动点头等问题。

双叉臂式悬架通常采用上、下不等长叉臂（上短下长），让车轮在上、下运动时能自动改变外倾角并且减小轮距变化、减轻轮胎磨损，并且能自适应路面，轮胎接地面积大，贴地性好。由于双叉臂式悬架比麦弗逊式悬架多了一个上摇臂，需要占用较大的空间，而且定位参数较难确定，因此小型轿车的前桥出于空间和成本考虑较少采用此种悬架。

（3）扭转梁式悬架。

扭转梁式悬架的结构中，两个车轮之间没有硬轴直接相连，而是通过一根扭转梁进行连接，扭转梁可以在一定范围内扭转。但如果一个车轮遇到非平整路面，那么扭转梁仍然会对另一侧车轮产生一定的干涉。严格来说，扭转梁式悬架属于半独立悬架。

扭转梁式悬架见图 4-2-17，相对于独立悬架来说舒适性要差一些，不过结构简单可靠，也不占空间，而且维修费用也比独立悬架低，所以扭转梁式悬架多用在小型车和紧凑型车的后桥上。

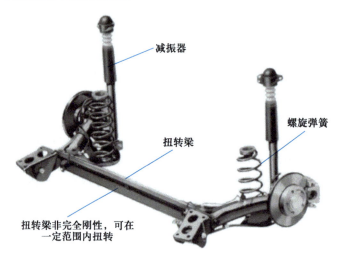

图 4-2-17   扭转梁式悬架的组成结构

四、车架

汽车车架俗称"大梁"，用于安装汽车的发动机、变速器、传动轴、前桥、后桥和车身等总成和部件，使各总成保持正确的相对位置，并承受汽车内外的各种载荷。

因此，要求车架具有足够的强度和合适的刚度，要求它具有结构简单、质量轻等特点，同时还应尽可能降低汽车质心和获得较大的前轮转向角，以保证汽车行驶的稳定性和转向灵活性。

现代汽车大多数都有独立的车架。目前，汽车车架的结构有四种：边梁式，中梁式，综合式和铰接式。此外，现代轿车和部分客车为了减轻质量，取消了车架，制成了能够承受各种载荷的承载式车身，即无梁式车身，以车身替代车架，见图 4-2-18。

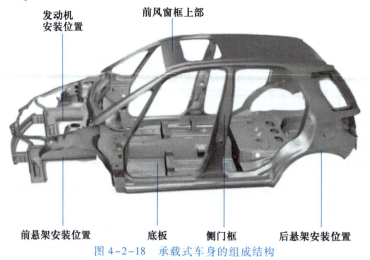

图 4-2-18   承载式车身的组成结构

五、车桥

车桥通过悬架与车架（或承载式车身）相连，车桥两端安装车轮。车桥传递车架和车轮之间的各个方向的作用力，并承受这些力所形成的弯矩和扭矩。

按悬架的结构，车桥可分为断开式和整体式两种，见图 4-2-19。通常断开式车桥搭配独立悬架，整体式车桥搭配非独立悬架。

(a) 断开式车桥　　　　　　　　　(b) 整体式车桥

图 4-2-19　车桥按悬架结构分类

按车桥上车轮的作用，车桥又可分为转向桥、驱动桥、转向驱动桥和支持桥四种类型，见图 4-2-20。

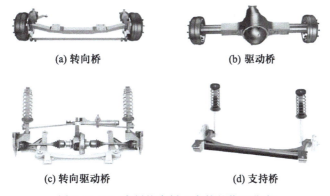

(a) 转向桥　　　　　　　　　(b) 驱动桥

(c) 转向驱动桥　　　　　　　　　(d) 支持桥

图 4-2-20　车桥按车桥上车轮的作用分类

 任务实施

一、车轮的检查与更换

1. 准备工作

（1）场地准备：准备实训车辆、举升机、零件车、工具车、轮胎架等。

（2）工具准备：准备气动扳手、气动工具套筒、预置式扭矩扳手、记号笔、常用工具等。

（3）资料准备：维修手册。

2. 实践操作

（1）做好车辆防护；转动点火钥匙至 ON 挡；换挡杆置于空挡；松开驻车制动；安全举升车辆至高位；在各个轮胎上做位置记号；正确连接气动工具（注

视频

车轮的检查
与更换

意：使用气动工具时不允许戴手套）；调整气动工具旋转方向，调整气动工具挡位并检查工作情况；选择合适挡位及对应尺寸专用套筒。

（2）用力转动轮胎，检查轮毂轴承有无异响。

（3）按对角顺序拆卸轮胎螺栓，拆下的轮胎按记号放置在轮胎架上，见图4-2-21。

图 4-2-21　轮胎按顺序摆放

（4）连接气压表，拧下气门帽，检查轮胎气压值，轮胎气压值应在规定范围内。用肥皂水检查气门嘴和轮胎是否漏气，见图4-2-22。

图 4-2-22　检查胎压与气门嘴、轮胎漏气情况

（5）清除轮胎嵌入的异物，均匀选取 3 个位置，测量轮胎沟槽深度，见图4-2-23。

图 4-2-23　测量轮胎沟槽深度

（6）检查轮胎合格之后，实施轮胎换位安装，将左后轮胎安装至左前位置，安装轮胎螺栓，按对角顺序拧紧螺栓。

（7）用同样的方法将左前轮胎安装至左后位置，右侧前、后车轮位置互换安装。

（8）操作举升机将车辆放回地面，将扭矩扳手调至规定扭矩值，按对角顺序拧紧轮胎螺栓至规定扭矩。

（9）6S 整理，举升机回位，工具、车辆、场地整理与清洁。

二、减振器的拆装

视频
减振器的拆装

1. 准备工作

（1）场地准备：准备减振器总成、弹簧压缩器、常用工具箱、带虎钳的工作台、零件车、垃圾桶、抹布等。

（2）工具准备：准备常用工具、预置式扭矩扳手、专用工具、记号笔等。

（3）资料准备：维修手册。

2. 实践操作

（1）减振器的拆卸。

① 在上座标示对正记号、上座轴承对正记号、支柱对正记号，以及弹簧座切口，以帮助组合组件，见图 4-2-24。

② 将减振器总成与转向节连接螺栓安装到减振器上，将减振器总成置于虎钳上，取下活塞杆锁止螺母防尘盖，拧松活塞杆锁止螺母，见图 4-2-25。注意：此时不要拆卸活塞杆锁止螺母。

图 4-2-24　标示记号

图 4-2-25　拧松活塞杆锁止螺母

③ 操作弹簧压缩器，使其处于合适位置，将减振器总成置于弹簧压缩器上，固定减振器，调整并确认弹簧压缩器的两个擎爪紧紧地钩在弹簧上，弹簧压缩器压缩弹簧过程不允许弹簧发生倾斜，见图 4-2-26。注意：弹簧处于极大的压缩力量之下，必须随时都特别小心，未遵照此项指示易造成人员伤害。

④ 拆卸活塞杆锁止螺母，依次拆下止推轴承与弹簧组件、螺旋弹簧上座隔垫、螺旋弹簧上座、缓冲止挡垫、弹簧上座缓冲垫及防尘罩，见图 4-2-27。

⑤ 操作弹簧压缩器缓慢松开至弹簧自然伸展，取下弹簧、弹簧下座缓冲垫、减振器等，见图 4-2-28。注意：拆下的零部件依次摆放整齐。

图 4-2-26　安装并固定减振器总成

图 4-2-27　取下减振器各零部件　　图 4-2-28　操作弹簧压缩器
缓慢松开弹簧

（2）减振器的组装。

① 固定减振器，安放弹簧下座缓冲垫，安放弹簧。注意：弹簧的末端必须正确对正到弹簧座，见图 4-2-29。

② 调整并确认弹簧压缩器的两个擎爪紧紧地钩在弹簧上，见图 4-2-30。

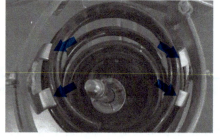

图 4-2-29　弹簧的末端正确对正到弹簧座　图 4-2-30　弹簧压缩器的擎爪紧紧钩在弹簧上

③ 操作弹簧压缩器压缩弹簧，以便能安装弹簧上座。注意：务必确认弹簧压缩器的两个擎爪紧紧地钩在弹簧上，见图 4-2-31，同时弹簧压缩器压缩弹簧过程不允许弹簧发生倾斜，弹簧处于极大的压缩力量之下，必须随时都特别小心，未遵照此项指示易造成人员伤害。

④ 依次安装弹簧上座缓冲垫及防尘罩、螺旋弹簧上座、螺旋弹簧上座隔垫、止推轴承与弹簧组件，安装活塞杆锁止螺母，见图 4-2-32。**注意：对正装配记号。**

图 4-2-31　弹簧压缩器擎爪紧紧钩在弹簧上　　图 4-2-32　安装活塞杆锁止螺母

⑤ 调整对正装配记号，见图 4-2-33。

图 4-2-33　调整对正装配记号

⑥ 将弹簧压缩器缓慢松开至弹簧自然伸展，用扭矩扳手将活塞杆锁止螺母拧紧至规定扭矩，见图 4-2-34。

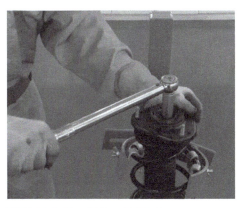

图 4-2-34　松开弹簧压缩器，拧紧活塞杆锁止螺母至规定扭矩

⑦ 安装活塞杆锁止螺母防尘盖，见图 4-2-35，取下减振器总成。

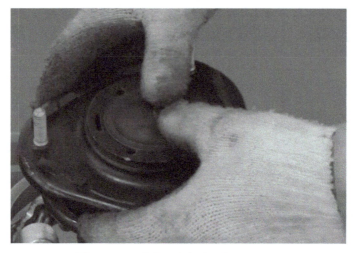

图 4-2-35 安装活塞杆锁止螺母防尘盖

⑧ 6S 整理，工具、车辆、场地清洁与整理。

📊 任务工单

任务名称	任务 2 行驶系统构造与拆装		成绩	
姓名		班级	学号	
实训设备	汽车底盘台架、实训车辆、减振器			
任务引入	小张是某 4S 店的维修学徒，客户李先生的汽车行驶系统出现故障，需要进行行驶系统部件的拆装，师傅安排小张一起协助拆装，假设你是小张，需要你帮助完成行驶系统零部件的拆装，你该怎么做			
任务目的	按照行驶系统的拆装技术要求及安全注意事项，制订行驶系统拆装的工作计划，按照正确规范的流程完成行驶系统部件拆装操作			

活动一：识别行驶系统各组成零部件
请仔细观察底盘实训台架，对照图片，填写行驶系统各组成零部件名称，并描述其工作原理

序号	名称
1	
2	
3	
4	
5	

续表

序号	名称
1	
2	
3	
4	
5	

序号	名称
1	
2	
3	
4	
5	
6	

活动二：车轮的检查与更换

请根据任务要求，确定所需要的资料和工具、设备等，并对小组成员进行分工，制订工作计划。

1. 需要的资料和工具、设备等

2. 小组成员分工

3. 工作计划

4. 任务实践

（1）查阅维修手册，记录相关的参数。

（2）车轮的检查与更换。

注意事项：＿＿＿＿＿＿＿＿＿＿＿＿＿＿＿＿＿＿＿＿＿＿＿

＿＿＿＿＿＿＿＿＿＿＿＿＿＿＿＿＿＿＿＿＿＿＿＿＿＿＿＿＿

＿＿＿＿＿＿＿＿＿＿＿＿＿＿＿＿＿＿＿＿＿＿＿＿＿＿＿＿＿

拆装步骤：＿＿＿＿＿＿＿＿＿＿＿＿＿＿＿＿＿＿＿＿＿＿＿

＿＿＿＿＿＿＿＿＿＿＿＿＿＿＿＿＿＿＿＿＿＿＿＿＿＿＿＿＿

＿＿＿＿＿＿＿＿＿＿＿＿＿＿＿＿＿＿＿＿＿＿＿＿＿＿＿＿＿

＿＿＿＿＿＿＿＿＿＿＿＿＿＿＿＿＿＿＿＿＿＿＿＿＿＿＿＿＿

＿＿＿＿＿＿＿＿＿＿＿＿＿＿＿＿＿＿＿＿＿＿＿＿＿＿＿＿＿

＿＿＿＿＿＿＿＿＿＿＿＿＿＿＿＿＿＿＿＿＿＿＿＿＿＿＿＿＿

5. 6S 管理

□车辆复位　　□设备复位　　□工具复位　　□场地清洁　　□填写工单

活动三：减振器的拆装

请根据任务要求，确定所需要的资料和工具、设备等，并对小组成员进行分工，制订工作计划。

1. 需要的资料和工具、设备等

2. 小组成员分工

3. 工作计划

4. 任务实践

（1）查阅维修手册，记录相关的扭矩值。

（2）减振器拆装。

注意事项：＿＿＿＿＿＿＿＿＿＿＿＿＿＿＿＿＿＿＿＿＿＿＿

＿＿＿＿＿＿＿＿＿＿＿＿＿＿＿＿＿＿＿＿＿＿＿＿＿＿＿＿＿

＿＿＿＿＿＿＿＿＿＿＿＿＿＿＿＿＿＿＿＿＿＿＿＿＿＿＿＿＿

拆装步骤：＿＿＿＿＿＿＿＿＿＿＿＿＿＿＿＿＿＿＿＿＿＿＿

＿＿＿＿＿＿＿＿＿＿＿＿＿＿＿＿＿＿＿＿＿＿＿＿＿＿＿＿＿

＿＿＿＿＿＿＿＿＿＿＿＿＿＿＿＿＿＿＿＿＿＿＿＿＿＿＿＿＿

＿＿＿＿＿＿＿＿＿＿＿＿＿＿＿＿＿＿＿＿＿＿＿＿＿＿＿＿＿

＿＿＿＿＿＿＿＿＿＿＿＿＿＿＿＿＿＿＿＿＿＿＿＿＿＿＿＿＿

＿＿＿＿＿＿＿＿＿＿＿＿＿＿＿＿＿＿＿＿＿＿＿＿＿＿＿＿＿

5. 6S 管理

□车辆复位　　□设备复位　　□工具复位　　□场地清洁　　□填写工单

实践考核评价

实践名称	行驶系统构造与拆装		时长	180 min
姓名			班级	
工作任务	客户的汽车底盘出现故障，需要进行行驶系统零部件拆装。你需要按照行驶系统拆装技术要求，完成行驶系统零部件拆装，同时记录好相关信息			
评分标准				
序号	评分内容	步骤与要求	配分	得分
1	安全或工作态度否决项	造成人身、设备重大事故，或恶意顶撞教师、严重扰乱课堂秩序，立即终止操作		
2	行驶系统结构认知	1）找到车轮与轮胎并说出其组成零部件	5	
		2）找到悬架并说出其组成零部件	5	
		3）找到车架并说出其组成零部件	5	
		4）找到车桥并说出其组成零部件	5	
3	车轮的检查与换位	1）举升车辆	5	
		2）车轮的拆装	10	
		3）车轮的检查	10	
		4）车轮的换位	10	
	减振器的拆装	1）减振器的拆卸	10	
		2）减振器的安装	10	
4	6S 管理	1）做好车辆防护	3	
		2）设备、工具、量具等正确使用，确保其安全与完好	3	
		3）工具、量具、零件摆放整齐合理	3	
		4）无工具、零件落地	2	
		5）工装（衣、鞋、帽）穿戴合理	2	
		6）做好场地清理	2	
5	工单填写	按要求填写操作工单，内容完整、正确	10	
6		得分		
技能评价				

签名：　　　　　日期：

📋 **知识检验**

一、填空题

1. 汽车行驶系统一般由_____、_____、_____和_____组成。

2. 车轮一般由_____、_____和_____组成。

3. 根据充气压力不同，轮胎可以分为_____、_____和_____三种。

4. 根据轮辐的结构不同，车轮可以分为_____和_____两种。

5. 现代汽车悬架一般都由_____、_____和_____三部分组成。

6. 汽车悬架可以分为_____和_____两大类。

7. 根据车轮的作用不同，车桥可以分为_____、_____、_____和支持桥四类。

二、判断题

1. 汽车左右车轮的固定螺栓或螺母的螺纹旋向不同，必须按规定扭矩拧紧。
（　　）

2. 汽车轮胎的标准充气压力是统一的。（　　）

3. 非独立悬架当一侧车轮因路面不平等原因相对于车架位置发生改变时，另一侧车轮的位置不发生改变。（　　）

4. 一般载货汽车的前桥是转向桥，后桥是驱动桥。（　　）

5. 采用独立悬架的车桥通常为断开式。（　　）

三、单选题

1. 车轮的结构中，用于安装轮胎的是（　　）。
   A. 轮毂　　　　　B. 轮辐　　　　　C. 轮辋　　　　D. 轮体

2. 胎侧标有 H 表示（　　）。
   A. 子午线轮胎　B. 无内胎轮胎　C. 速度符号　　D. 负荷指数

3. 以下（　　）元件不是悬架的组成部分。
   A. 弹性元件　　B. 减振器　　　C. 差速器　　　D. 横向稳定杆

4. 悬架把车架与车轮（　　）地联系起来。
   A. 刚性　　　　B. 弹性　　　　C. 塑性　　　　D. 柔性

5. 下列属于非独立悬架的是（　　）。
   A. 麦弗逊式悬架　　　　　　　B. 双横臂悬架
   C. 多连杆悬架　　　　　　　　D. 拖拽臂式悬架

6. 采用非独立悬架的汽车，其车桥一般是（　　）。
   A. 断开式　　　　　　　　　　B. 整体式
   C. A、B 均可　　　　　　　　 D. 与 A、B 无关

■ 任务 3　转向系统构造与拆装

任务引入

小张是某 4S 店的维修学徒，客户李先生的汽车转向系统故障，需要进行转向系统部件的拆装，师傅安排小张一起协助拆装，假设你是小张，需要你帮助完成转向系统零部件的拆装，你该怎么做？

学习目标

知识目标

1. 掌握转向系统的作用及组成；
2. 掌握转向系统的工作原理；
3. 掌握转向系统各组成零部件的装配关系。

能力目标

1. 能正确识别转向系统各主要组成零部件，描述其工作原理；
2. 能根据转向系统拆装技术要求，选择合适的工具，正确规范地进行转向系统零部件拆装。

素养目标

1. 小组分工合作完成转向系统零部件拆装，培养团队意识，提升沟通能力；
2. 完成转向系统零部件认知与拆装实践训练任务，提升劳动意识；
3. 完成转向系统零部件的识别实践任务，分析转向系统工作原理的实现，引导养成认准方向，勇往直前的品质。

相关知识

一、转向系统概述

汽车上用来改变行驶方向的机构称为转向系统，转向系统不仅使汽车按驾驶人想要的方向行驶，而且还可以克服由于路面侧向干扰力使车轮产生的转向作用，恢复汽车的行驶方向。

1. 转向系统的功用

汽车转向系统的功用是根据车辆行驶需要，按照驾驶人的意图适时改变汽车的行驶方向。

2. 转向系统的类型

转向系统根据转向动力来源的不同，可分为机械转向系统和动力转向系统两大类，见图 4-3-1。

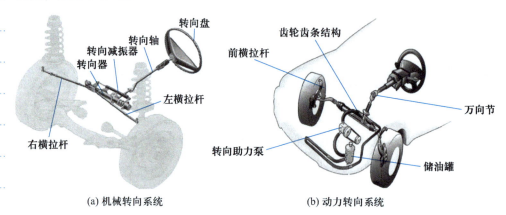

(a) 机械转向系统   (b) 动力转向系统

图 4-3-1 转向系统

机械转向系统是将驾驶人作用在转向盘上的力，通过机械传动传给转向轮，使转向轮发生偏转，实现汽车的转向。汽车转向时，驾驶人根据汽车所需要的行驶方向转动转向盘，通过转向轴转动转向器的主动件（小齿轮等）并带动从动件（齿条等）移动，使与其固定的摇臂轴转一个角度，带动摇臂摆动相应的角度，通过纵拉杆和转向节臂带动近转向器侧转向节偏转，经梯形臂和横拉杆带动另一侧转向节同方向偏转。因转向轮用轴承安装在转向节上，故转向节偏转时带动转向轮偏转，实现汽车转向。

动力转向系统是通过具有一定压力的液流或气流，即转向助力装置，帮助驾驶人克服转向阻力矩，使转向轻便。动力转向系统是一套兼用驾驶人体力和发动机动力为转向动力的转向系统。在正常情况下，汽车转向所需要的动力只有一小部分由驾驶人提供，而大部分动力由发动机通过转向助力装置提供。

3. 转向轮的运动规律

汽车转向时，要求所有车轮都以同一个中心点 O 转向，此点被称为转向中心，见图 4-3-2。

为了保证各车轮在转向过程中都是纯滚动，内转向轮的转角必须大于外转向轮的转角，两者的关系为

$$\cot \alpha = \cot \beta + B/L$$

其中，B——左、右转向轴主销轴线间的距离；L——前、后桥的距离；α——外侧转向轮偏转角；β——内侧转

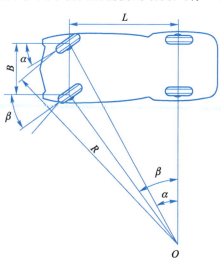

图 4-3-2 转向中心

向轮偏转角。

汽车转向时，内转向轮转角大于外转向轮转角是由转向梯形机构来保证的。

转向半径为转向中心到外转向轮胎面中线之间的距离。转向半径的大小随转向轮的转角大小而变化，转向轮转角越大，则转向半径越小。

最小转向半径 R_{min} 与最大外转向轮转角 α_{max} 的关系为

$$R_{min} = L / \sin \alpha_{max}$$

转向半径越小，汽车的机动性越好。汽车的轴距也是影响转向半径的一个因素，轴距越小，转向半径越小。

转向传动比是指转向盘转角与转向轮偏角之比，包括转向器角传动比（即转向盘转角增量与转向摇臂转角增量之比）和转向传动机构角传动比（即转向摇臂转角增量与同侧转向节相应转角增量之比），见图4-3-3、图4-3-4。

转向器角传动比 $i_{\omega 1} = \dfrac{\text{转向盘转角增量}}{\text{转向摇臂转角增量}}$

图 4-3-3　转向器角传动比

转向传动机构角传动比 $i_{\omega 2} = \dfrac{\text{转向摇臂转角增量}}{\text{同侧转向节相应转角增量}}$

图 4-3-4　转向传动机构角传动比

转向传动比越大，扳动转向盘越省力，但转向的灵敏性越差；转向传动比越小，转向时的灵敏性越好，但扳动转向盘越费力。因此，转向传动比应根据车型不同而定。

4. 转向系统的组成

转向系统由转向器、转向传动机构和转向操纵机构组成。

二、转向器

转向器的作用是将驾驶人作用于转向盘上的力放大并改变传动方向后，传给转向传动机构。转向器的种类很多，一般根据啮合传动副的结构分类。目前应用较广泛的有循环球式转向器和齿轮齿条式转向器等。

1. 循环球式转向器

循环球式转向器又叫循环球齿条齿扇式转向器，由两对啮合副组合而成，其结构见图4-3-5。

第一啮合副由螺杆和与之配合的四方形螺母组成。在螺母与螺杆的啮合槽内充满钢球，在螺母外有两条钢球流动导轨，内部也充满钢球，转动转向盘时，钢球在螺杆和螺母的啮合槽内通过导轨形成钢球流，使啮合副的摩擦形态变成滚动摩擦，使磨损减小，提高了传动效率，且使操作轻便。

另一对啮合副是由螺母上一面制成的齿条和安装在摇臂轴上的齿扇组成。装

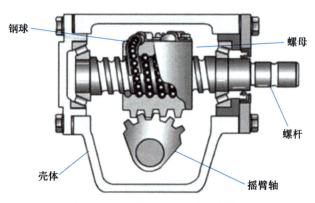

图 4-3-5　循环球式转向器结构

配后齿扇的齿与螺母上的齿条相啮合。啮合间隙可通过侧盖上的调整螺钉进行调整，螺钉拧入，间隙减小。

转动转向盘，通过转向轴带动螺杆转动，与螺杆相啮合的螺母则沿螺杆轴线移动，螺母通过齿条带动齿扇绕摇臂轴转动，从而带动摇臂摆动。

循环球式转向器的优点是传动效率高达 90%～95%，操作轻便，使用寿命长。缺点是逆效率也高，易将路面对车轮的冲击力传到转向盘，造成转向盘"打手"。

2. 齿轮齿条式转向器

齿轮齿条式转向器结构较简单紧凑，操纵轻便灵敏。齿轮齿条式转向器转向齿轮与转向轴固定并用轴承安装在转向器壳体内。转向齿条与转向齿轮垂直啮合，安装在转向齿条壳体内，其结构见图 4-3-6。齿轮齿条式转向器两端与横拉杆连接。

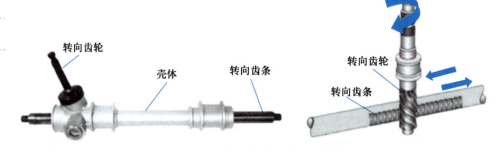

图 4-3-6　齿轮齿条式转向器结构

转向时，转向盘转动使转向齿轮转动，带动转向齿条横向移动，通过横拉杆、球头销和转向节使车轮偏转，从而实现汽车的转向。

齿轮齿条式转向器转向齿条各齿间的节距不相等，中部位置节距大，向两端逐渐减小；转向齿轮和转向齿条的啮合深度也不同，中间位置啮合较浅，向两端逐渐加深。上述结构使得齿轮齿条式转向器具有可变传动比，转向盘转角越大，传动比也越大。因此，转向盘转角加大，操纵转向盘的力也不需要增加。

转向齿轮和转向齿条的啮合间隙通过转动调整螺塞，加大压缩弹簧张力进行调节，以保证转向齿轮和转向齿条的无间隙啮合。

三、转向传动机构

转向传动机构是连接转向器与转向节之间的联动机件，包括转向摇臂、转向纵拉杆（图4-3-7）、转向节臂、转向横拉杆（图4-3-8）和梯形臂等。

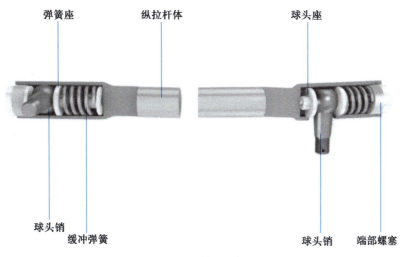

图 4-3-7　转向纵拉杆

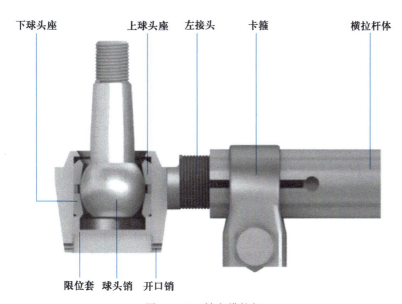

图 4-3-8　转向横拉杆

1. 非独立悬架的转向传动机构

非独立悬架的转向传动机构结构见图4-3-9。

转向摇臂是连接转向器与转向联动机件的零件，上端连接摇臂轴，下端连接转向纵拉杆。其大端一般有三角形细花纹键槽孔，与转向摇臂轴端的花键轴配合连接，而小端有锥形孔，与球头销颈部相连，用螺母固定。球头销的球头与纵拉杆做铰链连接。

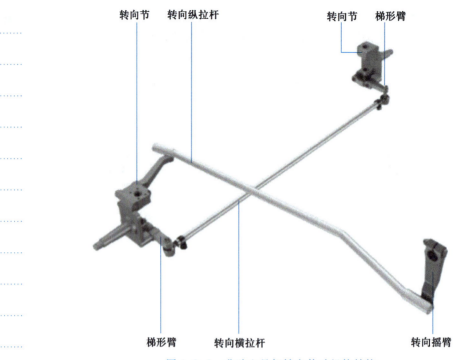

转向节　　转向纵拉杆　　　　　　　　　转向节　　梯形臂

梯形臂　　　转向横拉杆　　　　　　　　转向摇臂

图4-3-9　非独立悬架转向传动机构结构

转向纵拉杆是连接转向摇臂和转向节臂的组合件。它由两端扩孔的钢管制成。两端孔腔内分别装入球头销，球头销的球部两侧装有两块带内圆弧的球头座与球头靠紧，球头销内侧装有缓冲弹簧和弹簧座，球头销外侧的杆端装有端部螺塞，转动螺塞可调整弹簧的预紧力。在转向纵拉杆两端还分别装有油嘴进行润滑。弹簧在转向纵拉杆工作过程中起缓冲作用，在球头销与球头销座磨损后，自动调节相互间的配合间隙。

转向横拉杆是连接左、右梯形臂的组合件，由实心的钢杆和两端接头组合而成，在转向过程中除联动左、右转向节外，还可调整前轮前束。

转向横拉杆体左、右两端制有反向螺纹，两端接头也是反向螺纹，转动转向横拉杆可调整转向横拉杆长度。转向横拉杆接头由球头销、上球座、下球座、弹簧、弹簧座和螺塞组成。弹簧的作用是自动调节球头销与球头座的间隙和进行缓冲。螺塞用来调整弹簧的预紧力。

2. 独立悬架的转向传动机构

独立悬架的转向桥是断开式的，转向梯形机构和转向横拉杆也分为两段或三段，见图4-3-10。

桑塔纳轿车机械转向系统由转向盘、转向轴、左横拉杆、右横拉杆、转向器、转向减振器、左转向节臂、右转向节臂等组成。转向齿条两端同左、右横拉杆连接。

转动转向盘、转向齿轮使转向齿条左右移动，转向横拉杆带动转向节臂使车轮偏转。

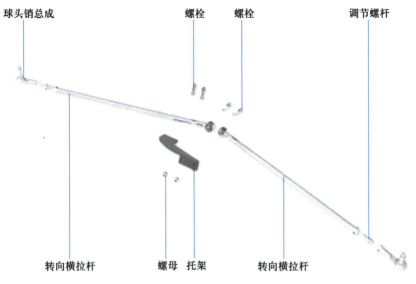

图 4-3-10　独立悬架的转向传动机构

四、转向操纵机构

从转向盘到转向传动轴这一系列零部件属于转向操纵机构，其主要作用是将驾驶人转动转向盘的操纵力传给转向器。转向操纵机构包括转向盘、转向柱管、转向传动轴、上万向节和下万向节等，见图 4-3-11。

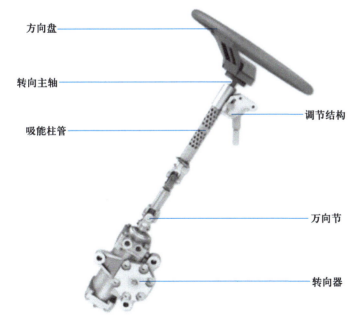

图 4-3-11　转向柱的组成

转向盘由轮缘、轮辐、轮毂组成，见图 4-3-12。

轮缘　　　　轮辐

轮毂

图 4-3-12　转向盘的组成

现代汽车的转向柱大多装有碰撞吸能装置，该装置吸收推力，否则在撞击时该推力将会施加到驾驶人身上。某些车辆上的转向主轴还可能装有转向锁定机构、倾斜转向机构、伸缩式转向机构等控制系统，当汽车紧急制动或发生撞车事故时吸收冲击能量，减轻或防止对驾驶人的伤害。

任务实施

齿轮齿条式转向器的拆装

1. 准备工作

（1）场地准备：齿轮齿条式转向器总成、常用工具箱、带有台虎钳的工作台、零件车、垃圾桶、抹布等。

（2）工具准备：常用工具、预置式扭力扳手、专用工具、油漆记号笔等。

（3）资料准备：维修手册。

2. 实践操作

（1）齿轮齿条式转向器的拆卸。

① 拆卸转向横拉杆端头分总成。

第一步：在左、右转向横拉杆端头和转向齿条端头上做好装配标记，见图 4-3-13。

第二步：拧松锁紧螺母，见图 4-3-14，拆下一侧横拉杆端头和锁紧螺母，用同样的方法拆下另一侧横拉杆端头和锁紧螺母。

② 拆下转向齿条防尘套及转向齿条端头分总成。

第一步：使用鲤鱼钳拆下防尘套外侧卡箍，使用螺丝刀撬松防尘套内侧卡箍并取下，见图 4-3-15。

第二步：使用塑料胶带缠绕横拉杆端头螺纹，以免损坏螺纹，拆下转向齿条

微课
齿轮齿条式
转向器的拆装

两端的防尘套，见图 4-3-16。

图 4-3-13 在左、右转向横拉杆端头和转向齿条端头上做好装配标记

图 4-3-14 拧松锁紧螺母

图 4-3-15 拆下防尘套内、外侧卡箍

图 4-3-16 拆下防尘套

第三步：使用铜棒和锤子敲松垫圈，见图4-3-17。

注意：敲击时应避免转向齿条发生任何碰撞。

第四步：用两个固定扳手拧松转向齿条端头连接的螺纹，拆下转向齿条端头，见图4-3-18，拆下转向器壳固定支架。

图4-3-17　敲松垫圈　　　　　　图4-3-18　拆卸转向齿条端头

③ 固定转向器总成。

第一步：使用专用工具，将转向器总成固定在台虎钳上，见图4-3-19。

注意：使用尼龙布包住转向器总成。

第二步：使用油管扳手拆下油缸油管，见图4-3-20。

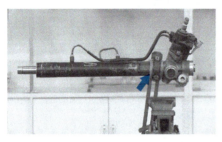

图4-3-19　固定转向器总成　　　　图4-3-20　拆卸油缸油管

④ 拆解转向控制阀。

第一步，使用活动扳手拧松转向齿条导套弹簧帽锁紧螺母，见图4-3-21。

第二步，使用专用工具拆下转向齿条导套弹簧帽和锥形弹簧垫圈，拆下转向齿条导套分总成，见图4-3-22。

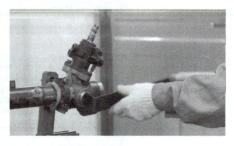

图4-3-21　拧松转向齿条导套　　　图4-3-22　拆下转向齿条导套弹簧帽和
弹簧帽锁紧螺母　　　　　　　　　　　　锥形弹簧垫圈

第三步，使用扳手拆下转向齿条轴承盖，见图4-3-23。

第四步，拆下转向控制阀轴锁紧螺母，见图4-3-24。

图4-3-23　拆下转向齿条轴承盖　　　　　图4-3-24　拆下转向控制阀轴锁紧螺母

第五步，在控制阀壳体上做好装配记号，拆下控制阀壳体螺栓，见图4-3-25。拆下控制阀总成，并分解控制阀总成。

注意：拆卸的零件按顺序摆放整齐。

图4-3-25　拆下控制阀壳体螺栓

⑤ 拆卸转向齿条。

第一步，在转向油棚油孔上遮盖一块抹布防止油液飞溅，将转向齿条向控制阀一侧推出，见图4-3-26。

第二步，使用专用工具拆下活塞缸卡环，见图4-3-27，拆下转向齿条和油封。

注意：拆下的零件按顺序摆放整齐，见图4-3-28。

图4-3-26　向控制阀一侧推出转向齿条　　　　图4-3-27　拆下活塞缸卡环

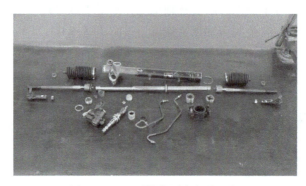

图 4-3-28　零件按顺序摆放整齐

（2）齿轮齿条式转向器的安装。

① 在转向齿条的齿面上涂抹润滑脂，在转向齿条杆身及密封圈上涂抹转向机油，见图 4-3-29，安装转向齿条。

② 将转向机油涂抹在油缸密封圈上并安装油封，见图 4-3-30。

图 4-3-29　涂抹转向机油

图 4-3-30　安装油封

③ 使用专用工具安装卡簧，见图 4-3-31。

④ 安装控制阀，将转向机油涂抹在控制阀特氟隆密封环及轴上，组装控制阀，见图 4-3-32。

⑤ 安装油封，注意在油封上涂抹转向机油，见图 4-3-33。

⑥ 在控制阀齿轮上涂抹润滑脂，安装控制阀总成，见图 4-3-34，安装控制阀螺栓并拧紧至规定力矩。

注意：对准装配记号。

图 4-3-31　安装卡簧

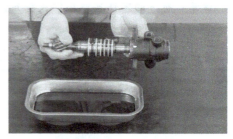

图 4-3-32　组装控制阀

图4-3-33　安装油封

图4-3-34　安装控制阀总成

⑦ 安装转向控制阀轴锁紧螺母，并使用专用工具拧紧锁紧螺母至规定力矩，见图4-3-35。

⑧ 安装转向齿条轴承盖，并使用专用工具拧紧至规定力矩，见图4-3-36。

图4-3-35　安装转向控制阀轴锁紧螺母

图4-3-36　安装齿条轴承盖

⑨ 在转向齿条导套上涂抹润滑脂，安装锥形弹簧垫圈和转向齿条导套分总成，见图4-3-37。

⑩ 使用专用工具转动转向机检查转动是否灵活。使用专用工具测量转向控制阀转动阻力，调整转向齿条导套弹簧帽松紧，使转向控制阀转动阻力处于规定范围内，见图4-3-38。

⑪ 安装转向齿条导套弹簧帽锁紧螺母，并使用专用工具拧紧，见图4-3-39。再次使用专用工具转动转向器检查转动是否灵活，调整转向控制阀转动阻力，使其处于规定范围内。

⑫ 安装油管，并使用专用工具将油管固定螺母紧固到规定力矩，见图4-3-40。

图4-3-37　安装锥形弹簧垫圈和
转向齿条导套分总成

图4-3-38　调整转向齿条导套
弹簧帽松紧

图 4-3-39   安装转向齿条导套
弹簧帽锁紧螺母

图 4-3-40   紧固油管固定螺母

⑬ 从工作台上拆下转向器总成，安装转向器壳固定支架，安装转向齿条端头分总成，见图 4-3-41，并使用铜棒和锤子敲紧垫圈。

⑭ 安装转向齿条防尘套，使用鲤鱼钳安装转向横拉杆防尘套外卡箍，见图4-3-42。

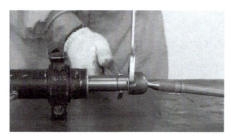

图 4-3-41   安装转向齿条端头分总成

图 4-3-42   安装转向横拉杆防尘套外卡箍

⑮ 使用固定夹安装器安装转向横拉杆防尘套内卡箍，见图 4-3-43。安装完毕后拆下固定夹安装器。

⑯ 安装转向横拉杆外球节端头锁紧螺母至装配标记位置，安装转向横拉杆外球节至装配标记位置，并对齐装配标记，见图 4-3-44。使用开口扳手将转向横拉杆外球节端头锁紧螺母拧紧至规定力矩。用同样的方法安装另一侧转向横拉杆外球节。

⑰ 6S 整理与检查：工具、车辆、场地清洁与整理。

图 4-3-43   安装转向横拉杆
防尘套内卡箍

图 4-3-44   安装转向横拉杆外球节

任务工单

任务名称	任务3 转向系统构造与拆装		成绩	
姓名		班级	学号	
实训设备	汽车底盘实训台架、实训车辆、转向器			
任务引入	小张是某4S店的维修学徒，客户李先生的汽车转向系统故障，需要进行转向系统部件的拆装，师傅安排小张一起协助拆装，假设你是小张，需要你帮助完成转向器的拆装，你该怎么做			
任务目的	按照转向系统的拆装技术要求及安全注意事项，制订转向系统拆装的工作计划，按照正确规范的流程完成转向系统零部件拆装操作			

活动一：识别转向系统各组成零部件

请仔细观察汽车底盘实训台架，对照图4-3-45，找到转向系统各组成零部件，填写其名称并描述其工作原理

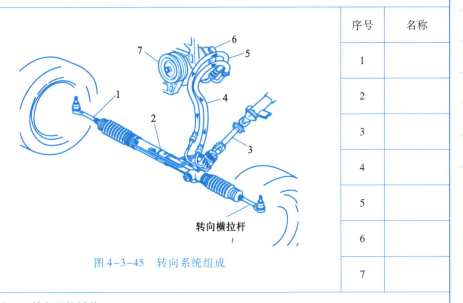

转向横拉杆

图4-3-45 转向系统组成

序号	名称
1	
2	
3	
4	
5	
6	
7	

活动二：转向器的拆装

请根据任务要求，确定所需要的资料和工具、设备等，并对小组成员进行分工，制订工作计划。

1. 需要的资料和工具、设备等

续表

2. 小组成员分工

3. 工作计划

4. 任务实践

（1）查阅维修手册，记录相关的参数。

（2）转向器的拆装。

注意事项：_____

_____

_____

_____

拆装步骤：_____

_____

_____

_____

_____

_____

_____

_____

_____

_____

_____

_____

_____

_____

_____

5. 6S 管理

□车辆复位　　　□设备复位　　　□工具复位　　　□场地清洁　　　□填写工单

实践考核评价

实践名称	转向系统构造与拆装		时长	120 min
姓名			班级	
工作任务	客户汽车的转向系统出现故障，需要进行转向器总成拆装。你需要按照转向器总成拆装技术要求，完成转向器总成零部件拆装，同时记录好相关信息			

评分标准

序号	评分内容	步骤与要求	配分	得分
1	安全或工作态度否决项	造成人身、设备重大事故，或恶意顶撞教师、严重扰乱课堂秩序，立即终止操作		
2	行驶系统结构认知	1）找到转向系统并判别其类型	5	
		2）找到转向操纵机构并说出其组成零部件	5	
		3）找到转向器并说出其组成零部件	5	
		4）找到转向传动机构并说出其组成零部件	5	
3	转向器的拆装	1）拆卸转向横拉杆端头分总成	5	
		2）拆下转向齿条防尘套及转向齿条端头分总成	5	
		3）固定转向器总成	5	
		4）拆解转向控制阀	6	
		5）拆卸转向齿条	5	
		6）安装转向齿条	6	
		7）安装转向控制阀	6	
		8）安装转向齿条端头分总成	6	
		9）安装转向横拉杆端头分总成	6	
4	6S 管理	1）做好车辆防护	3	
		2）设备、工具、量具等正确使用，确保其安全与完好	3	
		3）工具、量具、零件摆放整齐合理	3	
		4）无工具、零件落地	2	
		5）工装（衣、鞋、帽）穿戴合理	2	
		6）做好场地清理	2	

续表

序号	评分内容	步骤与要求	配分	得分
5	工单填写	按要求填写操作工单，内容完整、正确	15	
6		得分		
技能评价		签名：　　　　　　日期：		

知识检验

一、填空题

1. 转向系统的作用是_____汽车的行驶方向和保持汽车稳定的_____行驶。

2. 转向系统由_____、_____和_____三大部分组成。

3. 我国的交通规则规定右侧通行，故转向盘都安装在驾驶室的_____。

4. 通常转向器按结构形式可分为_____、_____和_____三种。

5. 齿轮齿条式转向器主要由_____、_____、转向器壳体及调整螺钉等组成。

6. 根据动力来源的不同，汽车转向系统可分为_____和_____两大类。

7. 为保证车轮在转向过程中都是纯滚动，内转向轮转角必须_____外转向轮转角。

二、判断题

1. 转向系统的作用是保证汽车转向。　　　　　　　　　　　　　　（　　）

2. 汽车在转弯时，内转向轮和外转向轮滚过的距离是不相等的。　（　　）

3. 齿轮齿条式转向器结构简单轻巧，加工方便，传力部件少，维修方便，操纵灵敏。　　　　　　　　　　　　　　　　　　　　　　　　　（　　）

4. 汽车转向时，内转向轮的转角小于外转向轮的转角。　　　　　（　　）

5. 转向传动比越大，转向越省力，越灵敏，所以转向传动比应越大越好。

　　　　　　　　　　　　　　　　　　　　　　　　　　　　　　　（　　）

6. 循环球式转向器的正逆效率都高，但在不平路面行驶时易出现转向盘"打手"现象。　　　　　　　　　　　　　　　　　　　　　　　　（　　）

7. 调整转向器传动副的啮合间隙，可以调整转向盘自由行程。　　（　　）

8. 转向盘的自由行程既是不可避免的，又是不可缺少的。　　　　（　　）

三、单选题

1. 循环球式转向器，有（　　）级传动副。

　　A. 二　　　　　　　　B. 三　　　　　　　　C. 四

2. 转向系统主要由转向操纵机构、（　　）和转向传动机构三部分组成。

　　　A. 转向盘　　　　　B. 转向轴　　　　　C. 转向器

3. 汽车按驾驶人想要的方向行驶，必须有一套用来控制汽车行驶方向的机构，即（　　）。

　　　A. 转向操纵机构　　B. 转向传动机构　　C. 汽车转向机构

4. 转向系统的作用是改变汽车的行驶方向和保持汽车稳定的（　　）行驶。

　　　A. 要求　　　　　　B. 方向　　　　　　C. 直线

5. 转向传动机构的作用是将（　　）传递的力传给转向轮，以实现汽车转向。

　　　A. 横拉杆　　　　　B. 纵拉杆　　　　　C. 转向器

6. 汽车的轴距越长，则转向半径（　　）。

　　　A. 越大　　　　　　B. 不变　　　　　　C. 越小

7. 汽车的最小转弯半径越大。则汽车的机动性（　　）。

　　　A. 越好　　　　　　B. 不变　　　　　　C. 越差

■ 任务 4　制动系统构造与拆装

任务引入

　　小张是某 4S 店的维修学徒，客户李先生的汽车制动系统故障，需要进行制动系统部件的拆装，师傅安排小张一起协助拆装，假设你是小张，需要你帮助完成制动系统零部件的拆装，你该怎么做？

学习目标

知识目标

1. 掌握制动系统的作用及组成；

2. 掌握制动系统的工作原理；

3. 掌握制动系统各组成零部件的装配关系。

能力目标

1. 能正确识别制动系统各主要组成零部件，描述其工作原理；

2. 能根据制动系统拆装技术要求，选择合适的工具，正确规范地进行制动系统零部件拆装。

素养目标

1. 小组分工合作完成制动系统零部件拆装，培养团队意识，提升沟通能力；

2. 完成制动系统零部件认知与拆装实践训练任务，培养劳动意识；

3. 完成制动系统零部件的识别实践任务，分析制动系统工作原理的实现，引导认清质量与安全的联系，培养严谨、认真的工作作风。

相关知识

驾驶人能根据道路和交通情况，利用安装在汽车上的一系列专门装置，迫使路面在汽车车轮上施加一定的与汽车行驶方向相反的外力，对汽车进行一定程度的强制制动，这一系列专门装置称为制动系统。

一、制动系统概述

1. 制动系统的功用

为了在技术上保证汽车的安全行驶，提高汽车的平均行驶速度，汽车上都设有专门的制动系统，使行驶中的汽车减速或在最短距离内停车，并可使汽车可靠地停放在原地（包括在坡道上）保持不动。

2. 制动系统的组成

汽车制动系统主要由供能装置、控制装置、传动装置和制动器等组成，制动系统主要部件总成见图4-4-1。

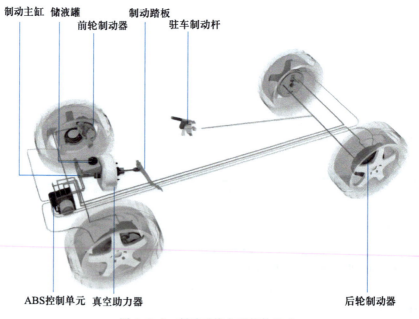

图4-4-1　制动系统主要部件组成

（1）供能装置：包括供给、调节制动所需能量以及改善传能介质状态的各种部件。其中产生制动能量的部分称为制动能源。人的肌体也可作为制动能源的一部分。

（2）控制装置：包括产生制动动作和控制制动效果的各种部件，如制动踏板、制动阀等。

（3）传动装置：包括将制动能量传输到制动器的各个部件，如制动主缸和制动轮缸等。

（4）制动器：产生制动摩擦力矩的部件。

较为完善的制动系统还具有制动力调节装置、报警装置、压力保护装置等附加装置。

3. 制动系统的工作原理

在人力作用下，制动蹄对制动鼓作用有一定的制动摩擦力矩即制动器制动力矩 M，在 M 的作用下，车轮将对地面作用一个向前的力 F，地面对车轮作用一个向后的反作用力 F_s。F 即为地面对车轮的制动力，制动系统工作原理见图 4-4-2、图 4-4-3。

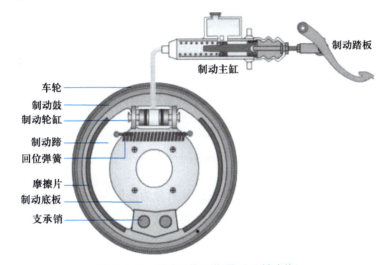

图 4-4-2　制动系统工作原理（制动前）

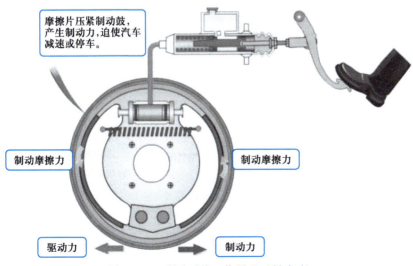

图 4-4-3　制动系统工作原理（制动时）

4. 制动系统的类型

（1）按制动系统的功用分类。

汽车制动系统按功用可分为行车制动系统（脚刹）和驻车制动系统（手刹），见图4-4-4。

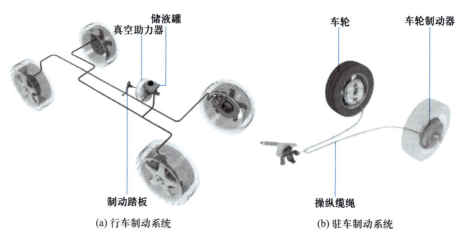

(a) 行车制动系统　　　　　　　　(b) 驻车制动系统

图4-4-4　制动系统按功用分类

行车制动系统：使行驶中的汽车降低速度甚至停车的一套装置。

驻车制动系统：使已停驶的汽车驻留原地不动的一套装置。

（2）按制动能量的传输方式分类。

按照制动能量的传输方式，制动系统又可分为液压制动系统和气压制动系统等，见图4-4-5。同时采用两种制动能量传输方式的制动系统称为组合式制动系统，如气顶液制动系统。

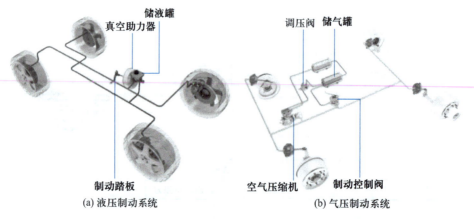

(a) 液压制动系统　　　　　　　　(b) 气压制动系统

图4-4-5　制动系统按制动能量传输方式分类

目前所有汽车都采用双回路制动系统，如轿车的左前轮和右后轮共用一条制动回路，右前轮和左后轮共用另一条制动回路，当一个回路失效时，另一个回路仍能工作，这有效提高了汽车的行车安全性。

二、制动器

制动器按照结构可分为鼓式制动器和盘式制动器。

1. 鼓式制动器

鼓式制动器主要包括制动轮缸、制动蹄片、制动底板、回位弹簧等部分，见图 4-4-6。鼓式制动器主要是通过液压装置使摩擦片与随车轮转动的制动鼓内侧面发生摩擦，从而起到制动的效果。

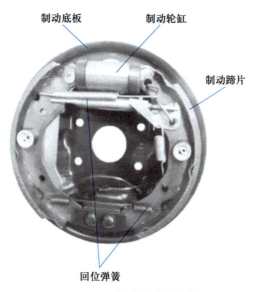

图 4-4-6　鼓式制动器结构

鼓式制动器和盘式制动器的制动轮缸（也称为分泵）结构不同，但原理类似，制动轮缸通过制动液压力使活塞移动。在更换制动系统零部件时，制动液压管路可能会进入空气，制动轮缸上有排气螺塞，用于排放空气，见图 4-4-7。

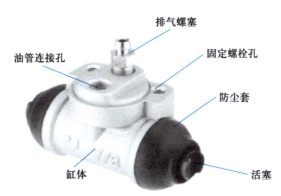

图 4-4-7　制动轮缸的结构

在踩下制动踏板时，制动主缸的活塞运动，进而在油路中产生压力，制动液将压力传递到车轮的制动轮缸，推动制动轮缸的活塞运动，活塞推动制动蹄片向外运动，进而使得摩擦片与制动鼓发生摩擦，从而产生制动力，见图4-4-8。

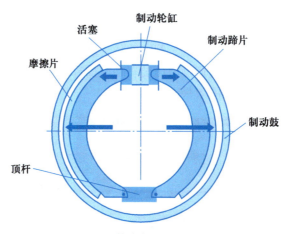

图4-4-8　鼓式制动器的工作原理

从图4-4-8所示结构中可以看出，鼓式制动器是工作在一个相对封闭环境中的，制动过程中产生的热量不易散出，频繁制动影响制动效果。不过，鼓式制动器可提供很高的制动力，被广泛应用于重型车上，鼓式制动器类型见图4-4-9。

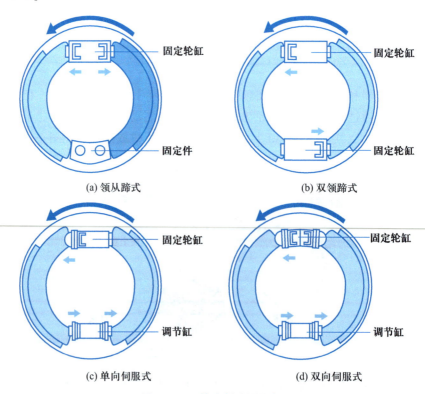

图4-4-9　鼓式制动器的类型

制动器间隙是制动器不工作时，其摩擦片与制动鼓之间的间隙，一般为0.25~0.50 mm。制动器间隙如果过小，就不易保证彻底解除制动，造成摩擦副的拖磨；过大又使制动踏板行程太长，以致驾驶人操作不便，同时也会推迟制动器开始起作用的时刻。制动器工作过程中摩擦片的不断磨损必将导致制动器间隙逐渐增大。间隙过大时，将制动踏板踩到极限位置，也产生不了足够的制动力矩。因此，要求任何形式的制动器在结构上必须保证有检查调整其间隙的可能。

2. 盘式制动器

盘式制动器也叫碟式制动器，主要由制动盘、制动钳、摩擦片等部分组成，见图 4-4-10。盘式制动器通过液压系统把压力施加到制动钳上，使摩擦片与随车轮转动的制动盘发生摩擦，从而达到制动的目的。

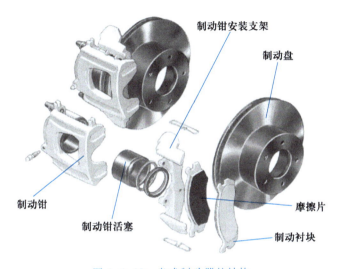

图 4-4-10　盘式制动器的结构

盘式制动器工作原理见图 4-4-11。汽车前轮常采用盘式制动器，其工作过程如下。

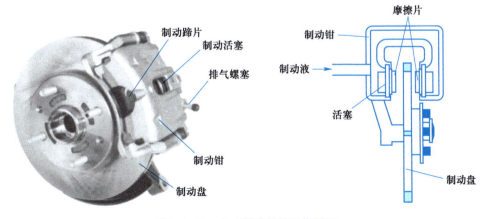

图 4-4-11　盘式制动器的工作原理

（1）踩下制动踏板时，制动液流入制动钳的缸筒。

（2）流入的制动液在活塞后面形成压力，将活塞向外推，把装在活塞上的内侧制动摩擦片压靠到制动盘上。

（3）由于制动钳设计成可以滑动（浮动）的，这一作用迫使钳体移离制动盘内表面。

（4）随着钳体的滑动，装在钳体上的外侧摩擦片被压靠到制动盘的外表面。

与封闭式的鼓式制动器不同的是，盘式制动器是敞开式的，在制动过程中产生的热量可以很快散去，拥有很好的制动效能，现在已被广泛应用于轿车上。大多数前轮制动器采用通风式制动盘，这是由于通风式制动盘比实心式制动盘散热性能好，通风式制动盘和实心式制动盘见图4-4-12。

(a) 通风式制动盘   (b) 实心式制动盘

图4-4-12   制动盘

制动过程实际上是通过摩擦力将动能转化为热能的过程，如果制动器的热量不能及时散发出去，将会影响其制动效果。为了进一步提升制动效能，通风式制动盘应运而生。通风式制动盘的内部是中空的或在制动盘上打很多小孔，冷空气可以从中间穿过进行降温。从外表看，它在圆周上有许多通向圆心的空洞，它利用汽车在行驶当中产生的离心力能使空气对流，达到散热的目的，因此比普通实心式制动盘的散热效果要好许多。

盘式制动器与鼓式制动器相比，有以下优点。

① 一般无摩擦助势作用，因而制动器效能受摩擦系数的影响较小，即效能较稳定；浸水后效能降低较少，而且只需要经过一两次制动即可恢复正常。

② 在输出制动力矩相同的情况下，尺寸和质量一般较小。

③ 制动盘沿厚度方向的热膨胀量极小，不会像制动鼓的热膨胀那样使制动器间隙明显增加而导致制动踏板行程过大。

④ 较容易实现间隙自动调整，其他维修作业也较简便。

盘式制动器根据其固定元件的结构形式可分为钳盘式制动器和全盘式制动器。钳盘式制动器由制动盘和制动钳组成；全盘式制动器固定元件的金属背板和摩擦片也呈圆盘形，但其制动盘的全部工作面可同时与摩擦片接触，个别情况下全盘式制动器还可作为减速器。

钳盘式制动器又可分为定钳盘式制动器和浮钳盘式制动器，见图4-4-13。

（1）定钳盘式制动器。

定钳盘式制动器的制动钳安装在车桥上，它既不能旋转，也不能沿制动盘轴线方向移动，因而必须在制动盘两侧的钳体中都装设摩擦片促动装置，以便分别将两侧的摩擦片压向制动盘。定钳盘式制动器结构见图4-4-14。

定钳盘式制动器的活塞密封圈除了起密封作用外，还兼起活塞回位作用和调整间隙的作用。正常制动时，密封圈发生弹性变形，解除制动时，密封圈变形恢

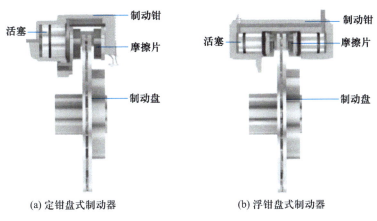

(a) 定钳盘式制动器　　　　　(b) 浮钳盘式制动器

图 4-4-13　钳盘式制动器类型

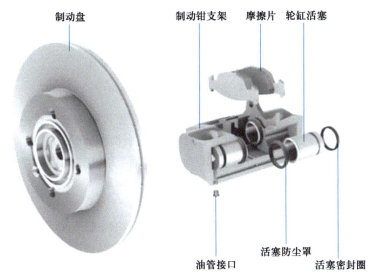

图 4-4-14　定钳盘式制动器结构

复，带动活塞一起回位。当制动器间隙过大时，活塞相对密封圈移动；回位时已发生移动部分不能恢复，移动量即为所调整的间隙量。

定钳盘式制动器存在的缺点如下：

① 油缸较多，使制动钳结构复杂。

② 油缸分置于制动盘两侧，必须用跨越制动盘的钳内油道或外部油管来连通。这必然使得制动钳的尺寸过大，难以安装在现代轿车的车轮内。

③ 热负荷大时，油缸（特别是外侧油缸）和跨越制动盘的油管或油道中的制动液容易受热气化。

④ 若要兼用于驻车制动，则必须加装一个机械促动的驻车制动钳。

由于上述缺点，定钳盘式制动器目前使用较少。

（2）浮钳盘式制动器。

浮钳盘式制动器的制动钳一般设计得可以相对制动盘轴向滑动或摆动。它只在制动盘的内侧设置液压缸，外侧的摩擦片装在钳体上。浮钳盘式制动器结构见图4-4-15。

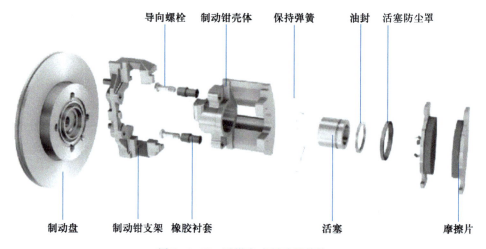

导向螺栓　制动钳壳体　保持弹簧　　油封　活塞防尘罩

制动盘　制动钳支架　橡胶衬套　　　　　　活塞　　　　摩擦片

图4-4-15　浮钳盘式制动器结构

制动时，液压力使活塞伸出，推动摩擦片，摩擦片压向制动盘内侧表面。制动盘反作用于活塞上的压力使卡钳沿着导轨向内侧移动。卡钳的移动对外侧的摩擦片施加了压力，使得摩擦片压向制动盘外侧表面上。于是两侧的摩擦片都压向制动盘的表面，逐渐增大的制动摩擦力使车轮停止转动。

3. 驻车制动器

行车制动是在车辆行驶过程中短时间制动使车辆减速或者停止的，而驻车制动是在车辆停稳后用于稳定车辆，避免车辆在斜坡路面停车时由于溜车造成事故。

驻车制动系统属于辅助制动系统，主要借助人力，一般是为了在停车的时候防止车辆自行溜车而设计的。驻车制动器主要由制动杆、拉线、制动机构以及回位弹簧组成，是用来锁死传动轴从而使驱动轮锁死的，有些是锁死两个后轮。驻车制动是利用棘轮机构的棘爪来进行锁止，见图4-4-16。

较为常见的驻车制动器是传统的鼓式驻车制动器。鼓式驻车制动器分为两种：一种是集成在鼓式行车制动器中的驻车制动；另一种是在变速器的后方、传动轴的前方，这种又叫作中央驻车制动器，见图4-4-17。它们的制动原理大体相似，只是安装部位不同。

有一些汽车的行车制动器和驻车制动器是分开的，因此它有两个制动卡钳，两个卡钳共用一个制动盘，各自具有独立的作用。

现在大多数乘用车都是采用四轮盘式制动器，其驻车制动机构就集成在后轮的盘式制动器上。盘式驻车制动系统的结构见图4-4-18。

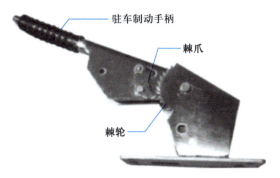

图 4-4-16 驻车制动手柄

图 4-4-17 中央驻车制动器

图 4-4-18 盘式驻车制动系统

三、液压制动系统

液压制动系统的传力介质是制动液。按增压力源不同，液压制动系统可分为真空增压制动系统、液压制动真空加力器和压缩空气增压制动系统。按制动管路布置的不同，液压制动系统可分为单管路制动系统和双管路制动系统。其中双管路制动系统的管路布置有前后布置和对角线布置两种，见图 4-4-19。

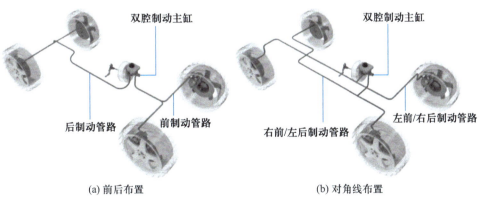

(a) 前后布置   (b) 对角线布置

图 4-4-19 双管路制动系统

双管路制动系统，当其中部分车轮失去制动能力时，仍有另一半车轮能维持制动能力，虽然制动效能会有所下降，但汽车不会完全失去制动能力。

1. 液压制动主缸

制动主缸（总泵）的作用是将驾驶人踩制动踏板的机械力转变成制动液压力，并将具有一定压力的制动液经管路输送到各车轮的制动轮缸。

制动主缸分单腔式和双腔式两种，分别用于单回路和双回路系统，但是由于安全原因，目前主要使用双腔式制动主缸，下面主要讲述双腔式制动主缸的工作情况。

制动主缸的结构见图4-4-20，由储液罐、缸体、一级活塞、二级活塞、弹簧、弹簧座等组成。

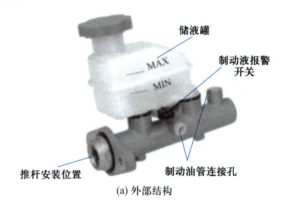

(a) 外部结构

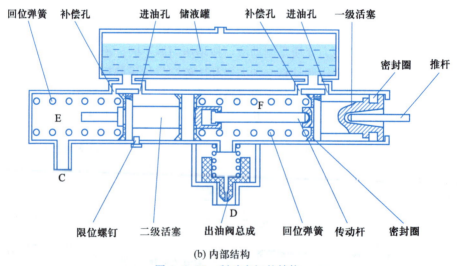

(b) 内部结构

图4-4-20　制动主缸的结构

第一腔E与右前、左后制动器相通；第二腔F与左前、右后制动器相通。每套管路和工作腔又分别通过补偿孔和进油孔与储液罐相通。二级活塞通过右端弹簧保持在正确的初始位置，使补偿孔和进油孔与缸内相通。一级活塞在左端弹簧作用下压靠在卡簧套上，使其处于补偿孔和回油孔之间的位置。

　　不制动时，推杆上无轴向推力，一级活塞与推杆之间有一间隙，该间隙反映到制动踏板上为踏板自由行程，二级活塞头部和密封圈正好处于补偿孔与进油孔之间，二级活塞也在回位弹簧的作用下右移，抵靠在卡簧上，制动液进入二级活塞头部的前后腔及制动管路。

　　制动时，制动主缸推杆左移，消除推杆与一级活塞之间的间隙，当密封圈遮盖住补偿孔之后工作腔 F 即被封闭，F 腔内液压开始升高，二级活塞开始左移，当补偿孔被遮盖住时，E 腔液压开始升高，制动液通过出油口 C、D 分别进入两条独立的制动管路实现汽车制动。解除制动时，二级活塞在前回位弹簧的作用下右移，直到抵靠到限位螺钉，高压制动液通过管路回到工作腔 E 内后，一级活塞也在后回位弹簧弹簧力的作用下右移，抵靠在卡簧上，高压制动液也通过管路回到工作腔 F 内。

　　2. 液压制动轮缸

　　液压制动轮缸（分泵）分为双活塞式和单活塞式，其作用是将制动主缸提供的液体压力转变为使制动蹄张开的机械推力。液压制动轮缸的结构见图4-4-21。

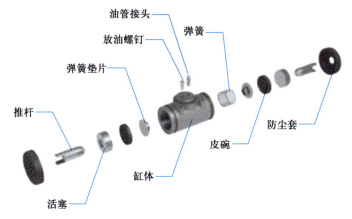

油管接头
放油螺钉
弹簧垫片
弹簧
推杆
防尘套
皮碗
缸体
活塞

图 4-4-21　制动轮缸的结构

　　双活塞式制动轮缸由缸体、两只活塞、皮碗、弹簧、放气阀及放气螺钉和防尘套等组成，见图4-4-22（a），活塞内腔有顶块，与制动蹄的端部相嵌合。皮碗用来防止漏油。弹簧的作用是使皮碗与活塞贴紧。放气螺钉用于排放制动系统

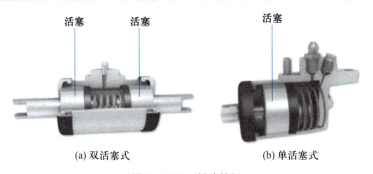

活塞　活塞
活塞

(a) 双活塞式　　　　　(b) 单活塞式

图 4-4-22　制动轮缸

内的空气。一旦制动系统内有空气，必须立即排出。

单活塞式制动轮缸与双活塞式制动轮缸比较，少了一个活塞和压紧弹簧，密封皮碗的结构与安装位置不同，其余结构相似，见图4-4-22（b）。

制动时，制动主缸输出的压力制动液进入制动轮缸后，对活塞作用一个推力，使活塞向外移动，将制动蹄推压在制动鼓上，从而产生制动作用。放松制动踏板后，制动轮缸中的制动液倒流回制动主缸，制动轮缸液压下降，制动蹄拉簧克服制动轮缸内液压，将制动蹄片拉离制动鼓，使制动解除。

3. 液压制动真空助力器

真空助力器是利用真空加力气室产生的力源，协助制动踏板力共同推动制动主缸活塞，减轻驾驶人踩制动踏板所需的力的装置，见图4-4-23。这种装置与制动主缸安装在一起，使制动系统结构较简单紧凑，广泛用于小型汽车上。

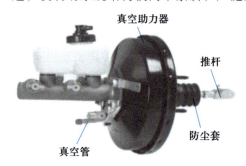

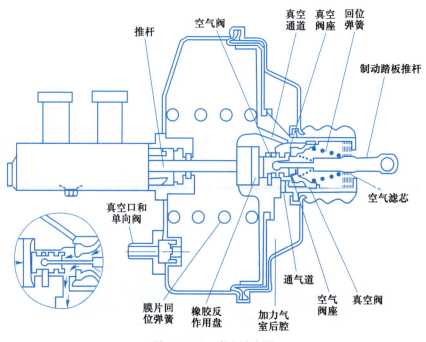

图4-4-23　真空助力器

在制动踏板和制动主缸之间装有一个膜片式的助力器。膜片的一侧与大气连通，在制动时，使另一侧与发动机进气管连通，从而产生一个比制动踏板力大几倍的附加力。此时，制动主缸的活塞除了受制动踏板力外，还受到真空助力器产生的力，因此可以提高液压，从而减轻制动踏板力，见图4-4-24。

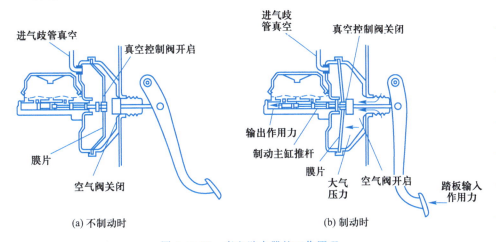

（a）不制动时　　　　　　　　（b）制动时

图4-4-24　真空助力器的工作原理

不制动时，制动主缸回位弹簧将推杆连同活塞向后推到极限位置，阀门被弹簧压在大气阀座上，即空气阀关闭。气室的前室和后室经通道、控制阀通道相互连通，并与空气隔绝。

制动时，踩下制动踏板，膜片座固定不动，来自制动踏板的力推动推杆和活塞相对于膜片座前移，当活塞与反作用盘之间的间隙消除后，制动踏板力便经反作用盘传给制动主缸推杆。制动主缸的制动液流入制动轮缸；同时，阀门在弹簧作用下，随同控制阀柱塞前移，直到与膜片座上的真空阀座接触，使前、后气室隔绝。推杆推动活塞前移到后端通大气。前、后气室压力差作用，加力气室膜片和膜片座前移，制动主缸推杆进一步推动活塞将制动液送入制动轮缸。较小的踏板力，可获得较大的制动力。

制动踏板停在某一位置，真空控制阀柱塞和推杆停在某个位置上；橡胶阀门随膜片座前移，落到控制阀活塞端面上，与大气阀座贴接，真空控制阀和空气阀同时关闭，处于平衡状态，此时制动轮缸中压力保持不变。

松开制动踏板，在弹簧作用下，控制阀活塞和推杆、橡胶阀门一起后移到右边极限位置。在回位中，空气阀关闭，真空控制阀开启，使气室左、右压力相等。加力气室膜片和制动主缸也恢复到原来位置。

 任务实施

一、盘式制动器的拆装

1. 准备工作

（1）场地准备：准备实训车辆、常用工具箱、带虎钳的工作台、零件车、垃

 视频

盘式制动器
的拆装

圾桶等。

（2）工具准备：准备气动扳手、气动工具套筒、预置式扭力扳手、记号笔、常用工具、量具、高温润滑脂等。

（3）资料准备：维修手册。

2. 实践操作

（1）盘式制动器拆卸。

① 拆卸准备。做好车辆防护；转动点火钥匙至 ON 挡；挡位置于空挡；解除驻车制动；举升车辆至车轮位于胸前高度；锁止举升机；正确连接气动工具（注意：使用气动工具不允许戴手套）；调整气动工具旋转方向，调整气动工具挡位并检查工作情况；选择合适挡位及对应尺寸专用套筒。

② 按对角顺序拆卸轮胎螺母，将车轮放置在轮胎架上。按对角顺序安装两颗轮胎螺母，使用专用工具固定轮毂，将轮胎螺母拧紧至规定力矩，见图 4-4-25。紧固完毕，取下专用工具。

③ 拆卸制动器卡钳与扭矩板连接螺栓，取下制动器活塞，使用 S 形钩子将制动器卡钳挂在减振器弹簧上，见图 4-4-26。检查防尘套损坏及泄露情况。

图 4-4-25　使用专用工具固定轮毂　　图 4-4-26　将制动器卡钳挂在减振器弹簧上

④ 取下制动蹄片与消音片，见图 4-4-27，拆装完毕。

（2）盘式制动器安装。

当盘式制动器检查完毕之后，进行盘式制动器的安装。

① 临时安装制动卡钳，使用锤子木柄部分将制动活塞撬回，见图 4-4-28。

② 清洁制动盘，安装扭矩板消音片，在制动蹄片消音片散热槽处涂抹高温润滑脂，见图 4-4-29。

③ 清洁并安装制动蹄片，安装制动卡钳，见图 4-4-30，并初步拧紧固定螺栓。

图 4-4-27　取下消音片　　　　　　　图 4-4-28　撬回制动活塞

图 4-4-29　在制动蹄片消音片
散热槽处涂抹高温润滑脂

图 4-4-30　安装制动卡钳

④ 使用扭力扳手将制动卡钳固定螺栓拧紧到规定力矩，见图 4-4-31。

注意：制动卡钳固定螺栓拧紧力矩值请查阅维修手册。

⑤ 将举升机升至低位，见图 4-4-32。反复踩下制动踏板，使制动卡钳调整到位。标准：制动踏板变硬并无空行程。

图 4-4-31　将制动卡钳固定螺栓拧紧
至规定力矩

图 4-4-32　举升机升至低位

⑥ 制动拖滞检查。踩下制动踏板，检查制动盘应卡住，松开制动踏板，检查制动盘应立即转动并且无拖滞。

注意：此项操作需两人合作完成。

⑦ 安装轮胎。将举升机升至胸前高度位置，拆卸轮胎螺母，安装车轮，拧紧轮胎螺母。

⑧ 将举升机降至低位，车辆落地，解除驻车制动，使用扭力扳手将轮胎螺母拧至规定力矩，见图 4-4-33。

注意：轮胎螺母拧紧力矩值请查阅维修手册。

⑨ 6S 整理。举升机回位，工具、车辆、场地整理与清洁。

二、鼓式制动器的拆装

1. 准备工作

（1）场地准备：准备实训车辆、常用工具箱、带虎钳的工作台、零件车、垃圾桶等。

（2）工具准备：准备气动扳手、气动工具套筒、预置式扭力扳手、记号笔、常用工具、量具、制动蹄片回位弹簧拆装工具、制动鼓装卸螺栓、高温润滑

视频
鼓式制动器
的拆装

图 4-4-33　将轮胎螺母拧至规定力矩

脂等。

　　（3）资料准备：维修手册。

　　2. 实践操作

　　（1）鼓式制动器拆卸。

　　① 拆卸准备。做好车辆防护；转动点火钥匙至 ON 挡；挡位置于空挡；解除驻车制动；举升车辆至车轮位于胸前高度；锁止举升机；正确连接气动工具（注意：使用气动工具不允许戴手套）；调整气动工具旋转方向，调整气动工具挡位并检查工作情况；选择合适挡位及对应尺寸专用套筒。

　　② 按对角顺序拆卸轮胎螺母，将车轮放置在轮胎架上。

　　③ 拆卸制动鼓，在制动鼓与轮毂之间做装配记号，见图 4-4-34。

　　④ 安装维修用螺栓，见图 4-4-35。

图 4-4-34　在制动鼓与轮毂之间做装配记号　　　图 4-4-35　安装维修用螺栓

　　注意：如果由于生锈制动鼓被卡在后桥法兰中，将 8 mm 直径的螺栓插入两个检查孔中，均匀地上紧螺栓将制动鼓顶起，一次上紧一点，防止制动鼓损坏，不要施加过大的力。相反，在法兰上涂一些润滑剂，一旦制动鼓稍微顶起，松开螺栓并将制动鼓推入，重复该过程，直到制动鼓能够被拆卸为止，如果制动蹄片和制动鼓之间的间隙太小，或者如果制动鼓已经有分段或者条纹磨损，为了松开调节杆，需要在背板后面的检修孔内插入一把螺丝刀，同时，使用另外一把螺丝刀转动调节器的调整螺栓，以便收缩制动蹄片；制动鼓拆下后，不要踩下制动踏板。

　　⑤ 拆卸前制动蹄片。使用制动蹄片回位弹簧拆装工具拆卸上部回位弹簧，

见图 4-4-36。

注意：切勿损坏制动分泵胶套（活塞皮碗）。

拆卸前制动蹄片压紧弹簧，见图 4-4-37。拆卸前制动蹄片，见图 4-4-38。取下浮动支撑销和下部回位弹簧，见图 4-4-39。

图 4-4-36　拆卸上部回位弹簧

图 4-4-37　拆卸前制动蹄片压紧弹簧

图 4-4-38　拆卸前制动蹄片

图 4-4-39　取下浮动支撑销和下部回位弹簧

⑥ 拆卸后制动蹄片压紧弹簧，见图 4-4-40。取下浮动支撑销。

⑦ 分离调节器，从制动蹄片上分离调节杆扭矩弹簧，见图 4-4-41。取下后制动蹄片。

图 4-4-40　拆卸后制动蹄片压紧弹簧

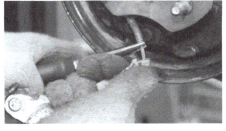

图 4-4-41　分离调节杆扭矩弹簧

⑧ 分离前制动蹄片自动调节器拉紧弹簧，见图 4-4-42。

⑨ 取下调整拨杆，分离 C 型圈，见图 4-4-43。从后制动蹄片上分离 C 型圈，取下驻车制动蹄拉杆，完成制动蹄的分解，注意拆下的零件按顺序摆放，见图 4-4-44。

（2）鼓式制动器安装。

① 使用轮毂清洗剂清洁制动鼓，清洁制动底板，在制动底板与制动蹄片接

触的 8 个位置上涂抹少量的高温润滑脂，见图 4-4-45。

图 4-4-42　分离前制动蹄片自动
调节器拉紧弹簧

图 4-4-43　分离 C 型圈

图 4-4-44　制动蹄分解零件

图 4-4-45　涂抹高温润滑脂

② 安装制动蹄片，制动蹄片的安装步骤与拆卸步骤相反，此处不再赘述。

③ 转动调节器将制动蹄片外径调整到大约比制动鼓内径小 1 mm。

④ 清洁制动鼓的内表面，使用砂纸清洁制动蹄衬片并清除油污，对准装配记号安装制动鼓，在对角临时安装两颗轮胎螺母，将车辆举升至低位。

⑤ 调整制动蹄片间隙。反复拉起放下驻车制动器拉杆，如果使用驻车拉杆时后制器中没有咔嗒声，制动蹄片间隙会自动调整。

⑥ 反复踩下制动踏板，使制动蹄片彻底到位。

⑦ 制动拖滞检查。踩下制动踏板，检查制动鼓应卡住；松开制动踏板，检查制动鼓应立即转动并且无拖滞。拉起驻车制动拉杆，检查制动鼓应卡住；松开

驻车制动拉杆，检查制动鼓应立即转动并且无拖滞。

　　注意：此项操作需要两人合作完成。

　　⑧ 检查并调整驻车制动拉杆行程，标准：6～9 响。

　　⑨ 安装轮胎。轮胎的安装方法与盘式制动器拆装时的一致，此处不再赘述。

　　⑩ 6S 整理。举升机回位，工具、车辆、场地整理与清洁。

任务工单

任务名称	任务 4　制动系统构造与拆装		成绩	
姓名		班级		学号	
实训设备	底盘实训台架、实训车辆			
任务引入	小张是某 4S 店的维修学徒，客户李先生的汽车制动系统故障，需要进行制动系统部件的拆装，师傅安排小张一起协助拆装，假设你是小张，需要你帮助完成制动系统零部件的拆装，你该怎么做			
任务目的	按照制动系统的拆装技术要求及安全注意事项，制订制动系统拆装的工作计划，按照正确规范的流程完成制动系统零部件拆装操作			

活动一：识别制动系统各组成零部件

请仔细观察底盘实训台架，对照图 4-4-46、图 4-4-47，填写制动系统各组成零部件名称，并描述其工作原理

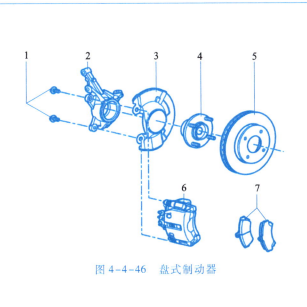

图 4-4-46　盘式制动器

序号	名称
1	
2	
3	
4	
5	
6	
7	

续表

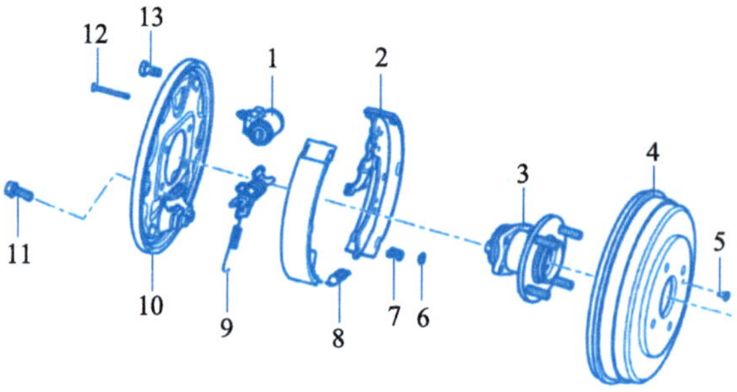

图4-4-47 鼓式制动器

序号	名称
1	
2	
3	
4	
5	
6	
7	
8	
9	
10	
11	
12	
13	

活动二：盘式制动器的拆装

请根据任务要求，确定所需要的资料和工具、设备等，并对小组成员进行分工，制订工作计划。

1. 需要的资料和工具、设备等

2. 小组成员分工

3. 工作计划

4. 任务实践

（1）查阅维修手册，记录相关的参数。

续表

（2）盘式制动器的拆装。

注意事项：＿＿＿＿＿＿＿＿＿＿＿＿＿＿＿＿＿＿＿＿＿＿＿＿＿＿
＿＿＿＿＿＿＿＿＿＿＿＿＿＿＿＿＿＿＿＿＿＿＿＿＿＿＿＿＿＿＿＿
＿＿＿＿＿＿＿＿＿＿＿＿＿＿＿＿＿＿＿＿＿＿＿＿＿＿＿＿＿＿＿＿
＿＿＿＿＿＿＿＿＿＿＿＿＿＿＿＿＿＿＿＿＿＿＿＿＿＿＿＿＿＿＿＿
＿＿＿＿＿＿＿＿＿＿＿＿＿＿＿＿＿＿＿＿＿＿＿＿＿＿＿＿＿＿＿＿

拆装步骤：＿＿＿＿＿＿＿＿＿＿＿＿＿＿＿＿＿＿＿＿＿＿＿＿＿＿＿
＿＿＿＿＿＿＿＿＿＿＿＿＿＿＿＿＿＿＿＿＿＿＿＿＿＿＿＿＿＿＿＿
＿＿＿＿＿＿＿＿＿＿＿＿＿＿＿＿＿＿＿＿＿＿＿＿＿＿＿＿＿＿＿＿
＿＿＿＿＿＿＿＿＿＿＿＿＿＿＿＿＿＿＿＿＿＿＿＿＿＿＿＿＿＿＿＿
＿＿＿＿＿＿＿＿＿＿＿＿＿＿＿＿＿＿＿＿＿＿＿＿＿＿＿＿＿＿＿＿
＿＿＿＿＿＿＿＿＿＿＿＿＿＿＿＿＿＿＿＿＿＿＿＿＿＿＿＿＿＿＿＿
＿＿＿＿＿＿＿＿＿＿＿＿＿＿＿＿＿＿＿＿＿＿＿＿＿＿＿＿＿＿＿＿

5. 6S 管理

□车辆复位　　□设备复位　　□工具复位　　□场地清洁　　□填写工单

活动三：鼓式制动器的拆装

请根据任务要求，确定所需要的资料和工具、设备等，并对小组成员进行分工，制订工作计划。

1. 需要的资料和工具、设备等

2. 小组成员分工

3. 工作计划

4. 任务实践

（1）查阅维修手册，记录相关的参数。

续表

（2）鼓式制动器的拆装。

注意事项：_____

_____

_____

_____

_____

_____

拆装步骤：_____

_____

_____

_____

_____

_____

_____

_____

5. 6S 管理

□车辆复位　　□设备复位　　□工具复位　　□场地清洁　　□填写工单

实践考核评价

实践名称	制动系统构造与拆装		时长	90 min	
姓名			班级		
工作任务	客户的底盘制动系统出现故障，需要进行制动器总成拆装。你需要按照制动器总成拆装技术要求，完成制动器总成零部件拆装，同时记录好相关信息				
评分标准					
序号	评分内容	步骤与要求		配分	得分
1	安全或工作态度否决项	造成人身、设备重大事故，或恶意顶撞教师、严重扰乱课堂秩序，立即终止操作			
2	行驶系统结构认知	1）找到制动系统，判别其类型		5	
		2）找到制动操纵机构并说出其组成零部件		5	
		3）找到制动器并说出其组成零部件		5	
		4）找到液压制动系统并说出其组成零部件		5	

续表

序号	评分内容	步骤与要求	配分	得分
3	鼓式制动器的拆装	1）拆卸制动鼓	4	
		2）拆卸前制动蹄片，依次拆下各个附件	4	
		3）拆卸后制动蹄片压紧弹簧	4	
		4）拆卸后制动蹄片	4	
		5）组装制动蹄总成	4	
		6）安装制动蹄总成	4	
		7）安装复位弹簧	4	
		8）安装定位销及其他附件	4	
4	盘式制动器的拆装	1）拆卸制动钳壳体固定螺栓	4	
		2）取下制动器各零部件	4	
		3）安装制动器各零部件	4	
		4）拧紧制动钳固定螺栓至规定力矩	4	
		5）检查盘式制动器安装情况	5	
5	6S 管理	1）车辆防护、车辆举升、轮胎拆装	5	
		2）设备、工具、量具等正确使用，确保其安全与完好	3	
		3）工具、量具、零件摆放整齐合理	3	
		4）无工具、零件落地	2	
		5）工装（衣、鞋、帽）穿戴合理	2	
		6）场地清理	2	
6	工单填写	按要求填写操作工单，内容完整、正确	10	
7	得分			
技能评价				

签名：　　　　日期：

知识检验

一、填空题

1. 制动系统由_____、_____、_____和_____等部分组成。

2. 由制动盘和制动钳组成的制动器，称为_____。

3. 驻车制动器按其安装位置不同，有_____和_____两种。

4. 车轮制动器可以分为_____和_____两种类型。

5. 钳盘式制动器可分为_____和_____两种类型。

二、判断题

1. 完成制动作用的部件是制动踏板。　　　　　　　　　　　　（　　）

2. 驻车制动器的主要作用是配合行车制动器进行紧急制动。　　（　　）

3. 在动力制动系统中，驾驶人的肌体不仅作为控制源，还作为部分制动能源。

　　　　　　　　　　　　　　　　　　　　　　　　　　　　（　　）

4. 真空助力器在不制动时，其空气阀开启。　　　　　　　　　（　　）

三、单选题

1. 任何一辆汽车都必须具有行车制动系统和（　　　）。

　　A. 应急制动系统　　　　　　　　B. 驻车制动系统

　　C. 第二制动系统　　　　　　　　D. 辅助制动系统

2. 盘式制动器摩擦副中的旋转元件的工作表面是（　　　）。

　　A. 端面　　　　　　　　　　　　B. 圆柱面

　　C. 圆球面　　　　　　　　　　　D. 中心平面

3. 旋转元件固定在车轮上，制动力矩直接作用在车轮上的制动器为（　　　）。

　　A. 中央制动器　　　　　　　　　B. 驻车制动器

　　C. 车轮制动器　　　　　　　　　D. 辅助制动器

4. 鼓式制动器的旋转元件是（　　　）。

　　A. 制动蹄　　　　　　　　　　　B. 制动鼓

　　C. 摩擦片　　　　　　　　　　　D. 制动蹄背板

5. 鼓式制动器加注润滑油的位置是（　　　）。

　　A. 衬片与制动鼓接触面　　　　　B. 底板与制动蹄片接触面

　　C. 衬片表面　　　　　　　　　　D. 制动鼓与后桥法兰接触面

项目五

汽车电气设备构造与拆装

本项目主要讲述汽车电气设备构造与拆装，通过学习需要完成以下四个任务：

任务 1　照明与信号系统构造与拆装；

任务 2　空调系统构造与拆装；

任务 3　电动座椅和电动车窗构造与拆装；

任务 4　刮水器系统构造与拆装。

通过本项目的学习，主要掌握以下知识，具备以下能力：

1. 了解照明与信号系统、空调系统、电动座椅和电动车窗、刮水器系统等作用，掌握其结构组成及工作原理，能正确识别系统各组成零部件，描述其工作原理；

2. 掌握照明与信号系统、空调系统、电动座椅和电动车窗、刮水器系统等各组成零部件的装配关系，能实车辨认各系统的零部件及其安装位置；

3. 掌握照明与信号系统、空调系统、电动座椅和电动车窗、刮水器系统等各组成零部件的拆装方法，能根据拆装技术要求，选择合适的工具，正确、规范地进行各组成零部件拆装。

■ 任务 1　照 明 与 信 号 系 统 构 造 与 拆 装

🚗 任务引入

　　小张是某 4S 店的维修学徒，客户李先生的前大灯出现故障，需要将前大灯拆下来进行故障检修，师傅安排小张进行前大灯的拆装，假设你是小张，需要你完成前大灯的拆装，你该怎么做？

⛽ 学习目标

知识目标

1. 了解照明与信号系统的作用、组成零部件；

2. 掌握照明与信号系统各组成零部件的工作原理；

3. 掌握照明与信号系统各组成零部件的装配关系。

能力目标

1. 能正确识别汽车照明与信号系统的各组成部分，在实车上找到各照明与信号灯具的安装位置；

2. 按照技术标准对汽车照明与信号系统主要总成和零部件进行拆装。

素养目标

1. 通过小组分工合作，培养学生的团队意识和沟通能力；

2. 通过实践训练，培养学生的劳动意识；

3. 通过汽车照明与信号系统的使用，要求学生遵守照明与信号系统使用规则，培养规矩意识。

📖 相关知识

　　为了保证汽车的安全行驶和发动机的正常工作，提高工作效率，汽车上安装各种照明灯具和信号装置。按安装位置和用途不同，可分为外部照明灯具（如前照灯、牌照灯等）、内部照明灯具（如车厢灯、仪表灯等）、灯光信号装置（如转向灯、制动灯等）和声音信号装置（如电喇叭）等。

一、汽车灯具

　　汽车上的照明灯具和灯光信号装置俗称灯具，是汽车不可缺少的一部分。按其功能不同，灯具可分为照明灯和信号灯具两大类，按其安装位置不同可分为外部灯具和内部灯具。

外部照明灯具：前照灯、雾灯、牌照灯等。

外部信号灯具：转向灯、示位灯、示廓灯、警示灯、驻车灯、制动灯等。

内部照明灯具：顶灯、阅读灯、仪表灯、工作灯、踏步灯等。

内部信号灯具：门灯、仪表报警及指示灯等。

1. 外部灯具

（1）前照灯。

前照灯，见图5-1-1，俗称大灯，安装在汽车头部的两侧，一般功率为40～60 W，用来照亮车前的道路，有两灯制和四灯制之分。四灯制前照灯并排安装时，安装于外侧的一对应为近、远光双光束灯，安装于内侧的一对应为远光单光束灯。

图 5-1-1   前照灯

（2）雾灯。

雾灯，见图5-1-2，安装在汽车头部或尾部，前雾灯的功率为45 W，发黄色光，位置比前照灯稍低，一般离地面约50 cm，射出的光线倾斜度大，在雾、雪、暴雨或尘埃弥漫等情况下，用来改善道路的照明情况。后雾灯功率为21 W或6 W，光色为红色，用来提醒后方车辆保持安全间距。

（3）牌照灯。

牌照灯安装在汽车尾部牌照上方或左右两侧，见图5-1-3，其功率一般为5～10 W，发白色光，用来在夜间照亮汽车尾部牌照。牌照灯的光束不应外射，保证在25 m外能认清牌照上的号码。

图 5-1-2   雾灯   图 5-1-3   牌照灯

（4）转向灯。

转向灯见图 5-1-4，安装在汽车头、尾部两侧，功率为 21 W，发淡黄色光，在车辆掉头、转向、起步、超车、停车过程中，发出明暗交替的闪烁信号，使前后车辆及行人知晓车辆的行驶趋向。在紧急遇险状态需要其他车辆注意避让时，左、右转向灯可通过使危险报警灯开关接通而同时闪烁。

图 5-1-4　转向灯

（5）示位灯。

示位灯安装于汽车头、尾部和侧面，功率为 5 W。前示位灯俗称小灯、示宽灯，光色为白色或黄色；后示位灯俗称尾灯，光色为红色。车辆在夜间行驶打开前照灯时，示位灯与仪表灯、牌照灯同时工作，以标示车辆的存在及所处的位置。

（6）示廓灯。

示廓灯又称"角标灯"，空载高 3 m 以上的车辆均应安装示廓灯，用来标示车辆轮廓。该灯安装于车身的前后左右四角，发黄色光，功率 3～5 W，30 m 外应能看清示廓灯灯光。

（7）警示灯。

警示灯一般安装于车辆顶部，功率为 40～45 W，用来标示车辆特殊类型，如消防车、警车、救护车、公交车、出租车等。

（8）驻车灯。

驻车灯安装于车头和车尾两侧。要求从车前和车后 150 m 远处确认灯光信号，要求车前光色为白色，车后光色为红色，夜间驻车时，可将驻车灯点亮以标示车辆形位，此时仪表照明灯、牌照灯不亮，耗电比使用示位灯少。

（9）制动灯。

制动灯俗称"刹车灯"，安装于汽车尾部。每当踏下制动踏板时，制动灯便发出较强的红光，以表示正在制动。制动灯功率为 21 W，光色为红色，灯罩显示面积较后示位灯大。为避免后方的大型车辆碰撞轿车，轿车后窗内可加装由发光二极管成排显示的高位制动灯，见图 5-1-5。

高位制动灯

制动灯

图 5-1-5　制动灯

2. 内部灯具

（1）顶灯。

顶灯安装于车顶，见图 5-1-6，用作室内照明灯，还可以兼起监视车门是否可靠关闭的作用。只要有车门未可靠关紧，顶灯就会点亮。

（2）阅读灯。

阅读灯，见图 5-1-7，安装于乘员座椅前部或顶部，开启时不会使驾驶人产生炫目，其照明范围小，有的阅读灯还有光轴方向调节机构。

图 5-1-6 顶灯

图 5-1-7 阅读灯

（3）仪表灯。

仪表灯安装在仪表板反面，用来照明仪表指针及刻度板，见图 5-1-8。

（4）工作灯

工作灯是车辆维修时可以移动使用的一种随车低压照明工具，电源为发电机或蓄电池。在汽车上装设有工作灯插座，工作灯是配有导线的移动式灯具，灯光为白色，灯泡功率一般在 8～20 W。

（5）踏步灯。

踏步灯安装在大中型客车乘员门内的台阶上，夜间开启车门时，照亮踏板。

（6）门灯。

门灯，见图 5-1-9，安装在轿车外张式车门内侧底部，光色为红色。夜间开启车门时，门灯发亮，以提示后面行人、车辆注意避让。

图 5-1-8 仪表灯

图 5-1-9 门灯

（7）仪表报警及指示灯。

常见的仪表报警及指示灯有转向指示灯、充电指示灯、机油压力过低报警灯、远光指示灯等，仪表报警灯一般为红色或黄色，仪表指示灯一般为绿色或蓝色，见图 5-1-10。

二、汽车信号装置

汽车信号装置的作用是通过声响和灯光向其他车辆的驾驶人和行人发出警告，以引起注意，确保车辆行驶的安全。汽车信号装

图 5-1-10 仪表报警及指示灯

置主要包括灯光信号装置以及声音信号装置。

1. 转向信号灯、危险报警灯

转向信号灯的作用是指示汽车的行驶趋向。当汽车转弯时，发出明暗交替的闪光信号，以表明汽车向左或向右行驶，光色一般为橙色。在紧急情况下打开危险报警灯开关（图5-1-11），能使全部左、右转向灯同时闪烁，提示别的车辆及行人注意避让。

转向及危险报警灯信号电路一般由转向灯、转向灯开关、危险报警灯开关、闪光器等组成，转向信号灯的闪烁是由闪光器控制的。

2. 制动信号灯

制动信号灯光色一般为红色，两个制动信号灯的安装位置应与汽车纵轴线对称，并在同一高度，其光束角度在水平面内应为灯轴线左右各45°范围，在铅垂面内应为灯轴线上下各15°范围。

制动信号灯安装在汽车的尾部，当汽车制动时，红色制动信号灯亮，给后方的车辆发出制动信号，以避免造成追尾事故。目前在一些发达国家，还规定了轿车必须安装高位制动信号灯，它安装在后车窗中心线、靠近车窗底部，对防止发生追尾事故有相当好的效果。

制动信号灯由制动信号灯开关控制，常见的制动信号灯开关分为以下几种。

（1）液压式制动信号灯开关。

液压式制动信号灯开关安装于液压制动主缸的前端或制动管路中，其结构见图5-1-12。

踩下制动踏板时，制动系统压力增大，膜片向上弯曲，动触片接通接线柱，制动信号灯通电亮起；松开制动踏板时，系统压力降低，动触片在回位弹簧的作用下复位，制动信号灯电路被切断，制动信号灯熄灭。

图5-1-11　危险报警灯开关

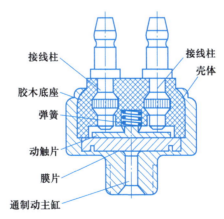

图5-1-12　液压式制动信号灯开关

（2）气压式制动信号灯开关。

气压式制动信号灯开关通常被安装在制动系统的气压管路上。制动时，压缩空气推动膜片向上弯曲，使活动触点闭合，接通制动信号灯电路。气压式制动信号灯开关见图5-1-13。

（3）弹簧式制动信号灯开关。

弹簧式制动信号灯开关安装在制动踏板的后面，见图5-1-14，当踩下制动踏板时，制动开关闭合，制动信号灯亮。

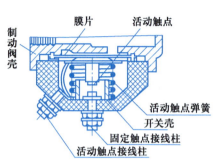

图5-1-13　气压式制动信号灯开关　　　图5-1-14　弹簧式制动信号灯开关

3. 倒车信号装置

倒车信号装置包括倒车灯和倒车报警器。

（1）倒车灯和倒车报警器电路。

汽车倒车时，为了提示车后的行人和其他车辆注意避让，在汽车的尾部装有倒车灯和倒车蜂鸣器（或倒车语音报警器），它们均由安装在变速器上的倒挡开关控制，见图5-1-15。当变速杆挂入倒挡时，在拨叉轴的作用下，倒挡开关接通倒车报警器和倒车灯电路，从而发出声光倒车信号，见图5-1-16。

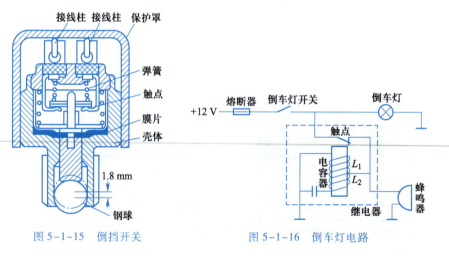

图5-1-15　倒挡开关　　　　　　图5-1-16　倒车灯电路

（2）倒车报警器。

① 倒车蜂鸣器。

倒车蜂鸣器是一种间歇发出声音的声音信号装置，其发声部分是一只功率较小的电喇叭，控制电路是一个由非稳态电路和反相器组成的开关电路。

② 倒车语音报警器。

随着集成电路技术的发展，现在已经能将语音信号压缩存储于集成电路中，制成倒车语音报警器。在汽车倒车时，倒车语音报警器能重复发出声音，以此提醒车后行人避开车辆而确保安全倒车。

③ 倒车雷达。

倒车雷达又称泊车辅助系统、倒车计算机警示系统，能以声音或者更为直观的显示告知驾驶人周围障碍物的情况，解除了驾驶人泊车和起动车辆时四处探视的困难，并帮助驾驶人解决了视野死角和视线模糊的困扰，提高了安全性，见图 5-1-17。

图 5-1-17　倒车雷达

通常的倒车雷达主要由三部分组成：感应器（探头）、主机、显示设备。感应器是发出和接收超声波信号的装置，其将获得的信号传输到主机里面的计算机进行分析，再通过显示设备显示出来。

4. 汽车喇叭

汽车喇叭是用来在汽车行驶中警示行人和其他车辆注意交通安全的声音信号装置。汽车喇叭的分类如下。

（1）按发声动力分为气喇叭和电喇叭。

气喇叭利用气流使金属膜片振动产生声音，外形一般为筒形，多用在有空气制动装置的重型载重汽车上。电喇叭利用电磁力使金属膜片振动产生声音，其声音悦耳，广泛使用于各种类型的汽车上。

（2）按外形分为螺旋形喇叭、筒形喇叭、盆形喇叭。

在中小型汽车上，由于安装的位置限制，多采用螺旋形和盆形电喇叭。盆形电喇叭具有体积小、质量轻、指向好、噪声小等优点。

（3）按音调分为高音喇叭和低音喇叭。

为了得到较为和谐悦耳的声音，在汽车上常装有两个不同音调（高、低音）的电喇叭。

（4）按接线方式分为单线制喇叭和双线制喇叭。

（5）电喇叭按有无触点分为普通电喇叭和电子电喇叭。

普通电喇叭主要是靠触点的闭合和断开，控制电磁线圈激励膜片振动产生声音的；电子电喇叭中无触点，它是利用晶体管电路激励膜片振动产生声音的。电喇叭外形见图 5-1-18。

图 5-1-18　电喇叭

微课

汽车前大灯的
拆装

任务实施

汽车前大灯的拆装

1. 准备工作

（1）场地准备：准备实训车辆、常用工具箱、零件车、垃圾桶等。

（2）工具准备：准备常用拆装工具、车辆防护用品等。

（3）资料准备：维修手册。

2. 实践操作

（1）前大灯总成的拆卸。

① 拆卸准备。做好车辆防护，打开发动机舱盖，断开蓄电池负极电缆。

② 拆卸前车轮外部装饰板。拧开前车轮外部装饰板螺钉，取下前车轮外部装饰板，见图 5-1-19。

③ 拆卸前格栅。拧开前格栅紧固螺钉，取下前格栅，见图 5-1-20。

④ 旋出前组合灯总成的固定螺栓，见图 5-1-21。

⑤ 解锁并脱开前组合灯总成连接插头，见图 5-1-22。

图 5-1-19　拆卸前车轮外部装饰板　　图 5-1-20　拆卸前格栅

图 5-1-21　旋出前组合灯总成固定螺栓　　图 5-1-22　脱开前组合灯总成连接插头

⑥ 从前从车身开口中取出前组合灯总成，见图 5-1-23。

图 5-1-23　取出前组合灯总成

（2）前大灯总成的安装。

前大灯总成的安装按照与拆卸相反的顺序进行。注意各紧固螺栓拧紧至规定力矩。

安装完成，进行 6S 整理。工具、车辆、场地整理与清洁。

任务工单

任务名称	任务 1　照明与信号系统构造与拆装		成绩	
姓名		班级	学号	
实训设备	实训车辆、车辆防护用品			
任务引入	小张是某 4S 店的维修学徒，客户李先生的前大灯出现故障，需要将前大灯拆下来进行故障检修，师傅安排小张进行前大灯的拆装。假设你是小张，需要你完成前大灯的拆装，你该怎么做			
任务目的	按照汽车前大灯的拆装技术要求及安全注意事项，制订前大灯拆装的工作计划，按照正确规范的流程完成前大灯部件拆装操作			

活动一：识别灯光开关
请仔细观察实训车辆，对照图 5-1-24，填写灯光开关名称

图 5-1-24　灯光开关

序号	名称
1	
2	
3	
4	
5	
6	

活动二：识别与操纵汽车的照明与信号系统
在实训车辆上找到下列照明与信息系统灯具的安装位置，进行开关操纵并观察，然后填写下表

序号	名称	安装位置	颜色
1	近光灯		
2	远光灯		
3	雾灯		
4	牌照灯		
5	转向灯		
6	制动灯		
7	顶灯		
8	阅读灯		
9	门灯		
10	危险报警灯		
11	倒车灯		

活动三：汽车前大灯的拆装

请根据任务要求，确定所需要的资料和工具、设备等，并对小组成员进行分工，制订工作计划。

1. 需要的资料和工具、设备等

2. 小组成员分工

3. 工作计划

4. 任务实践

（1）查阅维修手册，记录相关的力矩值。

续表

（2）汽车前大灯的拆卸。

拆装注意事项：_____

_____

_____

拆装步骤：_____

_____

_____

_____

_____

5. 6S 管理

□车辆复位　　□设备复位　　□工具复位　　□场地清洁　　□填写工单

实践考核评价

实践名称	照明与信号系统构造与拆装		时长	45 min	
姓名			班级		
工作任务	客户的汽车前大灯出现故障，需要进行前大灯的拆装。你需要按照前大灯的拆装技术要求，完成汽车前大灯拆装，同时记录好相关信息				
评分标准					
序号	评分内容	步骤与要求		配分	得分
1	安全或工作态度否决项	造成人身、设备重大事故，或恶意顶撞教师、严重扰乱课堂秩序，立即终止操作			
2	汽车照明与信号系统的识别与操纵	1）灯光开关的识别		5	
		2）灯光开关的操纵		10	
		3）汽车外部灯具的识别		5	
		4）汽车内部灯具的识别		5	
		5）汽车信号系统灯具识别		5	
3	汽车前大灯的拆装	1）断开蓄电池负极电缆		5	
		2）拆卸前车轮外部装饰板		5	
		3）拆卸前格栅		5	
		4）取出前大灯总成		5	
		5）安装前大灯总成		10	
		6）安装前格栅		5	
		7）安装前车轮外部装饰板		5	

续表

序号	评分内容	步骤与要求	配分	得分
4	6S 管理	1）车辆防护	3	
		2）设备、工具、量具等正确使用，确保其安全与完好	3	
		3）工具、量具、零件摆放整齐合理	3	
		4）无工具、零件落地	2	
		5）工装（衣、鞋、帽）穿戴合理	2	
		6）场地清理	2	
5	工单填写	按要求填写操作工单，内容完整、正确	15	
6	得分			
技能评价				

签名： 日期：

知识检验

一、填空题

1. 汽车前照灯一般由_____、_____、_____三部分组成。

2. 汽车灯光系统按照用途分为_____、_____两大类。

3. 汽车转向灯兼有_____功能和_____功能。

4. 汽车照明灯包括_____、_____、_____、_____、_____和_____。

5. 灯光信号装置包括_____、_____、_____、_____和_____。

6. 电喇叭又分为_____、_____两种。

二、判断题

1. 流过喇叭线圈的电流越大，则音量越大。 （ ）

2. 卤钨灯泡是在惰性气体中渗入卤族元素，使其防眩目。 （ ）

3. 汽车会车时应采用远光灯，无对向来车时应采用近光灯。 （ ）

4. 前照灯应使驾驶人能看清车前 100 m 或更远距离以外路面上的任何障碍物。 （ ）

5. 在调整光束位置时，对有双丝灯的前照灯，应该以调整近光光束为主。 （ ）

6. 汽车上除照明灯具外，还有用以指示其他车辆或行人的灯光信号标志，这些灯称为信号灯具。　　　　　　　　　　　　　　　　（　　）

7. 牌照灯属于信号灯具。　　　　　　　　　　　　　　　　　　（　　）

8. 仪表远光指示灯的颜色为蓝色。　　　　　　　　　　　　　　（　　）

三、单选题

1. 汽车电喇叭，按外形可分为螺旋形、（　　）和盆形。
   A. 长形　　　　　B. 筒形　　　　　C. 短形　　　　　D. 球形

2. 控制转向灯闪光频率的是（　　）。
   A. 转向灯开关　B. 点火开关　　C. 蓄电池　　　D. 闪光器

3. 制动灯要求其灯光在夜间能明显指示（　　）。
   A. 30 m 以外　　B. 60 m 以外　　C. 101 m 以外　　D. 50 m 以外

4. 倒车灯的灯光颜色为（　　）色。
   A. 红　　　　　　B. 黄　　　　　　C. 白　　　　　　D. 橙

5. 下列属于汽车信号灯具的是（　　）。
   A. 车速表　　　B. 前照灯　　　C. 转向灯　　　D. 阅读灯

6. 制动灯开关位于（　　）。
   A. 灯光开关处　B. 转向盘处　　C. 制动踏板处　D. 点火开关处

7. 根据我国汽车灯具的使用规定，汽车前雾灯光色为黄色，后雾灯光色为（　　）。
   A. 白色　　　　　B. 蓝色　　　　　C. 黄色　　　　　D. 红色

■ 任务 2　空调系统构造与拆装

任务引入

小张是某 4S 店的维修学徒，客户李先生的汽车空调系统故障，需要进行空调滤芯的拆装，师傅安排小张一起协助拆装，假设你是小张，需要你帮助完成空调滤芯的拆装，你该怎么做？

学习目标

知识目标

1. 了解汽车空调系统的作用、组成零部件；

2. 掌握空调系统及各组成零部件的工作原理；

3. 掌握空调系统各组成零部件的装配关系。

能力目标

1. 能正确识别汽车空调系统的各组成零部件，在实车上找到空调系统各组成零部件的安装位置；

2. 按照技术标准对汽车空调系统主要零部件进行拆装。

素养目标

1. 通过小组分工合作，培养学生的团队意识和沟通能力；

2. 通过实践训练，培养学生的劳动意识；

3. 通过对汽车空调系统各组成零部件功能的实现，培养学生的责任意识。

相关知识

汽车空调系统的作用是根据驾驶人的需要，调节汽车车厢内空气的温度、相对湿度、清洁度、气流速度及方向等，使汽车车厢内的空气处于比较理想的状态，保证驾乘环境舒适。

一、汽车空调系统的作用

汽车空调系统的作用是人为创造一个适宜人体的环境，即对车内的温度、湿度、空气流动进行调节，并过滤净化车内空气。除此之外，汽车空调系统还能除去风窗玻璃上的雾、霜、冰、雪，给驾驶人一个清晰的视野，确保行车安全。

1. 调节车内温度

调节车内温度是汽车空调系统的基本功能，汽车空调系统利用其制冷装置和加热装置，可将车内温度调至舒适范围。

2. 调节车内湿度

普通汽车空调系统一般不具备调节湿度功能，只有较高端汽车采用的冷暖一体化空调器，才能对车内的湿度进行适度调节。它通过制冷装置冷却降温，去除空气中的水分，再由供暖装置升温以降低空气的相对湿度。在普通汽车上目前还没有安装加湿装置，只能通过打开车窗或通风设施，靠车外新鲜空气进行调节。

3. 调节车内空气流动

研究表明空气的流速和方向对人体舒适度影响很大。夏季，气流速度稍大，有利于人体散热降温，但过快的风直接吹到人体，会使人感到不舒服，较为舒适的气流速度一般为 0.25 m/s。冬季，风速大了会影响人体保温，所以气流速度应降低，一般为 0.15~0.20 m/s。根据人体生理特点，头部对冷比较敏感，脚部对热比较敏感，因此，在布置空调出风口时，应让暖风吹到乘员头部，冷风吹到乘员脚部。

4. 过滤净化车内空气

由于车内空间小，乘员密度大，车内易出现缺氧和二氧化碳浓度过高的情况。汽车发动机废气中的一氧化碳和道路上的粉尘、野外的花粉都容易进入车内，造成车内空气污浊，影响乘员的身体健康。因此，要求汽车空调必须具有补充车外新鲜空气、过滤和净化车内空气的功能。

二、汽车空调系统的组成

汽车空调系统一般由制冷系统、暖风系统、通风系统、操纵控制系统和空气净化系统等组成。

1. 制冷系统

汽车空调制冷系统在车内温度较高时对车内空气进行冷却，使车内驾驶人和乘员有良好的乘坐舒适度。它利用液态物质蒸发吸热的特点来达到对车内的空气进行冷却的目的。

2. 暖风系统

暖风系统把车内的空气或吸进来的新鲜空气加热，给车内保暖或除湿，同时还可以对前风窗玻璃进行除霜。

3. 通风系统

通风系统把车外的新鲜空气引入车内，同时通过排风口把车内的污浊空气排出车外。尤其是在雨天不能打开车窗时，要想保持车内空气新鲜，通风系统就显得尤为重要。

4. 操纵控制系统

操纵控制系统一般由电气系统、真空系统和操纵装置组成，其对制冷系统和暖风系统进行控制，同时对车内的空气温度、风量、流向进行操纵，保证空调系统正常工作。

5. 空气净化系统

空气净化系统的作用是除去车内存在的灰尘和难闻的气味。空气净化系统一般设有空气过滤器（用于空气过滤及除味），可对进入车内的空气进行过滤，也可在车内空气进行内循环时，进行对车内空气的过滤。

三、汽车空调制冷系统

汽车空调制冷系统是利用压缩制冷装置以及制冷剂循环流动来实现制冷的。液态制冷剂在蒸发器中在低温下吸收冷却对象的热量而气化，使被冷却对象降温。然后又在高温下把热量传给周围介质冷凝成液体。汽车空调制冷系统如此不断循环，借助于制冷剂的状态变化，达到制冷目的。

1. 汽车空调制冷系统的组成

汽车空调制冷系统多种多样，但其基本结构相差不大。一般由压缩机、冷凝器、储液干燥器、膨胀阀、蒸发器、鼓风机等部分组成，见图 5-2-1。

压缩机是空调制冷系统的心脏，压缩机是使制冷剂 R134a 在系统内循环的动力源。压缩机的作用是将 R134a 由低温低压气体压缩为高温高压气体。没有压缩机，空调制冷系统不仅不制冷，而且还失去了运行的动力。压缩机的动力，大部分来自汽车发动机。

冷凝器的作用是将压缩机排出的高温高压制冷剂蒸气进行冷却，并使其凝结

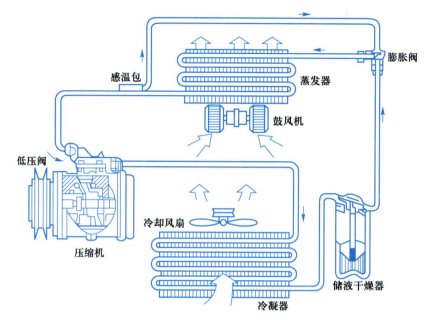

图 5-2-1 空调制冷系统的结构

为液体，凝结时所放出的热量被排至大气中。冷凝器经常被安装在车头，与水箱一起共同接受来自车辆前方的凉风。

储液干燥器实际上是一个储存制冷剂及吸收制冷剂水分、杂质的装置。一方面，它相当于汽车的燃油箱，为制冷剂转移后而出现的空间补充制冷剂。另一方面，它又像空气滤清器那样，过滤掉制冷剂中的杂质。储液干燥器中还装有一定的硅胶物质，起到吸收水分的作用。

膨胀阀的作用是降低进入蒸发器内的制冷剂的压力，控制进入蒸发器内的制冷剂的流量。压力降低，温度同时降低，制冷剂雾化成液态微粒，制冷剂易于吸热而蒸发膨胀。控制进入蒸发器内的制冷剂的流量可以防止因制冷剂流量过大使蒸发器温度过低而结冰，也可以防止因制冷剂流量过小使蒸发器过热而使空调系统制冷度不足。

蒸发器的作用与冷凝器正好相反，它是制冷剂由液态变成气态（即蒸发）吸收热量的场所。车内湿热空气通过蒸发器时，蒸发器内液态雾状制冷剂吸收流经蒸发器的湿热空气热量蒸发而使空气冷却，湿气凝结成露水沿导流管排出车外，冷干空气经风机作用循环于车内，最终实现了汽车空调制冷的作用。

2. 汽车空调制冷系统工作原理

汽车空调制冷系统工作原理见图 5-2-2。压缩机运转时，将蒸发器内产生的低温低压制冷剂蒸气吸入并压缩后，在高温高压（约 70 ℃，1 471 kPa）的状态下排出。这些气态制冷剂流入冷凝器，并在此受到散热器和冷却风扇的作用强制冷却到 50 ℃ 左右。这时，制冷剂由气态变成液态。液化了的制冷剂，进入储液干燥器，除去水分和杂质后，流入膨胀阀。高压的液态制冷剂从膨胀阀的小孔流出，变为低压雾状后流入蒸发器。雾状制冷剂在蒸发器内吸热气化变成气态制冷剂，从而使蒸发器表面温度下降。从送风机进来的空气，不断流过蒸发器表面，被冷却后送进车厢内，使车厢内降温。气态制冷剂通过蒸发器后又重新被压缩机吸入，这样反复循环即可达到制冷的目的。

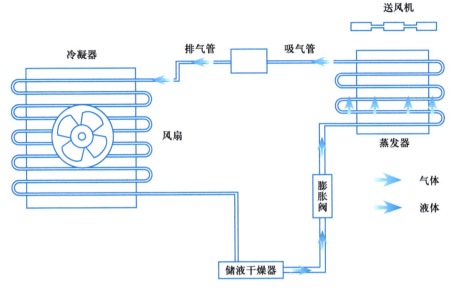

图 5-2-2   汽车空调制冷系统工作原理

制冷循环具体由压缩、放热、节流和吸热四个过程组成。

（1）压缩过程。

压缩机吸入蒸发器出口处的低温低压的制冷剂气体，被压缩成高温高压的气体，然后送入冷凝器。此过程的主要作用是压缩增压，以使气体易于液化。压缩过程中，制冷剂的状态不发生变化，而温度、压力不断升高，形成过热气体。

（2）放热过程。

高温高压的过热制冷剂气体进入冷凝器（散热器）与大气进行热交换。由于压力及温度的降低，制冷剂气体冷凝成液体，并放出大量的热。此过程作用是排热、冷凝。冷凝过程的特点是制冷剂的状态发生变化，即在压力、温度不变的情况下，由气态逐渐向液态转变。冷凝后的制冷剂液体是高温高压液体。制冷剂液体为过冷液体，过冷度越大，在蒸发过程中其蒸发吸热的能力也就越大，制冷效果越好。

（3）节流过程。

高温高压制冷剂液体经膨胀阀节流降温降压，以雾状（细小液滴）形式排出膨胀装置。该过程的作用是使制冷剂降温降压，由高温高压液体迅速变成低温低压液体，以利于吸热、控制制冷能力以及维持制冷系统正常运行。

（4）吸热过程。

经膨胀阀降温降压后的雾状制冷剂液体进入蒸发器，因此时制冷剂沸点还低于蒸发器内温度，故制冷剂液体在蒸发器内沸腾，蒸发成气体。蒸发过程会大量吸收周围的热量，降低车内温度。而后低温低压的制冷剂气体流出蒸发器，等待压缩机再次吸入。吸热过程的特点是制冷剂状态由液态变为气态，此时压力不变，即在定压过程中进行这一状态的变化。

上述过程周而复始地进行，便可使汽车内温度达到并维持在设定的状态。

四、汽车空调暖风系统

汽车空调暖风系统的功能是将冷空气送入热交换器，吸收某种热源的热量，提高空气的温度，并将热空气送入车内。

汽车空调暖风系统的种类很多，根据热源的不同，汽车空调暖风系统可分为水暖式暖风系统、气暖式暖风系统、独立燃烧式暖风系统和综合预热式暖风系统。

水暖式暖风系统的结构与工作原理：水暖式暖风系统一般以发动机冷却系统中的冷却液为热源，将冷却液引入车内的热交换器中，将鼓风机送来的车内空气或车外空气与热交换器中的冷却液进行热交换，鼓风机将加热后的空气送入车内。

水暖式暖风系统的管路连接：在发动机冷却液进口处装有冷却液泵，它是冷却液循环的动力。不使用暖风时，冷却液通过散热器进水管进入散热器，放热后的冷却液由散热器出水管回到发动机。使用暖风时，经发动机上的冷却液控制阀分流出来的冷却液送入加热器芯，加热后的冷却液由加热器出水管回到发动机。冷空气则在鼓风机的作用下，通过加热器被加热后，由不同的风口吹入车内。暖风系统的暖风吹过驾驶人座位左右的空间，在车内均匀分布。为了防止风窗玻璃上结霜，还应使暖风通过风窗玻璃下面的出风口吹到风窗玻璃上，以保持风窗玻璃内侧温度在露点之上。

五、汽车空调通风系统

通风系统的作用是在汽车运行时从车外引入一定量的新鲜空气，并将车内的污浊空气排到车外，同时还可以防止风窗玻璃结霜。

通风系统的通风方式一般有自然通风、强制通风和综合通风 3 种。

（1）自然通风是利用汽车行驶过程中所产生的气流压力差而形成的，在适当的地方设置进风口和出风口，这样便可将车外的空气引入车内，同时排出一部分车内空气，以此不断地更换车内空气，使车内空气保持新鲜。

（2）强制通风是利用鼓风机或风扇强制将车外空气送入车内进行通风换气。这种方式需要能源和设备，在备有冷暖气设备的车辆上大多采用通风、供暖和制冷的联合装置。

汽车空调制冷系统使用的鼓风机，大部分是靠电动机带动的气体输送机械装置对空气进行较小的增压，以便将冷空气送到车内，或将冷凝器四周的热空气吹到车外。因此，鼓风机在空调制冷系统中是十分重要的设备。

汽车上的通风系统一般设有停止、自然迎风（指车内外空气通过风窗口自然流通）、进气、排气和循环 5 种功能。这些功能的实现，都靠改变风门模式（各个风门的开闭、开度之间的相互组合关系）来实现。风门的开闭、开度都通过真空驱动器控制。

（3）综合通风是指同一辆汽车上同时采用自然通风和强制通风。采用综合通风系统的汽车比单独采用强制通风或单独采用自然通风的汽车结构要复杂得多。最简单的综合通风系统是在自然通风的基础上，安装强制通风风扇，根据需要可分别使用和同时使用，这样基本上能满足各种气候条件的通风换气要求。

 任务实施

空调滤芯的拆装

1. 准备工作

（1）场地与准备：准备实训车辆、常用工具箱、零件车、垃圾桶等。

（2）工具准备：准备常用拆装工具，车辆防护用品等。

2. 实践操作

（1）空调滤芯拆卸。

① 打开发动机舱盖，安装车外防护件，见图 5-2-3。

微课
空调滤芯的
拆装

图 5-2-3　安装车外防护件

② 在刮水器复位时，撬下刮水器臂总成螺母盖帽，使用棘轮扳手旋出刮水器臂总成固定螺母，见图 5-2-4。

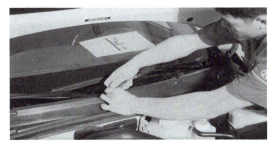

图 5-2-4　拆卸雨刮臂总成固定螺母

③ 使用刮水器臂拆卸器将刮水器臂总成拔出，见图5-2-5，拆卸并取下另一个刮水器臂总成。

图5-2-5　拆卸刮水器臂总成

④ 拆卸通风饰板，见图5-2-6。

图5-2-6　拆卸通风饰板

⑤ 拆卸喷水软管，见图5-2-7。

注意：不要损坏喷水软管。

图5-2-7　拆卸喷水软管

⑥ 取出空调滤芯，见图5-2-8。

图5-2-8　取出空调滤芯

（2）空调滤芯安装。

空调滤芯的安装按照与拆卸相反的顺序进行。

注意：刮水器臂总成螺母安装时应拧紧至规定力矩。

安装完成，进行 6S 整理。工具、车辆、场地整理与清洁。

 任务工单

任务名称	任务 2　空调系统构造与拆装		成绩	45 min
姓名		班级	学号	
实训设备	实训车辆、车辆防护用具			
任务引入	小张是某 4S 店的维修学徒，客户李先生的汽车的空调系统故障，需要进行空调滤芯的拆装，师傅安排小张一起协助拆装，假设你是小张，需要你帮助完成空调滤芯的拆装，你该怎么做			
任务目的	按照汽车空调滤芯的拆装技术要求及安全注意事项，制订空调滤芯拆装的工作计划，按照正确规范的流程完成空调滤芯拆装操作			

活动一：汽车空调系统结构认知

在实训车辆上找到图 5-2-9 所示空调系统各组成部件的安装位置并填写名称，简述其作用及工作原理

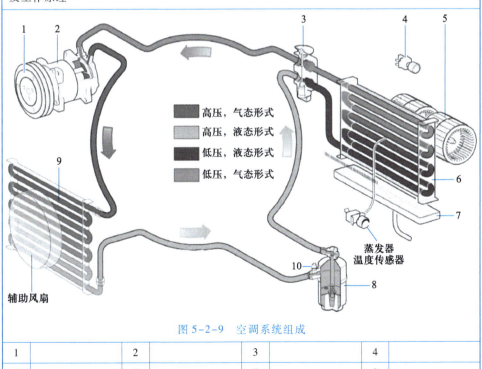

图 5-2-9　空调系统组成

1		2		3		4	
5		6		7		8	
9		10					

活动二：空调开关操控面板识别与操纵

在实训车辆上找到图 5-2-10 所示空调开关操控面板进行开关操纵并观察，把名称填入下表

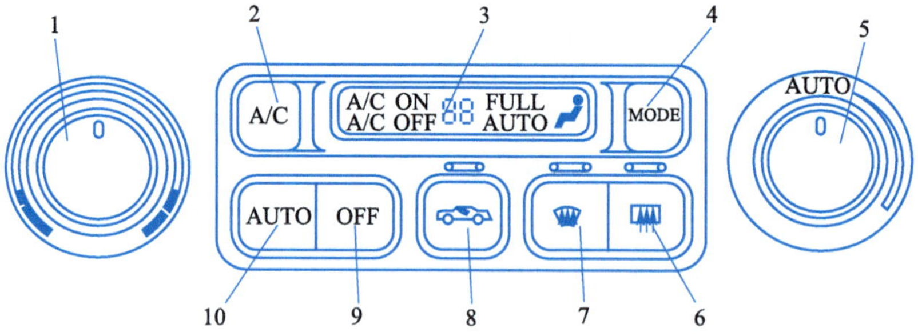

图 5-2-10　空调开关操控面板

1		2		3		4	
5		6		7		8	
9		10					

活动三：空调滤芯的拆装

请根据任务要求，确定所需要的资料和工具、设备等，并对小组成员进行分工，制订工作计划。

1. 需要的资料及用具

2. 小组成员分工

3. 工作计划

4. 任务实践

（1）查阅维修手册，记录相关的参数。

（2）空调滤芯的拆卸。

拆装注意事项：＿＿＿＿＿＿＿＿＿＿＿＿＿＿＿＿＿＿＿＿＿＿＿＿＿＿

＿＿＿＿＿＿＿＿＿＿＿＿＿＿＿＿＿＿＿＿＿＿＿＿＿＿＿＿＿＿＿＿＿＿＿＿

拆装步骤：＿＿＿＿＿＿＿＿＿＿＿＿＿＿＿＿＿＿＿＿＿＿＿＿＿＿＿＿＿＿

＿＿＿＿＿＿＿＿＿＿＿＿＿＿＿＿＿＿＿＿＿＿＿＿＿＿＿＿＿＿＿＿＿＿＿＿

＿＿＿＿＿＿＿＿＿＿＿＿＿＿＿＿＿＿＿＿＿＿＿＿＿＿＿＿＿＿＿＿＿＿＿＿

5. 6S 管理

□车辆复位　　□设备复位　　□工具复位　　□场地清洁　　□填写工单

实践考核评价

实践名称	空调系统构造与拆装		时长	45 min
姓名			班级	
工作任务	客户的空调系统出现故障，需要进行空调滤芯的拆装。你需要按照空调滤芯的拆装技术要求，完成空调滤芯拆装，同时记录好相关信息			
评分标准				
序号	评分内容	步骤与要求	配分	得分
1	安全或工作态度否决项	造成人身、设备重大事故，或恶意顶撞教师、严重扰乱课堂秩序，立即终止操作		
2	汽车空调系统结构认知	1）空调系统的组成部件识别	10	
		2）空调系统工作原理描述	10	
		3）空调系统开关的操纵	10	
	空调滤芯的拆装	1）拆卸刮水器臂总成	5	
		2）拆卸通风饰板	5	
		3）拆卸喷水软管	5	
		4）拆卸空调滤芯	5	
		5）安装空调滤芯	5	
		6）安装喷水软管	5	
		7）安装通风饰板	5	
		8）安装刮水器臂总成	5	
3	6S 管理	1）车辆防护	3	
		2）设备、工具、量具等正确使用，确保其安全与完好	3	
		3）工具、量具、零件摆放整齐合理	3	
		4）无工具、零件落地	2	
		5）工装（衣、鞋、帽）穿戴合理	2	
		6）场地清理	2	
4	工单填写	按要求填写操作工单，内容完整、正确	15	
5	得分			
技能评价				
	签名：　　　　日期：			

知识检验

一、填空题

1. 汽车空调系统由_____、_____、_____、_____和_____等组成。

2. 汽车空调的功能是调节车内的_____、_____、_____、_____。

3. 汽车空调制冷系统是由_____、_____、_____、_____、_____、_____等组成。

4. 空调热交换器中，_____是用来散热的，_____是用来吸热的。

5. 在冷凝器内，制冷剂从_____变成_____。

二、判断题

1. 汽车空调系统就是汽车制冷的简称。　　　　　　　　　　　　（　　）

2. 空调热交换器中，蒸发器是用来散热的，冷凝器是用来吸热的。　（　　）

3. 装有空调的汽车上，在风窗玻璃的上面装有暖气通风管，利用风扇向风窗玻璃吹暖风，可以有效地防止结霜。　　　　　　　　　　　　　　（　　）

4. 冷凝器不是热交换器，它的作用只是将气态制冷剂变成液体制冷剂，不像暖水箱那样将流过的空气变热。　　　　　　　　　　　　　　　　（　　）

5. 汽车空调暖风系统的热源一般为发动机冷却液和废气。　　　　（　　）

6. 在汽车空调系统的制冷循环过程中，制冷剂经过蒸发器然后到达膨胀阀。　　　　　　　　　　　　　　　　　　　　　　　　　　　（　　）

7. 制冷剂注入量越多，则制冷效果越好。　　　　　　　　　　　（　　）

三、单选题

1. 下列说法正确的是（　　　）。

　　A. 从气体变成液体时放出的热叫液化吸热

　　B. 从液体变成气体时所需的热叫蒸发吸热

　　C. 从固体变成液体时吸收的热叫溶解放热

　　D. 从固体直接变成气体时吸收的热叫升华放热

2. 蒸发器中制冷剂为（　　　）。

　　A. 高压气态　　　B. 高压液态　　　C. 低压液态　　　D. 低压气态

3. 由压缩机压出，刚刚进入冷凝器中的制冷剂为（　　　）。

　　A. 高温高压气态　　　　　　B. 高温高压液态

　　C. 中温高压液态　　　　　　D. 低压气态

4. 汽车空调系统的通风方法为（　　　）。

　　A. 自然通风　　　　　　　　B. 强制通风

　　C. 顶面通风法　　　　　　　D. A、B 都是

5. 冷凝器中，经过风扇和空气冷却，制冷剂变为（　　）。

  A. 高温高压气态　　　　　　　　B. 高温高压液态

  C. 中温高压液态　　　　　　　　D. 低压气态

6. 进入压缩机的是（　　）状态制冷剂。

  A. 液体　　　　B. 气体　　　　C. 混合体　　　　D. 胶状体

■ 任务3　电动座椅和电动车窗构造与拆装

任务引入

  小张是某4S店的维修学徒，客户李先生的汽车电动车窗出现故障，需要对电动车窗升降器进行拆装，师傅安排小张一起协助拆装，假设你是小张，需要你帮助完成电动车窗的拆装，你该怎么做？

学习目标

知识目标

1. 了解电动座椅、电动车窗的作用、零部件组成；

2. 掌握电动座椅、电动车窗的工作原理；

3. 掌握电动座椅、电动车窗各组成零部件的装配关系。

能力目标

1. 能正确识别电动座椅、电动车窗的各组成零部件，在实车上找到电动座椅、电动车窗各组成零部件的安装位置；

2. 按照技术标准对电动座椅、电动车窗主要零部件进行拆卸和安装。

素养目标

1. 通过小组分工合作，培养学生的团队意识和沟通能力；

2. 通过实践训练，培养学生的劳动意识；

3. 通过电动座椅和电动车窗的功能调节与实现，引导学生形成以人为本、健康向上的生活观。

相关知识

一、电动座椅

  电动座椅是指以电动机为动力，通过传动装置和执行机械来调节座椅，使驾驶人或乘员乘坐舒适的座椅。电动调节的座椅在调节时，座椅是施力方，乘员只需要通过控制键就可以令座椅移动，无须主动改变身体的坐姿。电动座椅还可以提供更加精准的调节位置。电动座椅的使用让驾驶人能够轻松地找到最适合自己的驾驶姿势，提供良好的视野，提高了行车安全性并能有效减轻驾驶疲劳。

1. 电动座椅的作用

电动座椅的主要功能是为驾驶人提供便于操作、舒适而又安全的驾驶位置；为乘员提供不易疲劳、舒适而又安全的乘坐角度。

电动座椅可分为四方向、六方向、八方向和十方向电动座椅等。

八方向电动座椅见图 5-3-1，其动作方式有座椅的前后滑动调节、座椅后部的上下移动调节、座椅前部的上下移动调节、靠背的前后倾斜调节、腰部支撑调节、侧背支撑调节以及头枕上下调节、头枕前后调节等。

1—前后滑动调节；2—后部上下调节；3—前部上下调节；4—靠背倾斜调节；
5—头枕前后调节；6—侧背支撑调节；7—腰部支撑调节；8—头枕上下调节

图 5-3-1　八方向电动座椅

2. 电动座椅的结构

电动座椅一般由双向电动机、传动装置和座椅调节器等组成，见图 5-3-2。

（1）电动机。

大多数电动座椅采用永磁式电动机，其内装有短路器，通过开关来操纵电动机按不同方向旋转，为电动座椅的调节机构提供动力。电动机多采用双向电动机，即电枢的旋转方向随电流的方向改变而改变，以达到座椅调节的目的。

电动机的数量取决于电动座椅的类型，通常双向移动座椅装有 2 个电动机，四向移动的座椅装有 4 个电动机，最多可达 6 个电动机。为防止电动机过载，电动机内装有熔断丝，以确保电气设备的安全。

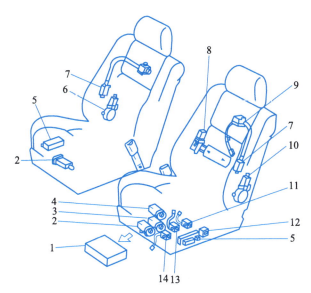

1—电动座椅 ECU；2—滑动电动机；3—前垂直电动机；4—后垂直电动机；5—电动座椅
开关；6—倾斜电动机；7—头枕电动机；8—腰垫电动机；9—位置传感器（头枕）；10—
倾斜电动机和位置传感器；11—位置传感器（后垂直）；12—腰垫开关；13—位置传感器
（前垂直）；14—位置传感器（滑动）

图 5-3-2 　电动座椅结构

（2）传动机构。

电动机的旋转运动，通过传动机构实现座椅的空间
位置移动。

（3）座椅调节器。

① 高度调整机构。

高度调整机构由蜗杆轴、蜗轮、心轴等组成，见图
5-3-3。调整时，蜗杆轴在电动机的驱动下，带动蜗轮
转动，从而保证心轴旋进或旋出，实现座椅的上升与
下降。

② 纵向调整机构。

纵向调整机构由蜗杆、蜗轮、齿条、导轨等组成，
见图 5-3-4。齿条装在导轨上，调整时，电动机转矩经
蜗杆传至两侧的蜗轮上，经导轨上的齿条，带动座椅前
后移动。

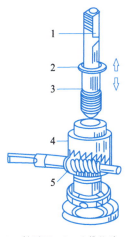

1—铣平面；2—止推垫片；
3—心轴；4—蜗轮；
5—挠性驱动蜗杆轴

图 5-3-3 　高度调整机构

3. 电动座椅的工作原理

图 5-3-5 所示为普通电动座椅控制电路图，该座椅共设置了滑动电动机、
前垂直电动机、倾斜电动机、后垂直电动机及腰垫电动机，分别对座椅前后滑
动、前部上下移动、靠背前后倾斜、后部上下移动及腰部前后移动 10 个方向进
行调节。

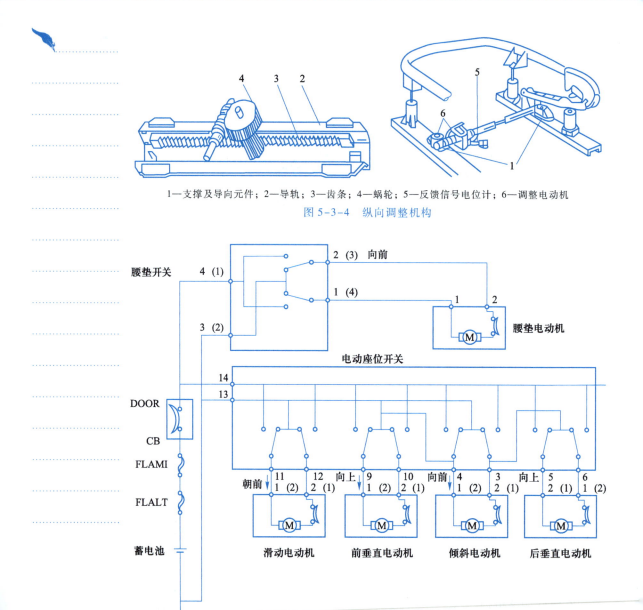

1—支撑及导向元件；2—导轨；3—齿条；4—蜗轮；5—反馈信号电位计；6—调整电动机

图 5-3-4　纵向调整机构

图 5-3-5　普通电动座椅控制电路图

当电动座椅需要向前移动时，开关置于前进位，图 5-3-5 中 11 端子置于左位，因而使滑动电动机正向通电，电动机正转，座椅向前滑动。其控制回路为：蓄电池正极→FLALT→FLAMI→DOOR CB→14 端子→11 端子→1（2）端子→滑动电动机→2（1）端子→12 端子→13 端子→搭铁→蓄电池负极。

当电动座椅需要向后移动时，12 端子置于右位，滑动电动机反向通电，电动机反转，座椅向后滑动。其控制电路为：蓄电池正极→FLALT→FLAMI→DOOR CB→14 端子→12 端子→2（1）端子→滑动电动机→1（2）端子→11 端子→13 端子→搭铁→蓄电池负极。

其他方向调整的工作原理完全相同。

二、电动车窗

电动车窗主要由车窗升降器、电动机、开关、车窗控制电路等组成，电动车窗结构见图5-3-6。

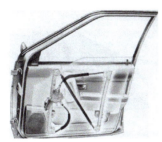

图 5-3-6　电动车窗结构

1. 电动车窗升降器

电动车窗升降器分为机械式和油压式两种。油压式车窗升降器由于结构复杂、可靠性差，现已很少使用。机械式电动车窗升降器根据机械升降机构的结构形式可分为绳轮式和交叉臂式。

（1）绳轮式电动车窗升降器。

绳轮式电动车窗升降器结构见图5-3-7，它是由电动机带动一个带槽的绳轮，驱动绳缆绕在绳轮上。当绳轮转动时，通过绳缆的缠绕运动实现上下移动。

（2）交叉臂式电动车窗升降器。

交臂式电动车窗升降器结构见图5-3-8，电动机的输出部分是一个小齿轮，经啮合的扇形齿轮片，通过交臂式升降机构，带动玻璃沿导轨做上下运动。

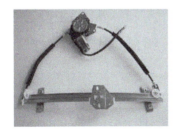

图 5-3-7　绳轮式电动车窗升降器　　　图 5-3-8　交叉臂式电动车窗升降器

2. 电动机

电动车窗电动机是一个永磁、两极直流电动机，见图5-3-9，电动机内部装有减速装置。电动车窗电动机一般设计成能正反方向旋转，具有较高输出转矩、较低噪声、较小的体积、扁平外形和短时工作制，并对尘埃及洗涤剂具有密封防护性能。电动车窗电动机内部一般都装有抑制无线电干扰装置，以防止在使用电动车窗升降器时对车内无线电的接收形成干扰。

3. 开关

　　所有电动车窗系统都装有两套控制开关。一套装在车门上，为主开关，由驾驶人控制，见图 5-3-10。另一套分别装在每个车窗中部，为分开关，由乘员操作。每个车窗都通过总开关搭铁，所以电流不但通过每个车窗上的分开关，还要通过总开关上的相应开关。有的汽车在总开关上装有窗锁开关，如将它断开，分开关就不起作用。

图 5-3-9　电动车窗电动机

图 5-3-10　电动车窗主开关

4. 电动车窗控制电路

　　图 5-3-11 所示为一种有 4 个车窗玻璃升降器的电动车窗控制电路。

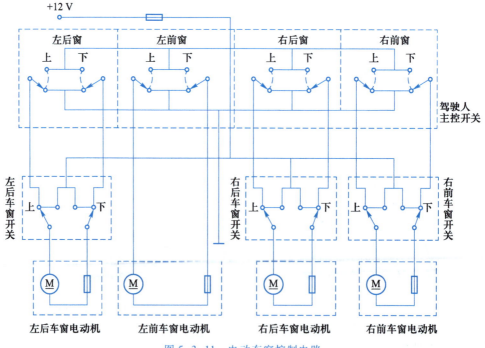

图 5-3-11　电动车窗控制电路

　　（1）由主控开关控制车窗升降。

　　①车窗上升（以左后车窗为例）。

　　蓄电池正极→点火开关→熔断丝→驾驶人主控开关左后窗上触点→左后车窗分开关上触点→电动机→电路断路器→左后车窗分开关下触点→驾驶人主控开关

左后窗下触点→搭铁。

②车窗下降（以左后车窗为例）。

蓄电池正极→点火开关→熔断丝→驾驶人主控开关左后窗下触点→左后车窗分开关下触点→申,路断路器→电动机→左后车窗分开关上触点→驾驶人主控开关左后窗上触点→搭铁。

（2）由分开关控制车窗升降。

①车窗上升（以左后车窗为例）。

蓄电池正极→点火开关→熔断丝→左后车窗分开关上触点→电动机→电路断路器→左后车窗分开关下触点→驾驶人主控开关左后窗下触点→搭铁。

②车窗下降（以左后车窗为例）。

蓄电池正极→点火开关→熔断丝→左后车窗分开关下触点→电路断路器→电动机→左后车窗分开关上触点→驾驶人主控开关左后窗上触点→搭铁。

 任务实施

电动车窗的拆装

1. 准备工作

（1）场地与准备：准备实训车辆、常用工具箱、零件车、垃圾桶等。

（2）工具准备：准备常用拆装工具，车辆防护用品等。

（3）资料准备：维修手册。

2. 实践操作

（1）电动车窗升降器的拆卸。

① 按下电动车窗按钮，将玻璃下降到最低位置，关闭点火开关。

② 拆卸车门内饰板边缘固定螺钉，用十字槽螺钉旋具旋下车门内把手中间的固定螺钉，取下各控制开关的内饰边框并取下各线束插头，取下整个车门内饰板。

③ 拆卸玻璃升降器电机固定螺栓。

④ 拆卸导轨固定螺栓，见图 5-3-12。

⑤ 松开玻璃升降器电机电源插头，见图 5-3-13。

微课
电动车窗升降
器的拆装

图 5-3-12　拆卸导轨固定螺栓

注意：不要损坏电源插头。

⑥ 从车门门板内取出玻璃升降器，见图5-3-14。

图5-3-13　松开玻璃升降器电机电源插头

图5-3-14　取出玻璃升降器

（2）电动车窗升降器的安装。

电动车窗升降器的安装按照与拆卸相反的顺序进行。

注意：电机电源插头应连接牢靠。

安装完成，进行6S整理。工具、车辆、场地整理与清洁。

 任务工单

任务名称	任务3　电动座椅和电动车窗构造与拆装		成绩	
姓名		班级	学号	
实训设备	实训车辆、车辆防护用具			
任务引入	小张是某4S店的维修学徒，客户李先生的汽车的电动车窗出现故障，需要对电动车窗升降器进行拆装，师傅安排小张一起协助拆装，假设你是小张，需要你帮助完成电动车窗的拆装，你该怎么做			
任务目的	按照电动车窗升降器的拆装技术要求及安全注意事项，制订电动车窗升降器拆装的工作计划，按照正确规范的流程完成前玻璃升降器拆装操作			

活动一：电动车窗结构认知

在实训车辆上找到图5-3-15所示电动车窗各组成零部件的安装位置并填写其名称，简述其作用及工作原理

续表

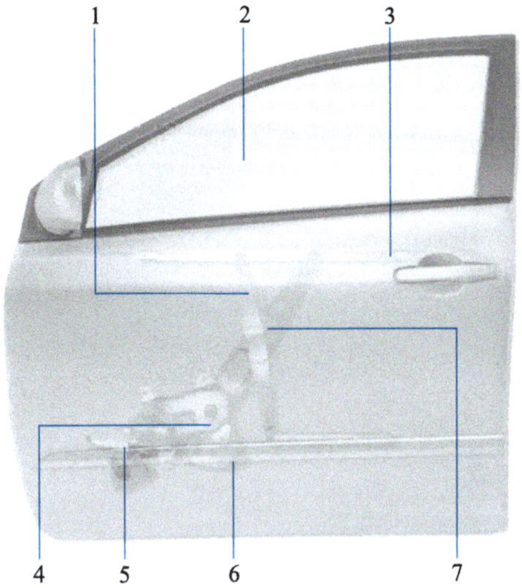

图 5-3-15　电动车窗

序号	名称
1	
2	
3	
4	
5	
6	
7	

活动二：电动座椅的结构认知

根据图 5-3-16，在实训车辆上找到电动座椅各个开关，并将座椅的各个方位调整到对自己最适宜位置。

图 5-3-16　电动座椅

活动三：车窗玻璃升降器的拆装

请根据任务要求，确定所需要的资料和工具、设备等，并对小组成员进行分工，制订工作计划。

1. 需要的资料和工具、设备等

续表

2. 小组成员分工

3. 工作计划

4. 任务实践

　　（1）查阅维修手册，记录相关的参数。

　　（2）车窗玻璃升降器的拆装。

　　　　拆装注意事项：_____

　　　　_____

　　　　_____

　　　　_____

　　　　拆装步骤：_____

　　　　_____

　　　　_____

　　　　_____

　　　　_____

　　　　_____

　　　　_____

　　　　_____

5. 6S 管理

　　□车辆复位　　　□设备复位　　　□工具复位　　　□场地清洁　　　□填写工单

实践考核评价

实践名称	电动座椅和电动车窗构造与拆装	时长	45 min
姓名		班级	
工作任务	客户的汽车电动车窗系统出现故障，需要进行车窗玻璃升降器的拆装。你需要按照电动车窗升降器的拆装技术要求，完成电动车窗升降器拆装，同时记录好相关信息		

续表

评分标准				
序号	评分内容	步骤与要求	配分	得分
1	安全或工作态度否决项	造成人身、设备重大事故，或恶意顶撞教师、严重扰乱课堂秩序，立即终止操作		
2	电动车窗与电动座椅结构认知	1）电动车窗系统的组成零部件识别	5	
		2）电动车窗系统工作原理描述	5	
		3）电动车窗系统的操纵	5	
		4）电动座椅的组成部件识别	5	
		5）电动座椅系统工作原理描述	5	
		6）电动座椅的操纵	5	
	车窗升降器的拆装	1）拆卸车门内饰板	5	
		2）拆卸导轨固定螺栓	5	
		3）松开电动车窗升降器电机电源插头	5	
		4）拆卸取出电动车窗升降器	5	
		5）安装电动车窗升降器	5	
		6）安装电动车窗升降器电机电源插头	5	
		7）安装导轨固定螺栓	5	
		8）安装车门内饰板	5	
3	6S 管理	1）车辆防护	3	
		2）设备、工具、量具等正确使用，确保其安全与完好	3	
		3）工具、量具、零件摆放整齐合理	3	
		4）无工具、零件落地	2	
		5）工装（衣、鞋、帽）穿戴合理	2	
		6）场地清理	2	
4	工单填写	按要求填写操作工单，内容完整、正确	15	
5	得分			
技能评价				

签名：　　　　　　日期：

📖 **知识检验**

一、填空题

1. 电动车窗升降器一般有两种形式，分别为＿＿＿＿＿＿、＿＿＿＿＿＿。

2. 普通电动座椅由＿＿＿＿＿、＿＿＿＿＿＿、＿＿＿＿＿＿、＿＿＿＿＿＿等组成。

3. 电动座椅按座椅移动的方向数目可划分为＿＿＿＿、＿＿＿＿、＿＿＿＿、＿＿＿＿。

二、判断题

1. 汽车电动座椅一般是通过控制开关来改变流经电机内部的电流方向，从而实现转动方向的改变。　　　　　　　　　　　　　　　　　（　　）

2. 电动车窗一般装有两套开关，分别为总开关和分开关，这两个开关之间是互相独立的。　　　　　　　　　　　　　　　　　　　　　（　　）

3. 车窗玻璃升降器的电机一般采用单向转动的电机。　　　　　（　　）

4. 不是所有的电动车窗都有自动防夹功能。　　　　　　　　　（　　）

5. 交叉臂式电动车窗升降器的支承宽度较大，运动比较平稳，应用较广。
　　　　　　　　　　　　　　　　　　　　　　　　　　　　　（　　）

6. 电动车窗电动机是直流电动机。　　　　　　　　　　　　　（　　）

三、单选题

1. 装四个双向电动机的座椅可以调整（　　）方向。

　　A. 两个　　　　　　　　　　　　B. 四个

　　C. 六个　　　　　　　　　　　　D. 八个

2. 在电动座椅中，一般 1 个电机可完成座椅的（　　）。

　　A. 1 个方向的调整　　　　　　　B. 2 个方向的调整

　　C. 3 个方向的调整　　　　　　　D. 4 个方向的调整

3. 电动车窗中的电动机一般为（　　）。

　　A. 单向直流电动机　　　　　　　B. 双向交流电动机

　　C. 永磁双向直流电动机　　　　　D. 单向交流电动机

4. 电动车窗主要由车窗玻璃、车窗玻璃升降器、（　　）及控制开关等组成。

　　A. 玻璃卡座　　　　　　　　　　B. 电动机

　　C. 滑动支架　　　　　　　　　　D. 钢丝滚筒

■ 任务 4　刮水器系统构造与拆装

任务引入

小张是某 4S 店的维修学徒，客户李先生的汽车的刮水器系统出现故障，需要对刮水器进行拆装，师傅安排小张一起协助拆装，假设你是小张，需要你帮助完成刮水器的拆装，你该怎么做？

学习目标

知识目标

1. 了解刮水器系统的作用、组成零部件；
2. 掌握刮水器系统的工作原理；
3. 掌握刮水器系统各组成零部件的装配关系。

能力目标

1. 能正确识别刮水器系统的各组成部分，在实车上找到刮水器系统的各组成零部件的安装位置；
2. 按照技术标准对刮水器系统主要零部件进行拆卸和安装。

素养目标

1. 通过小组分工合作，培养学生的团队意识和沟通能力；
2. 通过实践训练，培养学生的劳动意识；
3. 通过刮水器系统功能的实现，引导学生养成细致、严谨的工作态度。

相关知识

为了保证在各种使用条件下，驾驶室的风窗玻璃表面干净、清洁，汽车上都装有风窗玻璃洗涤器和风窗玻璃刮水器，有些汽车还装有风窗玻璃除霜装置。刮水器和洗涤器的作用是保证汽车在雾雨天或下雪天时驾驶人有良好的视线，清除附在车窗上的泥土、尘埃、雨雪和其他污物，使车窗玻璃保持清晰、明亮、洁净。所有的车型都配置了刮水器及洗涤装置。

一、电动刮水器与风窗洗涤器组成

刮水器系统主要由电动刮水器、刮水器系统开关和风窗玻璃洗涤器等组成。

1. 电动刮水器

刮水器的驱动方式有真空式、气动式和电动式三种，目前汽车上广泛使用的是电动式刮水器。电动刮水器普遍具有高速、低速及间歇三个工作挡位，而且除了变速之外，还有自动回位的功能。

电动刮水器是由电动机、传动机构和刮水片三部分组成。电动机轴端的蜗杆驱动蜗轮，蜗轮带动摇臂旋转，摇臂使拉杆往复运动，从而带动刮水片左右摆动，见图5-4-1。

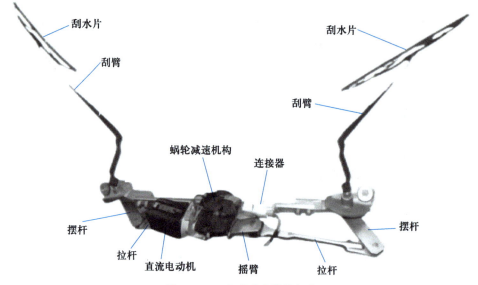

图 5-4-1　电动刮水器的组成

2. 风窗玻璃洗涤器

风窗玻璃洗涤器由储液罐、洗涤泵、软管、三通接头和喷嘴等组成，见图5-4-2。

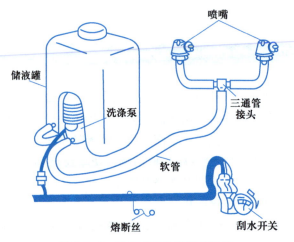

图 5-4-2　风窗玻璃洗涤器的结构

（1）储液罐。

储液罐由塑料制成，容量为 1.2 L。洗涤液一般由水或水与适量的添加剂组成，添加剂有利于清洁或降低冰点。

（2）洗涤泵。

洗涤泵由一只小型永磁直流电动机和离心泵组成。洗涤泵安装在储液罐上，其输出压力一般为 68.6 kPa，消耗电流不大于 3.6 A。

（3）喷嘴。

汽车洗涤器喷嘴分圆形、方形、扁形三种。洗涤器的喷嘴有装一个或两个的，喷射方向可以调节。单孔喷嘴布置在左右刮水器驱动轴附近，双孔喷嘴布置于车身中心线上。喷嘴直径一般为 0.8 ~ 1.0 mm，喷嘴的喷头是一个球体，使用时用大头针插入内孔，稍稍用力即可调整其朝向。喷嘴堵塞时，可用细钢丝加以疏通。

（4）洗涤液。

常用的洗涤液是硬度不超过 205 ppm 的清水。为了刮洗油、蜡等物，可在水中添加少量的去垢剂和防锈剂。强效洗涤液的去垢效果虽好，但会促使风窗密封条和刮片胶条变质，还会引起车身喷漆变色以及储液罐、喷嘴等塑料件的开裂，所以对洗涤液的选用必须十分慎重。

3. 刮水器系统开关

刮水器和风窗玻璃洗涤开关布置在转向盘右下方，刮水器系统开关见图 5-4-3。

图 5-4-3　刮水器系统开关

（1）刮水器开关。

刮水器开关为旋钮式开关，有"OFF""LOW"及"HIGH"三个位置。旋钮处于"OFF"位置时，刮水器电路断开，刮水器不工作；旋钮处于"LOW"位置时，刮水器电动机电路接通，刮水器低速运转，刮水片慢刮；旋钮处于"HIGH"位置时，刮水器电路高速挡接通，刮水片做快速刮扫运动。

（2）洗涤器开关。

将洗涤器开关操纵杆向上抬时，洗涤器电动机通电，洗涤器喷嘴向风窗玻璃喷出洗涤液，以利于风窗玻璃的清洗。

二、电动刮水器的工作原理

1. 电动刮水器的变速原理

刮水器电动机按其磁场结构不同分为绕线式和永磁式两种，目前永磁式刮水器电动机应用广泛。永磁式刮水器电动机是通过改变电刷间的导体数目来实现变速的，见图 5-4-4，它采用三电刷式结构，B_1 为低速运转电刷，B_2 为高速运转电刷，B_3 为公共电刷。当电动机工作时，在电枢线圈内同时产生与电枢电流方向相反的反电动势，其大小与转速成比例，只有当外加电压等于反电动势时，电枢的转速才趋于稳定。

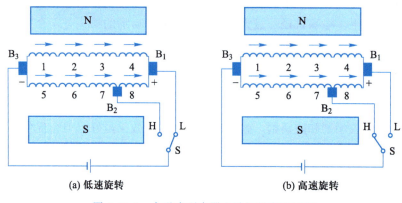

(a) 低速旋转   (b) 高速旋转

图 5-4-4   永磁式刮水器电动机的变速原理

2. 刮水器的自动复位

刮水器的自动复位是指在任何时刻切断刮水器电动机电路时，刮水片都能自动停止在风窗玻璃的下部而不影响驾驶人的视线。

3. 刮水器间歇控制

当汽车在毛毛雨或浓雾天行驶时，因风窗玻璃表面形成的是不连续水滴，如果刮水片仍按一定的转速连续刮拭，微量的水分和灰尘就会形成发黏的表面，使风窗玻璃模糊不清，影响驾驶人的视线。为此现代汽车刮水器都装有间歇控制系统使刮水器按一定的周期停止和刮水，以使驾驶人获得更好的视线。

 任务实施

刮水器的拆装

1. 准备工作

（1）场地与准备：准备实训车辆、常用工具箱、零件车、垃圾桶、刮水器、抹布、螺丝刀等。

（2）工具准备：准备常用拆装工具，车辆防护用品等。

（3）资料准备：维修手册。

2. 实践操作

（1）刮水器的拆卸。

① 顺着刮水器的方向，向上自然抬起刮水器臂使其远离车身，见图5-4-5。

注意：应在摇臂下面垫一条毛巾，以防在操作过程中，摇臂落下，打到玻璃。

微课
刮水器的拆装

图5-4-5　抬起刮水器臂

② 在刮水片和刮水器臂连接的地方找到固定卡扣，向外拉动卡舌，然后将刮水片向外撑开，掰下卡扣，见图5-4-6。

图5-4-6　掰下卡扣

③ 卸下刮水器。将刮水器倾斜，竖着向下方扯，将刮水片和刮水器臂分离开来，见图5-4-7。

注意：不要用力过猛以防损坏卡扣。

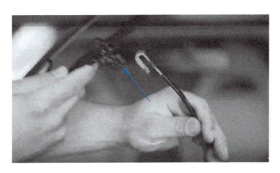

图5-4-7　卸下刮水器

（2）刮水器的安装。

刮水器的安装按照与拆卸相反的顺序进行。

安装完成，进行 6S 整理。工具、车辆、场地整理与清洁。

任务工单

任务名称	任务 4 刮水器系统构造与拆装		成绩	
姓名		班级	学号	
实训设备	实训车辆、车辆防护用具			
任务引入	小张是某 4S 店的维修学徒，客户李先生的汽车的刮水器系统出现故障，需要对刮水器进行拆装，师傅安排小张一起协助拆装，假设你是小张，需要你帮助完成刮水器的拆装与更换，你该怎么做			
任务目的	按照刮水器系统的拆装技术要求及安全注意事项，制订刮水器拆装的工作计划，按照正确规范的流程完成刮水器拆装操作			

活动一：刮水器系统结构认知

在实训车辆上找到图 5-4-8 所示刮水器系统各组成零部件并填写名称，简述其作用及工作原理

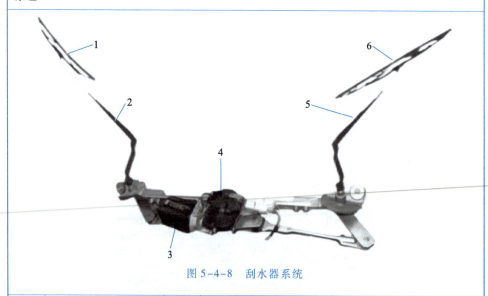

图 5-4-8 刮水器系统

1		2		3	
4		5		6	

活动二：刮水器系统开关的认知与操纵

在实训车辆上根据图 5-4-9 找到刮水器系统开关并填写其含义，并说出开关各挡位的作用

续表

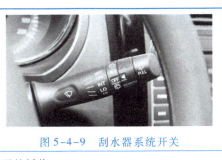

图 5-4-9 刮水器系统开关

名称	含义
MIST	
OFF	
INT	
LO	
HI	

活动三：刮水器的拆装

请根据任务要求，确定所需要的资料和工具、设备等，并对小组成员进行分工，制订工作计划。

1. 需要的资料和工具、设备等

2. 小组成员分工

3. 工作计划

4. 任务实践

（1）查阅维修手册，记录相关的参数。

（2）刮水器的拆装。

拆装注意事项：_____

_____

_____

_____

拆装步骤：_____

_____

_____

_____

_____

5. 6S 管理

☐车辆复位　☐设备复位　☐工具复位　☐场地清洁　☐填写工单

实践考核评价

实践名称	刮水器系统构造与拆装		时长	45 min
姓名			班级	
工作任务	客户的汽车刮水器系统出现故障，需要进行刮水器的拆装。你需要按照刮水器的拆装技术要求，完成刮水器拆装，同时记录好相关信息			
评分标准				
序号	评分内容	步骤与要求	配分	得分
1	安全或工作态度否决项	造成人身、设备重大事故，或恶意顶撞教师、严重扰乱课堂秩序，立即终止操作		
2	刮水器系统结构认知	1）刮水器系统的组成部件识别	10	
		2）刮水器系统工作原理描述	10	
		3）刮水器系统的操纵	10	
	刮水器的拆装	1）抬起刮水器臂	6	
		2）掰开卡扣	6	
		3）卸下刮水器	6	
		4）安装刮水器	6	
		5）安装卡扣	6	
		6）放下刮水器臂	6	
3	6S管理	1）车辆防护	5	
		2）设备、工具、量具等正确使用，确保其安全与完好	5	
		3）工具、量具、零件摆放整齐合理	3	
		4）无工具、零件落地	2	
		5）工装（衣、鞋、帽）穿戴合理	2	
		6）场地清理	2	
4	工单填写	按要求填写操作工单，内容完整、正确	15	
5	得分			
技能评价				
			签名： 日期：	

知识检验

一、填空题

1. 永磁式刮水器电动机是通过_____来实现变速的。

2. 现代汽车电动车窗刮水器工作的挡位一般有_____、_____、_____。

3. 刮水器系统主要由_____、_____、_____等组成。

4. 安装在汽车前风窗，用于清除阻碍视线的雨雪和尘土的部件是_____。

5. 电动刮水器是由_____、_____和_____三部分组成。

6. 刮水器的驱动方式有_____、_____和_____三种，目前汽车上广泛使用的是_____刮水器。

二、判断题

1. 电动刮水器工作时，当开关关闭后，立即停止工作。　　　　　　（　　）

2. 喷水的时候，刮水器也会工作。　　　　　　　　　　　　　　　（　　）

3. 刮水器变速是通过改变传动副的传动比来实现的。　　　　　　　（　　）

4. 汽车刮水器只有高、低速挡。　　　　　　　　　　　　　　　　（　　）

5. 刮水器开关处于低速挡和间歇挡时，刮水片在玻璃上滑动的速度是一致的。
　　　　　　　　　　　　　　　　　　　　　　　　　　　　　　（　　）

6. 无论何时关闭刮水器开关，刮水器臂总是可以停在起始位置。　　（　　）

7. 汽车风窗玻璃外刮水器的运动属于平移运动。　　　　　　　　　（　　）

三、选择题

1. 刮水开关字母"HIGH"表示（　　　）。

　　A. 间歇挡　　　B. 低速挡　　　C. 高速挡　　　D. 喷水挡

2. 刮水开关字母"MIST"表示（　　　）。

　　A. 间歇挡　　　B. 低速挡　　　C. 高速挡　　　D. 点动挡

3. 刮水器需要经常更换的部分是（　　　）。

　　A. 电动机　　　B. 刮水片　　　C. 摇臂　　　D. 电刷

4. 刮水器电动机的线包括（　　　）。（多选）

　　A. 搭铁线　　　B. 低速线　　　C. 高速线　　　D. 复位线

5. 汽车在大雨天行驶，刮水器应当工作在（　　　）。

　　A. 间歇挡　　　B. 快速挡　　　C. 点动挡　　　D. 停止挡

6. 在使用洗涤设备时，应（　　　）。

　　A. 先开洗涤器，后开刮水器　　　B. 先开刮水器，后开洗涤器

　　C. 洗涤器、刮水器同时开　　　　D. 并无先后要求，随意安排

参 考 文 献

[1] 李波. 汽车发动机构造与拆装 [M]. 北京:北京邮电大学出版社, 2017.

[2] 蒋红枫. 汽车构造与拆装 [M]. 2 版. 北京: 机械工业出版社, 2021.

[3] 黄志勇, 旷文兵. 汽车构造与拆装 [M]. 北京: 北京理工大学出版社, 2019.

[4] 粟盈. 汽车发动机构造与拆装 [M]. 北京: 北京理工大学出版社, 2017.

[5] 姚美红, 栾琪文. 汽车构造与拆装实训教程 [M]. 北京: 机械工业出版社, 2013.

[6] 谢伟钢, 韩鑫. 汽车发动机构造与检修 [M]. 北京: 机械工业出版社, 2020.

[7] 天津职业技术师范大学汽车职业教育研究所. 新能源汽车认知与安全使用 [M]. 北京: 机械工业出版社, 2021.

[8] 李春明, 焦传君. 汽车构造 [M]. 北京: 北京理工大学出版社, 2021.

[9] 陈瑜, 雍朝康. 汽车发动机构造与拆装 [M]. 3 版. 北京: 人民交通出版社, 2020.

[10] 税发莲, 黄靖淋. 汽车电气设备构造与拆装 [M]. 3 版. 北京: 人民交通出版社, 2019.

[11] 吴增伟, 刘永胜. 汽车电气设备与维修 [M]. 北京: 北京理工大学出版社, 2017.

[12] 贾志涛, 吴兴敏. 汽车电气设备与检修 [M]. 北京: 北京理工大学出版社, 2016.

[13] 白鸿辉. 汽车构造 [M]. 北京: 机械工业出版社, 2015.

[14] 徐朝松, 白科, 李颖. 汽车底盘构造与拆装 [M]. 武汉: 湖北科学技术出版社, 2016.

[15] 杨景军. 汽车底盘构造与拆装 [M]. 北京: 北京邮电大学出版社, 2019.

[16] 孙静霞. 汽车底盘结构与拆装 [M]. 北京: 北京理工大学出版社, 2019.

郑重声明

高等教育出版社依法对本书享有专有出版权。任何未经许可的复制、销售行为均违反《中华人民共和国著作权法》,其行为人将承担相应的民事责任和行政责任;构成犯罪的,将被依法追究刑事责任。为了维护市场秩序,保护读者的合法权益,避免读者误用盗版书造成不良后果,我社将配合行政执法部门和司法机关对违法犯罪的单位和个人进行严厉打击。社会各界人士如发现上述侵权行为,希望及时举报,我社将奖励举报有功人员。

反盗版举报电话　　(010) 58581999　58582371

反盗版举报邮箱　dd@ hep. com. cn

通信地址　北京市西城区德外大街 4 号

　　　　　高等教育出版社法律事务部

邮政编码　100120

读者意见反馈

为收集对教材的意见建议,进一步完善教材编写并做好服务工作,读者可将对本教材的意见建议通过如下渠道反馈至我社。

咨询电话　400-810-0598

反馈邮箱　gjdzfwb@ pub. hep. cn

通信地址　北京市朝阳区惠新东街 4 号富盛大厦 1 座

　　　　　高等教育出版社总编辑办公室

邮政编码　100029